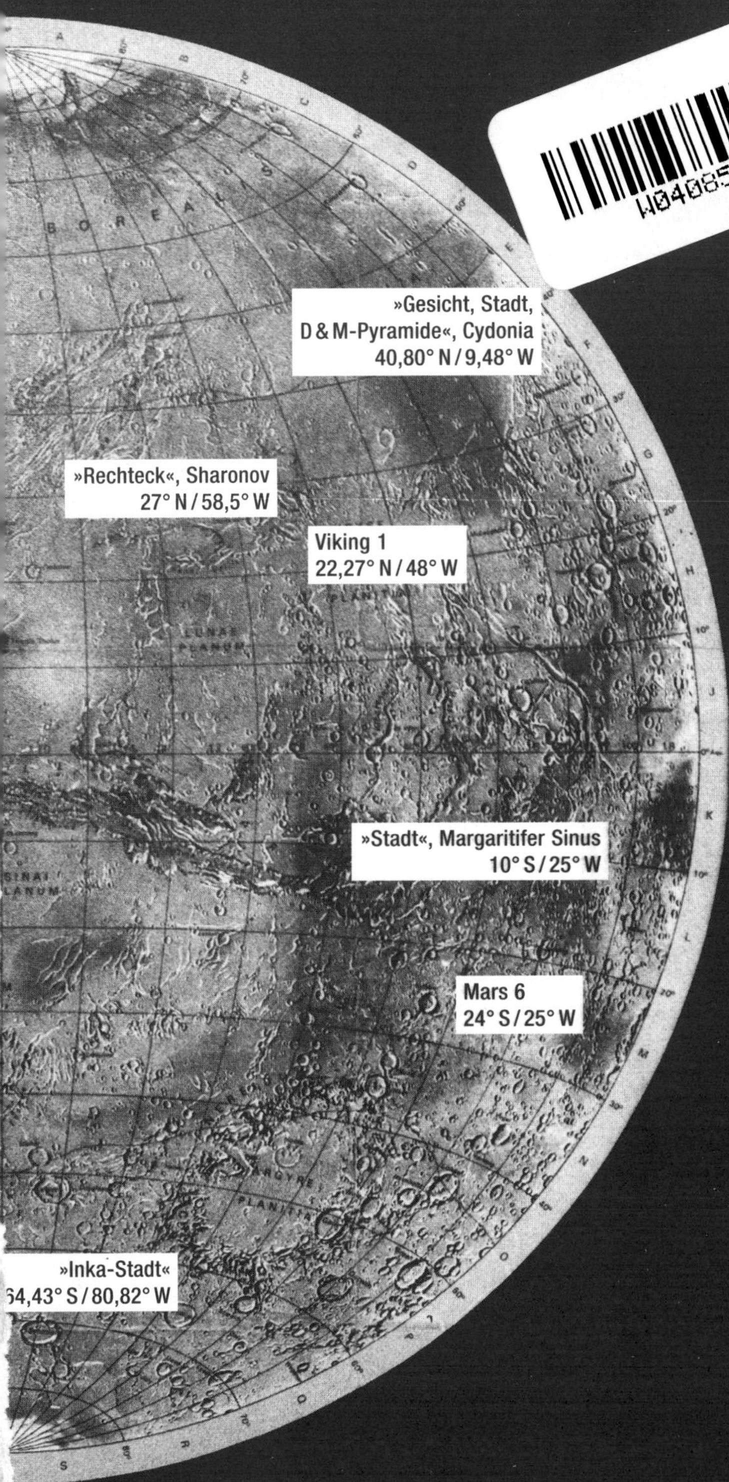
»Gesicht, Stadt,
D & M-Pyramide«, Cydonia
40,80° N / 9,48° W
»Rechteck«, Sharonov
27° N / 58,5° W
Viking 1
22,27° N / 48° W
LUNAE PLANUM
»Stadt«, Margaritifer Sinus
10° S / 25° W
Mars 6
24° S / 25° W
»Inka-Stadt«
64,43° S / 80,82° W

Walter Hain

das mars-gesicht

Bildnachweis

Fotos:
Mark Carlotto: 36, 39
Carolco Pictures: 15
Erich von Däniken: 59
Vincent DiPietro: 32
G. Enrie: 61
G. Franceschi, Edition Arthaud, Paris: 9, 11
Walter Hain: 4, 12, 27, 28, 29, 31, 37, 38, 62
Institute of Space Device Engineering, Moskau: 19, 20
NASA/Goddard Space Flight Center: 3, 5, 6, 7, 8, 14, 17, 18, 22, 23, 43, 44, 45, 49, 50, 51, 53, 54, 55, 56, 57, 58, 60, 63, 64
NASA/Walter Hain: 24, 25, 26, 30, 33, 34, 41, 42, 46, 47, 52
NASA/Jet Propulsion Laboratory: 1, 16, 21
Österreichische Nationalbibliothek: 2
Steve Parish, Wildlife Press, Australia: 40
Stanford Research Institute: 35
US Air Force: 48
Ventla Verlag, Wiesbaden: 10
Vorderasiatisches Museum, Berlin: 13

Zeichnungen:
Außer Abb. 17, 18, 21, 25, 28 alle vom Autor

Vor- und Nachsatz: Die Lage der geheimnisvollen Strukturen und die Landegebiete der bisherigen Mars-Sonden, eingezeichnet auf einer Gotha-Marskarte.

Umschlagbild: Gemälde vom Marsgesicht, angefertigt vom Autor nach Modellstudien und Computeranalysen der NASA-Aufnahmen.

Fremdsprachige Ausgaben:
Holland, Japan, Tschechien

Besuchen Sie uns im Internet unter: www.herbig-verlag.de

1. Auflage 1995
2. Auflage 2003 – Sonderproduktion

Umschlagentwurf: Wolfgang Heinzel
Satz: Schaber Datentechnik, Wels
Gesetzt aus der 11/13 Punkt Stempel Garamond in PostScript
Druck: Jos. C. Huber, Garching
Binden: Oldenbourg Buchmanufaktur
Printed in Germany
ISBN 3-7766-1912-0

Walter Hain

das mars-gesicht

und andere Geheimnisse des Roten Planeten

Mit 64 Fotos und 33 Zeichnungen

HERBIG

Inhalt

Vorwort

Dieses Buch führt Sie in die faszinierende Welt eines Planeten ein, der schon seit Jahrtausenden die Gemüter erregt und der wohl auch in Zukunft eine besondere Bedeutung in der Geschichte der Menschheit erlangen wird. Dies um so mehr, als in den letzten Jahren neue phänomenale Entdeckungen gemacht wurden, die auf weitere Untersuchungen warten. Auf unserem Nachbarplaneten Mars, genannt auch der »rote Planet«, scheinen die größten Rätsel unseres Sonnensystems verborgen zu sein.
Die Grundlagen zu dem vorliegenden Werk wurden von mir schon im Jahre 1976 gelegt, als an einem Dezemberabend, in den Spätnachrichten des österreichischen Fernsehens, in einem NASA-Film, eine seltsame Entdeckung der amerikanischen Marssonde Viking 1 gezeigt wurde: ein riesiges, menschliches Gesicht. Dieses Gebilde hatte mich damals sofort beeindruckt, denn es war nicht irgendein Gesicht, und es lag auch nicht auf unserer Erde, sondern es blickte in den blaßroten Marshimmel, von der Oberfläche des roten Planeten.
Als ich damals darauf aufmerksam machte, daß es sich dabei um einen möglichen Hinweis auf außerirdische Intelligenzen handeln könnte, und vorgeschlagen hatte, dieses Gebilde genauer zu untersuchen, erntete ich fast nur Ablehnungen und Verwunderung. Um so mehr erfüllte es mich mit Genugtuung, daß sich inzwischen namhafte Wis-

senschaftler und Fachleute damit beschäftigt haben und daß meine damaligen Vermutungen bestätigt wurden.
Die Menschen machten sich wohl immer schon Gedanken über andere Lebensformen. Sterne, Mond und Planeten wurden erfüllt von beseelten Wesenheiten, und in der Neuzeit der menschlichen Zivilisationsgeschichte ging man immer mehr daran, einen Nachweis für außerirdische Intelligenzen zu erbringen. Es kann schließlich nicht gut möglich sein, daß unter den Milliarden von inzwischen entdeckten Sonnen des scheinbar unendlichen Universums nur *eine* Leben tragende Welt entstanden ist, daß allein die Erde dafür auserwählt wurde, intelligente Wesen hervorzubringen.
Mit Hilfe von optischen Geräten, mit Radioteleskopen und Röntgenstrahlenempfängern wurden in den letzten Jahrzehnten schon weite Bereiche des Weltalls auf Hinweise fremder Lebensformen abgesucht. Dabei hat man inzwischen tatsächlich mehrere Anhaltspunkte für außerirdische Lebensbedingungen, auch Millionen Lichtjahre entfernt, gefunden. Im Jahre 1977 wurde mit dem Radioteleskop in Effelsberg in der Eifel eine Wasserdampfwolke im Sternbild Dreieck entdeckt, das 2,2 Millionen Lichtjahre von uns entfernt ist. Dort dürften offenbar ähnliche physikalische Verhältnisse herrschen wie in unserem Sonnensystem. Eine kanadische Forschergruppe entdeckte 1978 eine dichte Molekülwolke im Sternbild Stier. In Meteoriten wurden Aminosäuren, die Baustoffe der ersten lebenden Zellen, nachgewiesen, und es gibt bereits Hinweise auf ferne Planeten. Der 4,3 Lichtjahre entfernte Stern Alpha Centauri, aber auch der 6 Lichtjahre weit weg liegende Barnard-Stern könnten Planeten besitzen. Im August 1988 veröffentlichte der amerikanische Astronom David Latham seine Entdekkung von verdächtigen »Schlingerbewegungen« des Sterns

»HD 114762« in 90 Lichtjahren Entfernung. Dies weist, so Latham, auf einen Planeten in Jupitergröße hin. Auch andere Sonnen könnten Planeten besitzen, und es stellt sich wohl dann die Frage, ob sich dort höhere Lebewesen befinden. Wenn das der Fall ist, dann müßten sie – nach unserem derzeitigen Wissen – sogar menschenähnlich sein. Vielleicht könnten sie sogar Raumfahrt betreiben und uns möglicherweise weit voraus sein.

Dies führte in den letzten Jahren zu der Annahme, daß uns diese Lebewesen – vielleicht in Person unserer Götter – schon einmal besucht haben. Die alten Schriften und Mythologien, die Felszeichnungen und archäologische Funde wurden in dieser Richtung untersucht, und es scheint auch etliche Hinweise zu geben, doch der endgültige Beweis für diese Theorie konnte bisher nicht erbracht werden. Nun könnte es jedoch soweit sein! Auf unserem Nachbarplaneten Mars existieren Objekte, die nicht länger ignoriert werden können! Wenn sich endgültig herausstellen sollte, daß diese künstlich errichtet oder bearbeitet wurden, dann können dafür nur fremde Intelligenzen verantwortlich sein, denn bisher waren noch keine Menschen auf dem Mars.

Ob uns außerirdische Lebewesen tatsächlich schon besucht haben oder ob wir jemals solchen begegnen werden, hängt von vielen Faktoren ab. Zum einen ist es die scheinbare Unüberwindlichkeit der Lichtgeschwindigkeit. Eine Mitteilung an Millionen Lichtjahre entfernte Intelligenzen wird auch erst in Millionen Jahren beantwortet werden können. Ähnlich, jedoch noch viel krasser, ergeht es uns mit mechanischen Geräten, mit treibstoff- oder atomgetriebenen Fahrzeugen – auch dabei ist wohl kaum an eine galaktische Nachbarschaftspflege zu denken. Dazu kommen noch Energieprobleme, Gravitationsanomalien und physische wie psychische Belastungen, die uns Menschen in einem galaktischen Käfig anscheinend für immer gefangenhalten. Dennoch ist begrenzte, interstellare Raumfahrt möglich, und die Suche nach außerirdischen Lebensformen muß weitergehen; sie ist viel zu wichtig für uns, als daß wir sie beiseite schieben können. Und da bietet sich besonders unser Nachbarplanet Mars an, auf den wir hoffen dürfen, hoffen auf die Antwort: *Wir sind nicht allein!*

Der Mars hat die Wissenschaftler, die Mystiker wie auch die Science-fiction-Autoren besonders beschäftigt. Bald nach der Entdeckung der »Marskanäle« durch den italienischen Astronom Giovanni Schiaparelli im Jahre 1877 entstand die Legende der »grünen Männchen« vom Mars. Aus der Vorstellung heraus, daß die dunklen Flecken auf dem Mars grüne Vegetationsgürtel sein müßten, entstand wahrscheinlich diese Bezeichnung der vermeintlichen Marsbewohner. Darauf folgten phantastische Romane wie der berühmte »Krieg der Welten« von Herbert George Wells, »Auf zwei Planeten« von Kurd Lasswitz, die »Mars-Chroniken« des Amerikaners Ray Bradbury, »The Sands of Mars« von Arthur C. Clarke u. a., die teilweise auch verfilmt wurden und die um die Wende zum 20. Jahrhundert und danach die Menschen begeisterten aber auch Hysterien auslösten.

Dann behaupteten einige sogar, sie gesehen zu haben, ihnen begegnet zu sein, den »Marsianern« in ihren UFOs. Ja, sie wurden von ihnen sogar zum Mars mitgenommen und konnten dort die Wohnsiedlungen der angeblichen Marsbewohner besichtigen. Von Phantasten und Spinnern war die Rede, aber auch von ernsthaften Personen, die seltsame Objekte gesichtet haben. Immer wenn der Mars in seiner Umlaufbahn der Erde besonders nahe kommt, soll es stärkere Aktivitäten dieser UFOs geben, und auch sonst soll die Erde zu diesem Zeitpunkt stärkerem Einfluß des Mars ausgesetzt sein.

Als die amerikanischen Viking-Sonden in den siebziger Jahren Zehntausende Fotos von der Marsoberfläche zur Erde übermittelten, waren viele Menschen der Meinung, die Spekulationen über Marsbewohner seien nun endgültig vorbei. Im Oktober 1980 argumentierte die bekannte deutsche Zeitschrift »Bild der Wissenschaft« in dieser Richtung. Darauf schrieb ich einen Leserbrief, in dem ich erwähnte, daß dem nicht so ist, und machte dabei auf dieses seltsame, menschliche Gesicht und weitere ruinen- und pyramidenartige Strukturen auf dem Mars aufmerksam. Damals hatte ich schon geahnt, was sich aus diesen Entdeckungen entwickeln könnte; ich ahnte jedoch nicht, welche Intrigen, Machenschaften, aber auch neue Entdeckungen noch auf mich zukommen werden.
Die Amerikaner und die Russen haben inzwischen weitere Anstrengungen unternommen, den Mars zu erforschen. Die bisherigen Ergebnisse waren zu wenig eindeutig, man muß über den Mars mehr wissen. Zwei sowjetische Raumsonden flogen 1988 zum Mars, doch kurz nach dem Start ist die erste Sonde ausgefallen. Die zweite erreichte den Mars, doch kurz darauf gab auch sie kein Lebenszeichen mehr von sich. Zuvor haben sich aber rätselhafte Dinge ereignet. Ähnlich erging es dem amerikanischen Mars Observer im August 1993. Auch er ist schließlich ausgefallen! Was geschieht auf dem Mars? Will jemand verhindern, daß die letzte Wahrheit über den Mars ans Tageslicht kommt?
Es sind aber weitere Raumsonden geplant, auch solche, die auf dem Mars beweglich sein sollen, und solche, die Bodenproben zur Erde bringen können. Auch die Landung von Menschen auf dem Mars wird für das nächste Jahrhundert vorbereitet. Sie wird vielleicht von einem internationalen Astronauten-Team vorgenommen werden. Wir dürfen unseren »Bruderplaneten« nicht aus den Augen verlieren.

Vielleicht war er doch schon einmal bewohnt? Vielleicht gab es schon einmal eine Verbindung zwischen Erde und Mars? Vielleicht finden wir dort doch noch fremde Lebensformen? Der Mars hat uns noch viel zu sagen, und er wird vielleicht eines Tages zur zweiten Erde werden. Die Besiedelung des Mars ist das nächste große Menschheitsziel.

Walter Hain

1 Und also sprach der Kriegsgott

Der Mars in der Mythologie

In den Mythologien der Völker nimmt der Planet Mars eine bedeutende Stellung ein. Kein anderes Gestirn, neben der Sonne und dem Mond, scheint die Menschen mehr beeinflußt zu haben als der Mars. Besonders während seiner Opposition zur Erde und bei Neumond ist er fast ein Jahr lang das zentrale Gestirn am Himmel. In klaren Nächten ist dann auch seine rötliche Farbe deutlich mit dem freien Auge sichtbar, was ihm eine besondere Rolle unter den Gestirnen verschaffte. Wegen seines rötlichen Aussehens ist der Mars vielfach als Symbol des Blutes und des Krieges angesehen worden. Die Ägypter, die Römer, die Griechen, die Germanen, die Inkas, die Mayas und die Azteken – fast alle Völker hatten eine Beziehung zu den Planeten, ganz besonders zum »roten Planeten«, dem Mars. Durch die enge Verbundenheit der Völker mit den Gestirnen versahen sie diese mit gewissen Eigenschaften und gaben ihnen symbolische Namen, die manchmal Glück, aber auch Unglück bedeuteten. Sie belebten die Gestirne mit Wesenheiten, und es scheint sogar, als hätten diese Wesen in irgendeiner Form mit den Menschen bereits in sehr früher Zeit Kontakt aufgenommen. Schon auf alten Felszeichnungen finden sich kugel- und kreisförmige Gebilde, die in Form von Planetensystemen angeordnet sind, und die alten Schriften berichten immer wieder von »Göttern«, die vom Himmel kamen.

Die ersten schriftlichen Hinweise auf den Mars gab es schon vor 5000 Jahren bei den Sumerern, bei denen der Mars »Salbatanu« (bzw. Shalbatana) hieß. Auf alten Rollsiegeln wurde er als sechszackiger Stern dargestellt. Die Babylonier nannten den Mars »Lahmu« oder »Lachmu«, was soviel wie »Gott des Krieges«, bedeutet. Den Sumerern und den Babyloniern war also die rötliche Farbe des Mars durchaus bekannt. Die Babylonier erkannten bereits, daß der Mars mal langsamer, mal schneller lief. Ein halbes Jahr lang legt der Planet nämlich monatlich eine größere Strecke zurück, dann werden die Strecken von Monat zu Monat wieder kleiner. Unter dem Schutz des babylonischen Marsgottes Nergal mußte der oberste Gott Marduk (der mit Jupiter gleichgesetzt wurde und auch »Bruder des Nergal« hieß) im Auftrag der Götter im Schöpfungsmythos gegen die Titanen kämpfen. Dieses Schöpfungsgedicht beginnt mit den Worten »Enuma elisch«, was »Als in der Höhe« bedeutet, es sich hier also offensichtlich um Himmelskämpfe gehandelt hat. Dabei mußte Marduk gegen die Muttergöttin der Titanen Tiamat kämpfen.
Im sechsten Gedicht dieses Epos wird dann der Mensch erschaffen: *»Er beschloß ein Meisterwerk zu schaffen. Er nahm das Wort und richtete es an Ea, damit letzterer ihn berate über das, was er erdacht hatte. Ich will das Blut machen, (ich will) daß der Knochenbau sei. Ich will erschaffen ein ›Wesen‹, den ›Menschen‹.«*
An diesen himmlischen Kämpfen, die zur Erschaffung des Menschen führten, war also auch der Marsgott Nergal beteiligt.
Nergal war auch der Gott der Pest und des Todes, des Hungers und des Krieges – ja sogar für den Tod des Königs wurde er verantwortlich gemacht. Manchmal wurde er »Stern des Gerichts über die Geschicke der Toten« genannt.

Nergal war demnach der mutige, kampflustige, meist zerstörerische Gott der Babylonier. In der Stadt Nippur, die dem »Luftgott« Enlil geweiht war, gab es im Nordwesten ein »Tor Nergals«. Auch in der assyrischen Stadt Ninive gab es im Norden ein »Nergal-Tor«, und bei den Assyrern hieß der Mars »Simud«.
Die Parther, ein Reitervolk, das östlich des Kaspischen Meeres herrschte, verehrten einen Herakles-Nergal. In der Stadt Hatra wurden mehrere Statuetten dieser Gottheit gefunden. Die Parther identifizierten Herakles mit dem Verethragna, der iranischen Siegesgottheit, und mit dem Nergal. Auch in Hatra galt Herakles-Nergal als Schutzgott des Nordtores dieser Stadt. Eine Inschrift dort lautet: »Möge der Zimmermann in guter Erinnerung bleiben bei Nergal, dem obersten Wächter.«
Die Babylonier entwickelten auch eine Lehre aus der erhöhten oder verminderten Planetenbewegung in verschiedenen Tierkreiszeichen. Dabei wurde der Skorpion dem Mars zugeordnet, er verstärkte seinen unheilvollen Einfluß. Jedes neugeborene Kind hatte einen geburtsbezogenen herrschenden Planeten, wie heute die Tierkreiszeichen. Denjenigen, der unter dem Zeichen des Mars geboren wurde, bezeichnete man als hitzig, frech, unfriedlich, zu bösen Taten bestimmt. Sogar der Körperbau richtete sich nach dem Gestirn.
In der ägyptischen Mythologie wurde der Lokalgott Horus mit dem Mars gleichgesetzt. Er wurde mit einem Falkenkopf dargestellt, wie auch der Sonnengott Re. Re trug jedoch stets die Sonnenscheibe auf dem Kopf, weshalb er deutlich zu unterscheiden war von Horus oder auch Horos. In vielen Hieroglyphen an Tempelwänden ist der Falke zu finden, so auch in den Namen für Kleopatra und Cheops. Horus mußte einige Himmelskämpfe gegen die

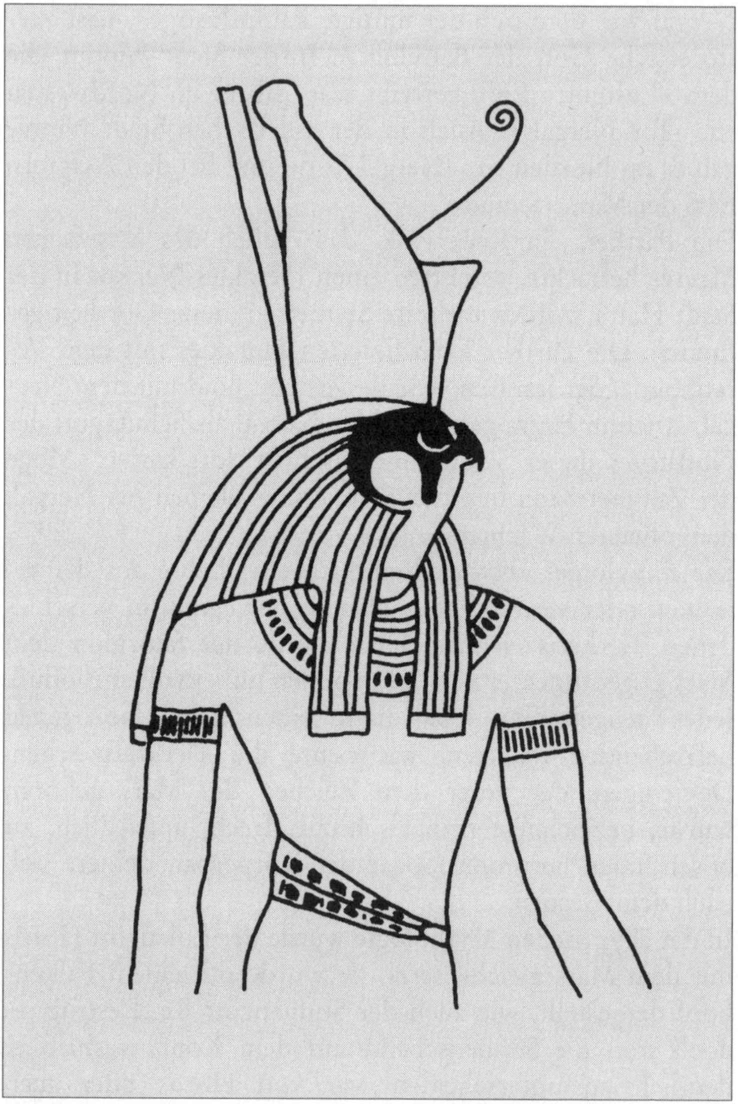

Abb. 1: Horusfalke (Mars) mit der Krone für Ober- und Unterägypten nach einer Darstellung aus dem Grab des Pharao Horemheb.

Gegner des Sonnengottes Re führen, danach regierte er über ganz Ägypten, sowohl in Ober- wie in Unterägypten. Darauf wird deutlich hingewiesen in den Darstellungen, die ihn mit der gemeinsamen Krone Ägyptens zeigen.
Wo Horus vorbeikommt, vollbringt er eine neue Heldentat, die sofort dem Gott Re mitgeteilt wird. Er setzt seinen Siegeszug nach Unterägypten fort, treibt schließlich die Gegner von Re über das Rote Meer und zwingt sie, nach Asien zu fliehen. Danach kehren die beiden Götter Re und Horus (Mars) auf dem »Sonnenschiff« zu ihrem Ausgangspunkt zurück. Der Bericht über diese Kämpfe erklärt auch den Ursprung einiger Embleme, die Teil der religiösen Zeremonien waren – wie z. B. das Symbol der »geflügelten Scheibe«.
Der griechische Gott Ares ist wohl einer der bekanntesten, der mit dem Mars in Verbindung gebracht wurde. Er war der Gott des Krieges und Liebhaber der Aphrodite, Sohn des Zeus und der Hera. In dem homerischen Epos erscheint er als »Dämon des Gemetzels«. Auf dem Schlachtfeld von Troja – wo er den Trojanern beistand – wird er von seinen beiden Söhnen, Phobos und Deimos (Furcht und Schrekken), begleitet. Nach diesen beiden sind ja bekanntlich die Marsmonde benannt. Nach einigen Überlieferungen ist Ares der Vater der Amazonen, die er mit Harmonia gezeugt hatte. Die dem Ares geweihten Tiere sind der Hund, der Geier und der Widder. Diese waren in vielen alten Kulturen »heilige« Tiere, besonders der Widder (das männliche Schaf) war ein beliebtes Opfertier. Im Englischen heißt der Widder heute noch »Aries«.
Den Römern wie auch den Galliern war der Name Teutates und auch seine Beziehung zum Mars bekannt. So leitet sich sein Name aus dem gallischen Teuta (irisch Tuath) her, was soviel wie »Stamm« oder »Volk« bedeutet. Jeder gallische

Stamm hatte seinen eigenen »Teutates«, den jeder unter einem anderen Namen verehrte. So z. B. Albiorix (»König der Welt«), Caturix (»König der Kriege«), Loucetius (»der Leuchtende«), Rigisamos (»der Königliche«). Diese Namen scheinen sich mit den römischen zu vermischen, und zuweilen finden sich die einzelnen Merkmale bei anderen Gottheiten wieder, doch zeigen sie die »königliche Herrschaft« des Planeten.
Auch bei der Gründung der griechischen Stadt Theben war Ares, der Mars, beteiligt. Als Europa geraubt war, entsandte Agenor seine Söhne auf die Suche nach ihr und gebot ihnen, nicht ohne sie zurückzukehren. Kadmos begab sich in Begleitung seiner Mutter Telephassa nach Thrakien. Nach ihrem Tod befragte er das Orakel von Delphi, und dieses riet ihm, Europa nicht länger zu suchen, sondern eine Stadt zu gründen. Er sollte einer Kuh folgen und dort, wo diese vor Müdigkeit stehen bleibt, soll er die Stadt erbauen. Nachdem er Delphi einige Zeit hinter sich gelassen hatte, sah er eine herrliche Kuh, welche an jeder Flanke das Zeichen des Mondes (eine weiße Scheibe) trug. Als sich die Kuh niederließ, schickte er einen seiner Gefährten zu einer nahen Quelle, auch »Quelle des Ares« genannt, um Wasser für das Schlachtopfer zu holen. Kadmos wußte, daß sich das Orakel erfüllt hatte und wollte zum Dank die Kuh der Göttin Athene opfern. Die Quelle wurde aber von einem Drachen bewacht, welcher sämtliche Gefährten des Kadmos tötete. Erst Kadmos selbst konnte dann den Drachen besiegen. Zur Sühne mußte er aber acht Jahre hindurch Ares (Mars) als Sklave dienen, bevor er die Stadt gründen konnte.
Ares hatte auch mehrere Liebesverhältnisse. Außer dem berühmten mit Aphrodite soll er sich auch mit sterblichen Frauen eingelassen haben, von denen er dann Kinder

bekam, die meistens gewalttätige Männer wurden. Von den Spartanern sagte man, daß sie aus den Drachenzähnen des Ares hervorgegangen sind. In Athen gab es einen »Hügel des Ares«, wo in früheren Zeiten ein Tribunal vonstatten ging, das über alle Morde und später über religiöse Verbrechen zu Gericht saß. Der griechische Held Jason mußte bekanntlich mit seinen 50 Argonauten das goldene Vlies (ein goldenes Widderfell) holen, das in einem dem Ares geweihten Hain in Kolchis von einem Drachen bewacht wurde. Der König des Landes, Aietes, Sohn der Sonne und der Okeanide Perseis, hatten es dem Ungeheuer anvertraut.

Der Mars hatte jedoch auch eine wichtige Funktion bei der Gründung Roms. Die bekannte Sage beginnt – wie so viele – mit einer schönen Prinzessin, namens Rea Silvia, die von ihrem Onkel Amulius ins Gefängnis geworfen wurde. Dieser hatte die Macht an sich gerissen und fürchtete nun, daß Rea Silvia einen legitimen Nachfahren gebären könnte. Aber sie hatte es mit weiblicher List dennoch geschafft, einen Verehrer zu finden. Dieser Verehrer – so behauptete man – war niemand anders als der Gott Mars.

Bald erfuhr ihr Onkel, daß sie Zwillinge geboren hatte. Er ließ sie schleunigst holen und in einem Körbchen auf dem Fluß Tiber aussetzen, in der Hoffnung, daß sie durch wilde Tiere, Kälte und Hunger bald umkommen werden. Aber die Kinder wurden durch ein Wunder gerettet. Als das Hochwasser zurückging, strandete das Körbchen am Ufer, und eine vorbeikommende Wölfin nahm sich ihrer an. Sie wärmte und nährte sie so lange, bis ein Hirte des Königs zufällig vorbeikam. Damit war der Auftrag der Wölfin erfüllt. Der Hirte und seine Frau sorgten für die Zwillinge, und sie wuchsen zu kräftigen Männern heran. (Hier scheinen einige Sagenfragmente auf die biblische Schicksalsgeschichte des Moses zurückzugehen.) Wie bekannt, führte

jedoch bald ein Kampf zwischen Romulus und Remus zur Namensgebung der Stadt.
Interessant ist jedoch das mysteriöse Verschwinden des Siegers Romulus. Als er eines Tages die Senatoren Roms auf dem »Marsfeld« versammelt hatte, um Heerschau über das Volk zu halten, brach plötzlich ein heftiges Gewitter los. Für einige Augenblicke war es vollkommen finster, und als es sich wieder lichtete, war Romulus verschwunden.
Einer anderen Version zufolge soll Romulus später einem gewissen Julius begegnet sein, dem er erzählte, er sei vom Gott des Donners (Jupiter) entführt worden. Er fügte auch hinzu, er sei ein Gott, und man möge ihm zu Ehren einen Kult unter der Bezeichnung »Quirinius« gründen. Andere Quellen erzählen, Romulus sei vom Kriegsgott Mars in einem »feurigen Wagen« in den Himmel entführt worden.
Auch die ägyptische Hauptstadt Kairo und die sumerische Stadt Larsa (dort wurde die berühmte Liste der Könige gefunden, die vor der Sintflut geherrscht haben sollen) wurden nach dem Mars benannt, wie ich noch später zeigen werde.
Bei den Germanen war der Gott Tyr mit dem Mars verbunden, und daraus entstand das englische Wort für Dienstag nämlich Tuesday. Daraus resultiert wiederum, daß der Dienstag dem Mars gewidmet wurde, er also zum Marstag wurde. Auch die anderen Wochentage wurden diversen Planeten zugeordnet. Dies taten bereits die Babylonier vor 3500 Jahren. Der Tag des Mondes, der Mond-Tag wurde somit zum Montag, der Dius-Tag (Dius ist gleich dem Mars) zum Dienstag, der Wodan-Tag (Wodan ist gleich dem Merkur) zum Merkur-Tag und später zum Mittwoch, der Donar-Tag (Donar ist gleich dem Jupiter) zum Jupiter-Tag, also Donnerstag, der Tag der Freya (ist gleich der Venus) zum Venus-Tag, also zum Freitag, der Saturn-Tag

(Planet Saturn), zum Saturday, also Samstag, und der Tag der Sonne schließlich zum Sonntag. Auf französisch heißt der Dienstag heute noch »mars«, auf italienisch »martedi« und auf spanisch »martes«. Auch der Monat März wurde dem Mars zugeordnet, der im Französischen ebenfalls »mars« heißt. Auf englisch wird der März bekanntlich »march« genannt, auf italienisch »marzo«, auf spanisch »el marzo«, auf russisch »mart« und im Griechischen »martios«. Auch ein bestimmtes Jahr wurde dem Mars zugeordnet. Dabei durchquert er stets ein bestimmtes Tierkreiszeichen.

So war 1988 wieder ein »Mars-Jahr«. Es wurden für dieses Jahr große Umwälzungen angekündigt, und im September dieses Jahres stand der Planet wieder einmal der Erde besonders nahe im Sternzeichen der Fische. »Die Stern-Konstellationen sind eine einzige massive Warnung!« heißt es im »Neuen Astrologischen Kalender« des Huter-Verlages in Rosenheim. Es wird darin auf die »verheerende Saturn-Uranus-Bewegung« hingewiesen, die als Unheilsboten gelten, und »zu allem Überdruß« kommt in diesem Jahr auch noch Mars hinzu. Vom 20. März 1988 bis zum 20. März 1989 regierte er die Sternkonstellationen. Besonders in den Monaten Juli, November und Dezember 1988 sei Vorsicht geboten. Da steht Mars »sehr spannungsreich zu Saturn und Jupiter, und die Führer dieser Welt sollen alles daran setzen, um größeres Übel von unserem Planeten fernzuhalten«. Das soll noch durch die Tatsache gestärkt worden sein, als der Mars im Februar 1989 in seinem eigenen Zeichen Widder stand. Zu dieser Zeit, am 16. Februar, begann der Frühling auf dem Mars, der dort auf der nördlichen Hemisphäre 194 Marstage dauert. Am 12. März 1989 standen Mars und Jupiter, von der Erde aus gesehen, sehr eng beisammen, was zu gewissen Spannungen geführt haben soll. »Mars und Jupiter bringen Aufschwung«, hieß es in einem Horoskop. »Am Abend des 12. März 1989 überholt der zunehmende Mond das Planetenpaar Mars und Jupiter in 2 Grad nördlichem Abstand, Mars steht am gleichen Tag 2 Grad nördlich des Jupiters«, schrieb die deutsche Zeitschrift »Sterne und Weltraum« im Februar 1989. Auch 1995 war wieder ein »Mars-Jahr« – sowohl astrologisch als auch astronomisch gesehen. Am 11. Februar 1995 kam der Mars der Erde bis auf 101 Millionen Kilometer nahe, und von März 1995 bis März 1996 soll er das Weltgeschehen beeinflussen und für neuen Aufschwung sorgen.

Jeder Planet hat schon seit langem auch seine zugehörigen Naturobjekte und übt auf diese spezielle Einflüsse aus. Zum Mars gehört Feuer, Eisen, Blutstein und Jaspis, die rote Farbe, der bittere Geschmack, das männliche Geschlecht, Leber, Galle, Nieren, Adern und das linke Ohr. Mars beherrscht das Alter zwischen 42 und 57 Jahren, den schon erwähnten Dienstag, den Monat März, sowie auch die Nacht zum Freitag.

Die dem Mars zugeordnete Zahl ist die 9. »Sie steht für aggressives Handeln, Durchsetzung, Mut und Konflikt. 9 ist die Zahl der Originalität und der Initiative, aber auch der dazu im Widerspruch stehenden Charakterzüge Verletzlichkeit und Naivität«, schreibt Linda Goodman in ihrem Buch »Star Signs«. Die Zahl 9 ist von Anbeginn Alpha und Omega; sie symbolisiert den Ursprung und das Ende, und sie kann durch nichts zerstört werden, ganz gleich, wie oft man sie multipliziert; 9 mal 3 ergibt 27 (Quersumme 9), 9 mal 4 ergibt 36 (Quersumme 9), 9 mal 6 ergibt 54 (Quersumme 9) usw. Die 9 steht in Verbindung mit der Schöpfung. Adam, der erste mythische Mensch, wurde 930 Jahre alt; das iranische Weltalter umfaßt 9000 Jahre; das irdische Jahr wurde ursprünglich durch 9 Monate geteilt.

Der berühmte Seher des 16. Jahrhunderts Nostradamus prophezeite in einem seiner zahlreichen »Vierzeiler« für das Jahr 1999 gewaltige Umwälzungen, ja – wie einige meinen – sogar den Weltuntergang. Der Text lautet: »Im Juli (dem siebten Monat des Jahres) 1999 wird ein mächtiger Schreckensherrscher über den Himmel (auf dem Luftweg) kommen, um den großen Eroberer des Angoumois wiedererstehen zu lassen. Davor und danach wird Mars (Krieg) herrschen, zum Glück.«
Die Kelten hatten gleich ein ganzes Sammelsurium von Marsgöttern. Da gibt es als ersten den Mars-Teutates. Der Name »Teutates« erscheint auch bei anderen Völkern und ist weniger Eigenname als Sammelbegriff, der sich auf verschiedene Gottheiten anwenden ließ. Tatsächlich findet sich dieser Name in Inschriften immer nur in Verbindung mit dem Mars. In der Folge gibt es dann den Mars-Segomo (»der Siegreiche«), den Mars-Beladon (»der Zerstörer«), den Mars-Camulus (»der Mächtige«) und den Mars-Rudianos (»der Rote«). Diese Farbe war übrigens in der Vorstellung der Kelten mit den Taten der Krieger wie auch mit der Welt der Toten verbunden. Schließlich gab es noch einen Mars-Leherennus und einen Mars-Dunates (»Beschützer der Zitadellen«). Daraus kann man deutlich die verschiedensten Eigenschaften erkennen, die dem Mars zugeschrieben wurden. Es gab aber auch Göttinnen, die mit dem Mars verbunden waren. Die Göttin des Krieges Nemetana z. B. wurde auf Bildwerken gemeinsam mit dem keltischen Mars gezeigt.
Die Inder kannten offenbar ebenfalls mehrere Marsgötter, die sie »Maruts« nannten. Diese Bezeichnung kann durchaus von »Marti« (Mars) abgeleitet werden. Immanuel Velikovsky meint dazu in seinem Buch »Welten im Zusammenstoß« (Verlag Ullstein, Berlin): »Der Name Mars (Genitiv:

Martis) könnte gleichen Ursprungs sein wie das Wort Marut, und es ist befriedigend feststellen zu können, daß der philologische Zusammenhang bereits nachgewiesen ist.« Velikovsky beruft sich dabei auf den umbrischen Namen »cerfo martio«, der genau dem Ausdruck »sardah-s maruta-s«, Schar der Maruts entspricht. An verschiedenen Stellen der Veden heißt es:

»Euer Zug, o Ihr Maruts, erscheint strahlend... Wie die Morgenröte decken sie die dunklen Nächte auf... Mit roten Strahlen die Kraftvollen... Mit ihrem strahlenden Licht... Gleich einem Meer von Licht... Bei Eurem Herannahen ducken sich die Menschenkinder... Diese starken, männlichen, schwerbewaffneten Maruts... fest sind die Hörner, die Waffen an Euren Wagen, und auf Euren Gesichtern ist Leuchten.«

Im indischen Sanskrit wurde der Mars »Mangala« genannt. Andere Völker, wie etwa die Sibirier, hatten ebenfalls ihre Beziehungen zum Mars. Sie erzählen von den kriegerischen Fürsten der Sterne, vor allem vom Mars und der Venus oder den sieben Alten des großen Bären. Diese sorgen für die Vermehrung der Menschen und Tiere. Sonne und Mond werden hier durch die Bedeutung von Mars und Venus in den Hintergrund gedrängt. Daß es sich bei den sieben Alten des großen Bären um das Sternbild des Großen Bären handelt (bekanntlich besteht es ja aus sieben Sternen), geht hier klar hervor.

Bei den Chinesen war Mars (Huo Hsing) der Stern der Verirrung des Lichts am Himmel, und er ist der Schirmherr des Unrechts. Er ist auch der älteste Gott des Windes. Bekanntlich verdanken wir viele astronomische Entdeckungen den Chinesen. Sie machten bereits über die Zeit vor Christus hinaus genaue Aufzeichnungen von Kometen und Supernovae.

Bei den Arabern gab es eine Marssekte, die Ssabier. Jeden Dienstag, am Tag des Mars, versammelten sich die Priester zur Stunde, in der der »rote Planet« die höchste Stellung am Himmel erreichte. Ihre Körper hatten sie mit Blut bestrichen, und ein rothaariger Mann wurde als Opfer in einem Kessel mit Öl ertränkt.

Auch die Ketschua, ein Indianerstamm in den südamerikanischen Anden, kannten den Mars. Bei ihnen hieß er »Auqakuh«. Auch sie hatten offenbar eine Beziehung zu diesem Planeten.

Bei den Azteken kann der Haupt- und Kriegsgott Huitzilopochtli durchaus mit dem Mars verglichen werden. Ihm wurde der Haupttempel der Stadt Tenochtitlán gewidmet, und dort wurden blutige Menschenopfer dargebracht. Huitzilopochtli war »ein äußerst robuster zweiter Herkules von großer Kraft und kriegerischem Geiste, ein großer Vernichter von Völkerstämmen und Töter von Menschen«. Er wurde auch als Sohn oder Bruder der zahllosen Südsterne und der Finsternis angesehen. So wurde Huitzilopochtli wie der römische Mars und der germanische Odin mit Speer und Bogen dargestellt. Er wurde bisweilen auch mit dem griechischen Zeus verglichen.

Auch den Mayas war der Mars bekannt. Sie haben ja bekanntlich einen hervorragenden Kalender entwickelt. Ausgangspunkt war das Datum 3113 v. Chr., und der gesamte Kalender umfaßt einen Zeitraum von 3405 Jahren. Die Mayas teilten diesen Zeitraum in 1 366 560 »Kin« (= Tage) ein, das waren nach ihrer Rechnung 1752 Mars-Jahre zu je 780 Tagen. Heute wissen wir, daß sich der Mars alle 780 Tage der Erde nähert. Für den Mars hatten die Mayas zwei verschiedene Bezeichnungen, nämlich »Cimi« und »Ben«. »Cimi« bedeutete den Tod, die Enthüllung, die Realisierung der körperlichen Sterblichkeit, und man bezeichnete damit den Norden. »Ben« bedeutete Himmelsreise, die Säule des Himmels und der Erde, das Sehnen nach einer Verbindung zwischen Himmel und Erde, das Streben nach einem höheren Sinn, und damit wurde der Osten identifiziert.

Die Mayas meinten überhaupt, das Universum bestehe aus drei übereinanderliegenden Vierecken, von denen das eine der Himmel, das mittlere die Erde und das dritte die Unterwelt seien. Die Mayas und auch die Inkas gaben in ihren Mythen an, das erste vor der Sintflut von Göttern geschaffene Geschlecht sei ein Geschlecht von »Riesen« gewesen.

2 Die Riesen vom Mars

Kamen einst riesenhafte Wesen vom roten Planeten?

Das erste von den Göttern geschaffene Menschengeschlecht soll ein Geschlecht von Riesen gewesen sein – zumindest berichten das die Mythen und Sagen der Völker. Diese Riesen traten praktisch überall auf, und sie haben sich sogar bis in unsere heutige Märchenwelt und in unser Brauchtum erhalten. Dies bezieht sich auch auf die sogenannten Titanen, die Angehörigen des ältesten Menschengeschlechts.

In der griechischen Mythologie tritt z. B. ein Paar an erster Stelle auf, nämlich Uranos und Gaia. Uranos war der Himmelsgott und Gaia die Göttin der Erde – woraus sich bereits die »himmlische Herkunft« der Riesen ergibt. Diese beiden zeugten in der Folge zwölf Kinder – die Titanen und die Titaninnen. Die Titanen waren sechs an der Zahl: Okeanos, der älteste, dann Koios, Krios, Hyperion, Iapetos und schließlich Kronos. Diese hatten sechs Schwestern, die Titaninnen: Theia, Rheia, Themis, Mnemosyne, Phoibe und Tethys. Der Titan Hyperion war sogar der, »der in der Höhe reist«, und er war mit seiner Schwester Theia verheiratet. Beide sollen die Sonne und den Mond gezeugt haben.

Der Riese Typhon, Sohn der Gaia und des Tartaros, war von ungeheurem Wuchs, größer als alle Gebirge. Sein Scheitel reichte bis zu den Sternen. Seine Hände hatten als Finger hundert Drachenköpfe, und vom Gürtel abwärts be-

stand sein Körper nur aus Schlangen. Außerdem trug Typhon Flügel, und aus seinen Augen schlugen Flammen.
Die Griechen kannten auch einen Riesen namens Klytios, der von Zeus, dem höchsten Göttervater, mit einer »glühenden Keule« erschlagen wurde. In einer Reise, die Herakles zu den entferntesten Grenzen der Menschenwelt unternahm, mußte er den Riesen Geryon töten. Für die Reise dorthin benützte er eine »Sonnenbarke«.
Auch Herakles (bei den Römern hieß er Herkules) hatte mit Riesen zu tun. Als er einmal zum König Augeias reiste, um seinen Lohn abzuholen, töteten Riesen im Auftrag des Königs im Lager seine Truppen. Darauf rächte sich der Held, indem er die Riesen aus dem Hinterhalt erschlug.
Auch in der bekannten Sage von Jason und den Argonauten, die mit einer »Arche« auf der Suche nach dem goldenen Vlies waren – das sich offenbar der Kriegsgott Mars angeeignet hatte –, wird von einem Riesen namens Talos berichtet, dem sie auf der Insel Kreta begegneten. Er war der Wächter der Insel und einziger Überlebender des »ehernen Menschengeschlechts«. Er war ein Kunstwerk des Hephaistos, am ganzen Körper aus Erz und unverwundbar. Nur an einer Stelle, an seinem Knöchel, hatte er eine »Ader«, die unaufhörlich klopfte, und nur dort war er verwundbar. So gelang es den Argonauten – während er sie mit riesigen Felsblöcken bewarf –, ihn so in Zorn zu versetzen, daß er mit dem Knöchel an einen Fels stieß und tödlich verwundet zu Boden sank.
Der Riese Alkyoneus bewarf in der Meerenge von Korinth die vorüberfahrenden Schiffe ebenfalls mit riesigen Steinen. Der Riese Skiron zwang die Reisenden, ihm seine Füße zu waschen und stürzte sie anschließend ins Meer, wo sie von einer riesigen Schildkröte gefressen wurden. Der Riese Sinis zerstückelte seine Gefangenen, band sie an die Spitze einer

Tanne und schleuderte sie dann in die Lüfte. Der Riese Polyphemos lebte in einer Höhle und hatte nur ein Auge auf der Stirn. Es waren also recht kuriose Eigenschaften, die manche Riesen entwickelten. Manchmal scheinen sie recht mythologische Züge gehabt zu haben, manchmal entwickelten sie jedoch ein sehr personifiziertes Verhalten.
In der indischen Mythologie gibt es einen Riesen namens Kalki, der einen Pferdekopf hatte. Er beschließt das Eisenzeitalter, und nach getanem Werk »geht alles im Absoluten auf und die Schöpfung beginnt von Neuem«. Wenn es sich hier um die kosmische Schöpfung handelt – und die Riesen hatten ja »himmlische« Eigenschaften –, dann ist es immerhin bemerkenswert, daß die moderne Astronomie eine Ansammlung von Sternen kennt, die wie ein Pferdekopf aussieht: der Pferdekopfnebel im Sternbild Orion.
Die Chinesen berichten in ihrer Mythologie von einem Riesen namens Pan-Ku, der an der Erschaffung der Welt wesentlich beteiligt war: »Einmal, als es weder Himmel noch Erde gab, hatte das Chaos das Aussehen eines Hühnereies. Aus diesem Ei wurde Pan-Ku geboren. Nach 18000 Jahren öffnete sich das Chaos (das Ei). Seine schweren und groben Bestandteile, Yin, bildeten die Erde, die leichten und reinen dagegen, Yang, den Himmel. Jeden Tag stieg der Himmel zehn Fuß höher (ca. 3 Meter). Die Erde verdichtete sich jeden Tag um zehn Fuß nach innen. Und jeden Tag wurde Pan-Ku um zehn Fuß größer. So geschah es, daß nach 1800 Jahren sein Körper den Abstand zwischen Himmel und Erde ausmachte.«
Beim Tode Pan-Kus entstanden aus seinen Adern der Wind und die Wolken, aus seiner Stimme Donner und Blitz, sein linkes Auge wurde zur Sonne, sein rechtes Auge zum Mond. Aus seinem Leib entstanden die vier Pole und die fünf Hauptgebirge, aus seinem Blut und seinen Säften

die Ströme und die Flüsse, aus seiner Haut und seinem Fleisch die Felder und der Erdboden, aus seinen Haaren und Augenbrauen die Fixsterne und Planeten. Seine Körperhaare wurden zu Pflanzen, seine Zähne und Knochen zu Metallen und Gesteinen, sein Same und sein Mark wurden zu Perlen und Jade, aus seinem Ungeziefer schließlich die Menschen.

In der Mythologie der Kelten gibt es einen Riesen namens Bran Ab Llyr, der in Großbritannien lebte. Kein Schiff, kein Schloß kann den gewaltigen Riesen aufnehmen. Er durchwatet das Meer von Irland, um den gegnerischen König zu bekämpfen und sein Heer zu vernichten.

Der irische Riese Balor, der »mit den bösen Augen«, hatte gewaltige Ausmaße. Seine Augenlider hingen so weit herab, daß sie mit einer Heugabel hochgehoben werden mußten.

In den Gedichten der »Edda« (in der germanischen Mythologie) ist mehrfach von den Anfängen der Welt und vom Erscheinen der Götter, der Riesen und der Menschen die Rede.

Der Halbgott Thor war einmal der Gegner der Riesen. Sie fürchteten ihn mehr als irgendeinen anderen, weil er schon viele von ihnen getötet hatte. Hier haben wir es wieder mit einem Kämpfer gegen die Riesen zu tun, wie auch schon bei Herakles. Die Riesen scheinen überhaupt stark bekämpft worden zu sein, so daß sie nach und nach verschwanden.

Bei den finnisch-urgischen Völkern lebten die Riesen unter der Erde und unter den Bäumen. Sie nährten sich vom Harz der Lärche, und sie hatten die Fähigkeit, sich von ihren Körperzellen zu trennen, um sie anschließend aufzuessen.

Die Melanesier erzählen, daß die Erde schon immer bestanden hat. Ihre endgültige Gestalt bekam sie erst »durch das

übernatürliche Eingreifen der Riesen«. Dies geht soweit, »bis zur Geburt des Geistes, dessen Aufgabe es ist, das Universum zu gestalten«.
Die Riesen sind also offenbar älter als die Menschheit. Es gab auch Meeresriesen und Feuerriesen. Sie wurden von den Göttern bekämpft und waren oft selbst Götter. In den meisten Sagen waren die Riesen bei den »Himmelskämpfen« die unterlegenen Geschöpfe – sie waren meist primitiv und häßlich, doch sie hatten auch intelligente Aufgaben bei der Schöpfung der Welt.
So finden wir auch im biblischen Schöpfungsbericht, in der Genesis, dem ersten Buch Mose, Kapitel 6, Vers 4, einen Bericht über Riesen: »Die Riesen (hebr. Nephilim) lebten damals auf Erden (und auch später noch) als die Gottessöhne mit den Menschen verkehrten und diese ihnen Kinder gebaren, jene Helden der Vorzeit, die Hochberühmten.« Im »Buch der Richter«, Kapitel 13, wird die bekannte Geschichte von Samson (Simson) und Delilah (Delila) berichtet. Samson war ein von Gott gezeugter Menschensohn, der durch seine göttliche Herkunft übermenschliche Kräfte entfalten konnte. Auch die bekannte Geschichte von David und Goliath lesen wir im 1. Buch Samuel, Kapitel 17, Vers 4, in der Bibel. David konnte ja den Riesen Goliath mit einem Steinwurf gegen dessen Stirn besiegen. Die Nephilim (griechisch Gigantos) waren sinngemäß »die vom Himmel herabgekommenen« Riesen.
Die Mayas und die Inkas geben – wie bereits erwähnt – in ihren Mythen an, das erste vor der Sintflut von den Göttern geschaffene Geschlecht sei ein Geschlecht von Riesen gewesen. Sie kannten zwei Riesen, Atlan (Atlas) und Theitani (Titan).
Wenn es auch rätselhaft ist, woher die Riesen kamen und warum sie manchmal nur symbolischen Charakter für das

Begreifen der Welt hatten, so scheinen sie dennoch körperlich dagewesen zu sein, denn sie dürften etliche Hinweise hinterlassen haben.
In Syrien fanden Archäologen 3,8 kg schwere Faustkeile, die eigentlich nur von Riesen gehandhabt werden konnten. In Ostmarokko wurden angeblich Faustkeile gefunden, 32 cm lang und 22 cm dick. Diese können offenkundig nur von Menschen mit besonders kräftigem Körperbau verwendet worden sein. Auf den Philippinen soll das Skelett eines 5,18 Meter großen Riesen gefunden worden sein. Seine Schneidezähne waren 7,5 cm lang und 5 cm dick. Im Südosten Chinas wurden angeblich Knochen von 3 Meter großen Menschen gefunden. Doktor Pei Weng Chung schätzte die Knochen auf ein Alter von etwa 300 000 Jahren. In Agadir sollen 8 kg schwere Äxte gefunden worden sein, die ebenfalls auf ein Alter von 300 000 Jahren datiert wurden.
An verschiedenen Stellen der Erde finden sich seltsame Fußabdrücke, die aufgrund ihrer Größe nur von riesenhaften Menschen stammen können. In den Klamath-Mountains in Nordwest-Kalifornien wurden 1958 riesenhafte Fußspuren gefunden. In Texas, in den USA, wurden derartige Abdrücke am Ufer des Paluxy-River bei Glen Rose gefunden. Das Seltsame daran ist, daß diese Fußspuren neben Spuren von Dinosauriern liegen. Handelt es sich hier um einen Scherz oder müssen wir unser Weltbild revidieren? Nach der herkömmlichen Geschichtsschreibung hat es zur Zeit der Saurier, vor etwa 80 Millionen Jahren, noch keine Menschen gegeben. Wer waren diese riesenhaften Erscheinungen und woher kamen sie? Kamen sie vom Mars?
Es scheint sogar noch heute derartige Lebewesen in versteckten, unzugänglichen Gegenden der Erde zu geben. Diese geheimnisvollen Lebewesen wurden in Asien, in Ka-

nada, in den USA und im afrikanischen Njassaland gesichtet. In Asien gibt es den bekannten Schneemenschen Yeti, der von vielen schon gesehen wurde. Auch dem bekannten österreichischen Bergsteiger Reinhold Messner ist ein derartiges Lebewesen dort begegnet. Diese merkwürdigen Gestalten haben verschiedene Namen wie Mige, Rak-shi, Alma, Vamana, Smjda, Bitchun, Kumchingorugosu und Hu-gouriosku. In Afrika gibt es einen namens Ufti, in den USA ist es der Sasquatsch oder Bigfoot, in Australien der Yowie.

»Der Yeti ist jedenfalls keine Erfindung, aber dies trifft allerdings auf die Geschichten über ihn zu«, meint die Forscherin Odette Tchernine in ihrem Buch »The Snowman and Company«. Die ersten Fußabdrücke derartiger Lebewesen hat offensichtlich der Bergsteiger Colonel Howard Bury im damals noch unerforschten Himalaja gesehen. Auch in der Wüste Gobi ist so ein »Riesenmensch« bekannt. Der mongolische Gelehrte Prof. Dr. Rinchen berichtet: »Mir liegen Augenzeugenberichte von Nomaden der Wüste Gobi über diesen Alma vor. Dieser ist dem Menschen sehr ähnlich, aber sein Körper ist mit rötlich schimmernden dunklen und dünnen Haaren bedeckt. Die Haut schimmert durch das Haar hindurch – ein Umstand, der bei wilden Tieren völlig unbekannt ist. Er geht aufrecht in leicht vorgeneigter Haltung. Beim Gehen knicken seine Knie halb ein. Der Kiefer ist kräftig, die Stirn ist niedrig und fliehend. Im Vergleich zu den Augenbrauen der Mongolen sind diejenigen des Almas buschig.«

In diesem Zusammenhang sei verschiedenen Berichten zufolge erwähnt, daß vor ca. 10 000 Jahren im tibetischen Raum in Zentralasien eine hochzivilisierte Rasse existiert haben soll. Auf den südostasiatischen Inseln Ceylon und Java soll es Hinweise auf eine frühe »Riesen-Menschheit« geben. Dort soll es geheimnisvolle Lebewesen geben, die, obgleich menschenähnlich, bisher völlig unbeachtet blieben. In seinem Buch »Sur la piste des bêtes ignorées« weist Bernhard Heuvelsmans darauf hin, daß diese Weltgegend die Wiege eines Geschlechts von Riesen war, die in einem früheren Zeitalter die Erde bevölkerten. Die bisher entdeckten Arten sind der Sinanthropus in China und der Pithecanthropus in Malaya. Heuvelsmans vertritt die Ansicht, daß der Sinanthropus und der Pithecanthropus gemeinsame Vorfahren des »Schneemenschen« sind, den er Dinopithecus nennt.

Es scheint also festzustehen, daß es auf der Erde einst riesenhafte, menschenähnliche Lebewesen gab. Aber woher kamen sie?

Der französische Forscher Henri Lhote entdeckte im Tassiligebirge in der Sahara, die Felszeichnung einer riesigen Gestalt. Sie hat einen kugelförmigen Kopf und eigenartige Markierungen auf der Stirn. In der Mitte des Kopfes ist ein großes »Auge« zu sehen, und die Gestalt scheint in einer Art »Taucheranzug« zu stecken. Henri Lhote nannte diese 6 Meter große Darstellung »le grand dieu martien«, den »großen Marsgott«. Wieso hatte Henri Lhote bei der Betrachtung dieser Gestalt gerade an »Marsmenschen« gedacht? Das Alter dieser Felszeichnung wurde auf 6000 bis 8000 Jahre datiert, und dort im Tassiligebiet gibt es noch weitere Darstellungen dieser seltsamen Gestalten. Kamen die Riesen vom Mars? Waren überhaupt die ersten Götter »Marsriesen«? Auch wenn das spekulative Gedanken sind, so hatten doch zahlreiche »Götter«, die einstmals vom Himmel kamen, etwas mit dem Mars zu tun. Das geht sogar soweit, daß diese »Götter« eigenartige »Riesen« in die Welt gesetzt hatten, wie das in verschiedenen Mythen behauptet wird. Hatten die »Götter« vielleicht gar »Marsriesen« gezüchtet?

Daß derartiges nicht so unwahrscheinlich ist, beweisen wissenschaftliche Untersuchungen des menschlichen Gehirns – genauer gesagt, der Hirnanhangdrüse, die für das Wachstum zuständig ist. In einem medizinischen Buch lese ich: »Gleichsam an der Spitze des hormonalen Steuerungssystems steht als oberster Regler der innersekretorischen Funktion der kirschkerngroße, an der Unterfläche des Gehirns in einem als ›Türkensattel‹ bezeichneten Knochenfach der Schädelbasis gelegene Hirnanhang, wissenschaftlich Hypophyse genannt. Der in einem Vorder- und Hinterlappen geschiedene Hirnanhang schickt mehr als ein Dutzend verschiedene Hormone ins Blut. Ihre Aufgabe ist es unter anderem, die Tätigkeit der Keimdrüsen anzuregen, das Knochenwachstum und den Wasserhaushalt des Körpers zu regulieren, die Funktion der Schilddrüse zu überwachen, die Zusammenziehung der Gebärmutter bei der Geburt (die Wehen) usw. ...«
Diese Hormonbildung steuert also unser Wachstum, und wenn wir diese in den Griff bekommen würden, könnten wir praktisch Zwerge aber auch Riesen züchten – zumindest die Körpergröße eines Menschen beeinflussen. Aufgrund der gefundenen Fußspuren dieser angeblichen Vorzeitriesen und anhand einiger Felsbilder können wir annehmen, daß diese Lebewesen etwa 3 bis 6 Meter groß gewesen sein müßten. Die bisher größten Menschen kamen auf eine Körpergröße von etwa 2,70 Meter. Der Amerikaner Robert P. Wadlow erreichte z. B. eine Körpergröße von 2,72 Meter, bis er im Alter von 22 Jahren an einer Hormonstörung starb. Ein elementares geometrisches Gesetz besagt, daß die Verdoppelung der Größe eines Objekts zur Vervierfachung der Fläche führt, während Volumen wie Gewicht auf das Achtfache anwachsen. Würde man also die mittlere Größe des Menschen von 150 bis 170 cm verdop-

peln, so würde sein Durchschnittsgewicht von 70 auf 560 Kilogramm anwachsen und seine Knochen (die ja dieses Gewicht tragen müßten) würden den vierfachen Querschnitt benötigen. Sie wären aber durch das achtfache Gewicht doppelt so stark beansprucht. Kann es aber möglich sein, daß derartige Lebewesen gezüchtet werden? Lebewesen, die mit Leichtigkeit mit den Steinquadern der prähistorischen Bauten umgehen konnten? Teotihuacán, die größte Stadt Altmexikos (sie war größer als das alte Rom) soll nach den Überlieferungen der Azteken vor undenklichen Zeiten von Riesen erbaut worden sein. Tatsächlich wurde die Stadt unter der Herrschaft von Montezuma II. auf bereits vorhandenen Ruinen erbaut.

Das Wunder, das dies ermöglichen könnte, heißt HGH (Human Growth Hormon), auf deutsch: Menschliches Wachstumshormon. Früher brauchte man, um ein Gramm dieser Substanz zu gewinnen, die Hirnanhangdrüse von einigen hundert Menschen, denen man dieses Hormon entnehmen konnte. Schon vor einigen Jahren ist es dem chinesischen Doktor Choh Hao-li an der Universität von Kalifornien in Berkeley gelungen, dieses Hormon synthetisch herzustellen. Die Hypophyse erzeugt sieben wichtige Hormone, und keines konnte dem Zugriff von Prof. Li und seinen Mitarbeitern entgehen. Sechs davon stellte er selbst in reiner Form her, das siebente gelang einem seiner Schüler. Es ist also durchaus möglich, das Wachstum des Menschen künstlich zu beeinflussen.

Pflanzen und Lebewesen können auf künstliche, aber auch natürliche Weise verändert werden. »Der Mensch entstand im Strahlensturm!« Das jedenfalls glauben einige Ozeanographen. Sie stellten fest, daß sich in den letzten 76 Millionen Jahren das irdische Magnetfeld mindestens 170mal umgepolt hat, und die Abstände von 500 000 bis 1 Million

Jahren sind bis heute immer kürzer geworden. Während sie vor 500 Millionen Jahren noch 10 bis 20 Millionen Jahre betrugen, gingen sie vor 200 Millionen Jahren auf durchschnittlich 1 Million Jahre zurück. Vor 700 000 Jahren war das wieder einmal der Fall, und da war die Erde den kosmischen Strahlen schutzlos ausgeliefert. Diese kosmischen Strahlen bewirkten aber eine Veränderung der Lebewesen auf der Erde. In einem dieser Strahlenstürme könnten auch Riesen entstanden, aber auch zugrunde gegangen sein. Vermutlich ist auch die Intelligentwerdung des Menschen, also der Zuwachs des Großhirns, auf so einen Strahlensturm zurückzuführen, und schließlich könnte auch unser Ende in einem derartigen kosmischen Regen liegen.

Was geschah aber auf dem Mars? Mit welchen Lebewesen haben wir dort zu rechnen?

Infolge der geringeren Anziehungskraft des Mars (etwa $^1/_3$ gegenüber der Erde) kann man annehmen, daß etwaige Lebewesen, die sich auf einem solchen Planeten entwickelt haben, größere Körpermaße hätten. Diese besondere Gravitation des Mars resultiert aus der geringeren spezifischen Masse des Planeten und folglich auch der geringeren Dichte von $4 g/cm^3$ – die Erde hat demgegenüber eine Dichte von $5 g/cm^3$. Das Volumen des Mars entspricht ungefähr $^1/_6$ der Erde. So zeigt sich auch bei der geologischen Betrachtung des »roten Planeten«, daß wir es hier durchaus mit Riesendimensionen zu tun haben. Da gibt es den bereits erloschenen Vulkan Olympus Mons. Er hat eine Gipfelhöhe von nicht weniger als 25 Kilometer (25 000 Meter!), sein Basisdurchmesser beträgt etwa 600 Kilometer (!). Jeder irdische Vulkan und selbst der höchste Berg der Erde, der Mount Everest, dessen höchster Gipfel, der Tschomolungma, 8847 Meter mißt, wird von diesem Marsvulkan völlig in den Schatten gedrängt. Der größte Vulkan der Erde, der

Mauna Kea, hat nur eine Höhe von 4217 Metern, und sein Basisdurchmesser beträgt 250 Kilometer. Es gibt noch andere sehr große Vulkane auf dem Mars, darunter Arsia Mons, Pavonis Mons und Ascraeus Mons.
Von riesigem Ausmaß ist auch der in der Marskruste entstandene Grabenbruch Valles Marineris. Dieser ist dem größten Grabenbruch der Erde, dem Grand Canyon, zwar ziemlich ähnlich, doch gut zehnmal überlegen. Von gewaltiger Größe sind auch einige Flußläufe auf dem Mars, die einige Kilometer breit sind. Dann gibt es auf dem Mars noch zahlreiche Bodenstrukturen von gigantischen Ausmaßen. Diese geologischen Vorgänge haben sicher etwas mit der Beschaffenheit des Planeten zu tun. Da die Anziehungskraft des Mars nicht so groß ist, konnten sich Täler und Gebirgsaufwerfungen stärker herausbilden. Dies könnte durchaus auch bei der Bildung von etwaigen Lebensformen auf dem Mars vonstatten gegangen sein.

3 Die Götter vom Mars

Waren die Götter der Vorzeit Marsianer?

Ich habe bereits berichtet, daß schon vor 5000 Jahren gewisse Göttergestalten mit dem Mars in Verbindung gebracht wurden. Wir haben vom Schöpfungsmythos der Babylonier gehört, der mit den Worten »Als in der Höhe« beginnt. Es hat sich also für die Menschen vor 5000 Jahren einiges am Himmel ereignet. Die Sumerer wie auch die Babylonier waren hervorragende Astronomen und kannten natürlich bereits einige Planeten unseres Sonnensystems, so auch den Mars. Aber schon auf weit älteren Felszeichnungen könnten sich Hinweise auf unser Planetensystem finden. Bereits vor 34 000 Jahren ritzten die Menschen Mondphasen in Geweihe und Knochen. In Zentralaustralien wurde ein Kultholz (ein sogenanntes Tjurunga) gefunden, auf dem merkwürdige Kreise eingraviert sind, die in ihrer Anordnung einer Sonne mit 11 Planeten entsprechen könnten.

Nun heißt es im babylonischen Schöpfungsgedicht in einer Übersetzung von Landsberger, die Helmut Uhlig in seinem Buch »Die Sumerer« bekannt gibt: »Als droben der Himmel (noch) nicht benannt war, drunten die Feste noch nicht geheißen, Apsu (das Chaoswasser), der allererste, der sie erzeugte, (und) die Urform Tiamat (Chaos), die sie alle gebären ließ, ihre Wasser zusammen sich mischten, als von den Göttern (noch) nicht einer entstanden war, keiner mit Namen gerufen, Schicksale nicht bestimmt waren, da wur-

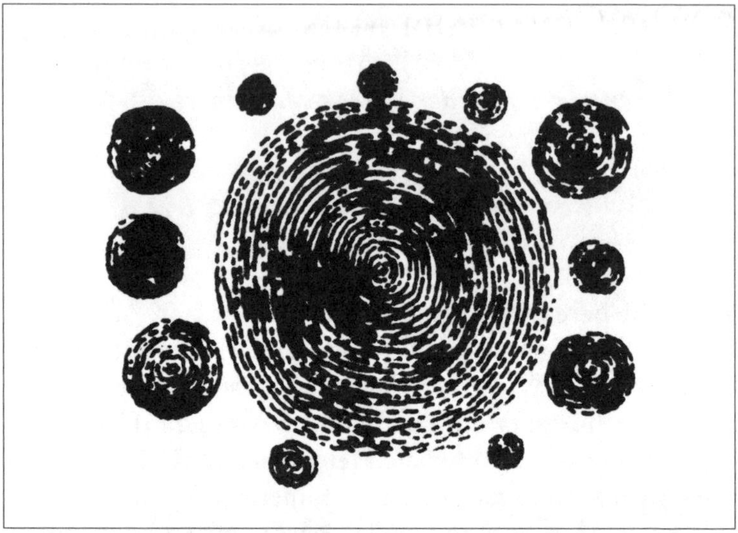

Abb. 2: Eine »Sonne«, umgeben von 11 »Planeten«, nach einem Kultholz aus Zentralaustralien.

den die Götter gebildet, da entstanden zuerst Lachmu und Lachamu.«

»Lachmu« (auch »Lahmu«) wurde, wie schon berichtet, mit dem Mars in Verbindung gebracht. Und was bedeutet »Lachamu«? Darüber klärt uns der Altertumsforscher Zecharia Sitchin in seinem Buch »Der zwölfte Planet« auf. »Lachamu« oder auch »Lahamu« war die »Herrin der Schlachten« und wurde mit dem Planeten Venus identifiziert. Das erste von den Göttern geschaffene »Geschlecht« war also Venus und Mars!

In seinem Buch »Welten im Zusammenstoß« versuchte Immanuel Velikovsky zu beweisen, daß im 8. Jahrhundert v. Chr. die beiden Planeten Mars und Venus in einer gewaltigen kosmischen Katastrophe zusammengestoßen sind und daß dies auch auf der Erde verheerende Folgen gehabt hat.

Zahlreiche Texte sollen das belegen. Astrophysikalisch scheint das zu dieser Zeit völlig unmöglich. Wenn schon, dann hat eine derartige Katastrophe wohl einige Milliarden Jahre früher stattgefunden. Möglich scheint dagegen eher ein Kometeneinfall auf einem dieser beiden Planeten, was sich auch in jüngerer Zeit ereignet haben könnte. So haben schon viele Wissenschaftler angenommen, daß der Asteroidengürtel zwischen Mars und Jupiter aus Trümmern eines einstmals zerborstenen Planeten besteht. Berechnungen zufolge würde die Gesamtmasse der sich zwischen Mars und Jupiter befindlichen Asteroiden immerhin die halbe Erdmasse ausmachen. Verschiedene Astronomen haben schon einen weiteren Planetoiden in unserem Sonnensystem entdeckt, der sich zwischen der Jupiter- und der Uranus-Bahn bewegt. Dieser Himmelskörper, der Chiron genannt wurde, soll bis zu 250 km groß sein und eine Umlaufbahn von 50 Erdjahren haben.
Die griechische Sage von Phaeton soll auf diese Planetenkatastrophe hinweisen. So schrieb z. B. Plato in seiner »Politeia«, »daß einst Phaethon, der Sohn des Helios, den Wagen seines Vaters bestieg und, weil er es nicht verstand, auf dem Wege seines Vaters zu fahren, alles auf der Erde verbrannte und selber vom Blitz erschlagen ward; das klingt zwar wie eine Fabel, doch ist das Wahre daran die veränderte Bewegung der die Erde umkreisenden Himmelskörper und die Vernichtung von allem, was auf der Erde befindlich ist, durch vieles Feuer, welche nach dem Verlauf gewisser großer Zeiträume eintritt.«
Auch Sitchin spekuliert mit dieser Möglichkeit. Auf einem akkadischen Rollsiegel aus dem 3. Jahrtausend v. Chr. (Vorderasiatisches Museum, Berlin, Katalognummer VA/-243) befindet sich eine Darstellung, die einem sechszackigen Stern, umgeben von 11 Kugeln, entspricht. »Es ist

natürlich eine Darstellung des den Sumerern bekannten Sonnensystems, das aus zwölf Himmelskörpern besteht«, meint Sitchin. Das spricht aber gegen die herrschende Lehrmeinung, die besagt, daß den Sumerern lediglich fünf Planeten: nämlich Merkur, Venus, Mars, Jupiter und Saturn bekannt waren. Von der Erde wußten die Sumerer ja angeblich noch nicht, daß sie ein Planet ist. Geht man davon aus, daß sie natürlich auch Sonne und Mond kannten, dann hätten die Sumerer bestenfalls nur ein System aus acht Himmelskörpern gekannt. Wie kamen sie dann aber zu einem System von zwölf Einheiten. Sitchin rechnet die von uns erst später entdeckten Planeten Uranus, Neptun und Pluto und dann noch einen fiktiven Planeten namens »Marduk« dazu.

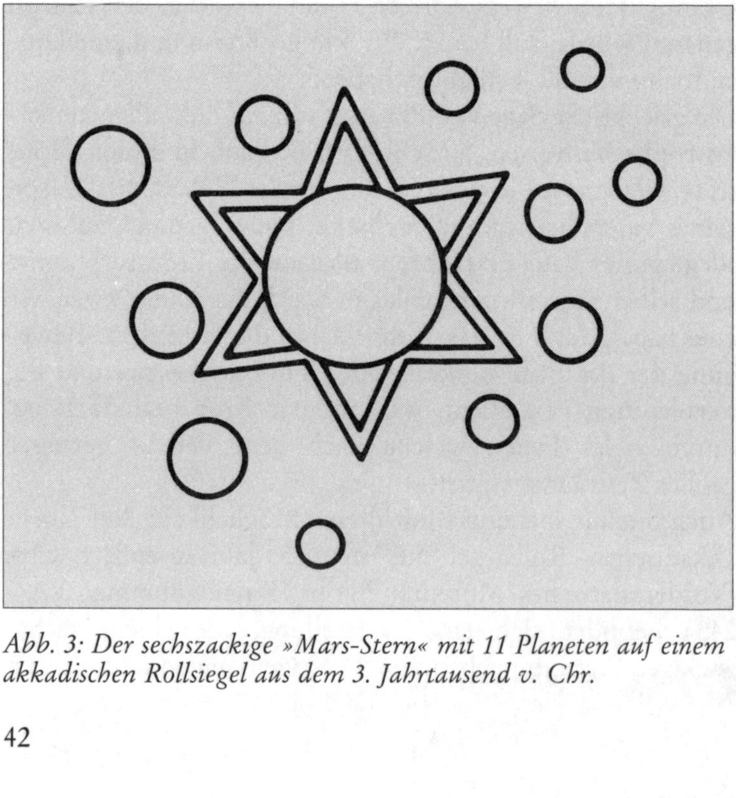

Abb. 3: Der sechszackige »Mars-Stern« mit 11 Planeten auf einem akkadischen Rollsiegel aus dem 3. Jahrtausend v. Chr.

Marduk soll ein Planet gewesen sein, der vor 4 Milliarden Jahren in unser Sonnensystem eingedrungen ist. Damals soll ein weiterer Planet namens »Tiamat« existiert haben, dort wo sich heute der Asteroidengürtel befindet. In einer gigantischen kosmischen Katastrophe soll dann Marduk derart nahe an Tiamat herangekommen sein, daß dieser zerbarst und nur die Trümmer übrigblieben. Später, nach Sitchin vor 450 000 Jahren, soll sich Marduk wieder einmal der Erde genähert haben, und da sind dann die sogenannten »Nefilim« gekommen. Diese »Nefilim« (also die biblischen »himmlischen« Riesen) waren, für Sitchin, die Kulturbringer der Menschheit.

Nun können wir durchaus einmal voraussetzen, daß die Sumerer mehr wußten, als wir annehmen. Auch die australischen Ureinwohner scheinen ja so ein System von zwölf Himmelskörpern zu kennen. Wenn nun aber das alles stimmt, was Sitchin beschreibt, dann hätte es eigentlich noch einen dreizehnten Planeten, nämlich Tiamat, gegeben und nicht zwölf. Nach Sitchin existierten vor diesem Himmelsdrama aber nur drei Körper, und erst durch diese angenommene Katastrophe entstanden die weiteren Mitglieder unseres Sonnensystems. Es scheint ganz und gar unwahrscheinlich, daß die Sumerer von derartigen kosmischen Ereignissen etwas mitbekommen haben. Andererseits vollzieht der angebliche Planet Marduk, nach Sitchin, eine Umlaufbahn, die ihn bis zu 22 Milliarden Kilometer von der Sonne entfernt. Selbst der Planet Pluto ist nur etwa 6 Milliarden Kilometer von der Sonne entfernt. Ein Planet mit einer derartigen Umlaufbahn, die ihn so weit von der Sonne entfernt, hätte wohl kaum jemals Chancen zur Bildung von höheren Lebensformen gehabt. Außerdem sind sich die Orientalisten ja darüber einig, daß Marduk mit dem Planeten Jupiter gleichgesetzt werden kann.

Velikovsky und Sitchin zeigen aber durchaus einige gute Ansätze zur Erklärung kosmischer Mythen. Beide kommen zu Ansichten, die schließen lassen, daß sich in den Vorstellungen der Völker zwischen den Planeten Venus, Erde, Mars und Jupiter einiges ereignet hat. Wenn wir aber hier mit unserer Phantasie nicht völlig übers Ziel schießen wollen, müssen wir die Dinge doch ein wenig ordnen.
Ein Heer von Wissenschaftlern hat über Jahrhunderte hindurch versucht, ein klares Bild von unserer Welt zu schaffen. Danach entstand unser Sonnensystem aus einer gigantischen rotierenden Wolke, die sich zu festen Himmelskörpern verdichtet hat. Die atomaren Teile Wasserstoff und Helium bildeten den Zentralstern Sonne, und im weiteren entstanden riesige Materieklumpen, wie die uns bisher bekannten Planeten Merkur, Venus, Erde, Mars, Jupiter, Saturn, Uranus, Neptun und Pluto. Außerhalb der Plutobahn scheint sich kein weiterer größerer Himmelskörper zu befinden. Selbst wenn das der Fall sein sollte, wäre dieser für höhere Lebensformen denkbar ungeeignet. In unserem Sonnensystem liegt der für Leben günstige Bereich, die Lebenstoleranzzone, etwa zwischen der Venus- und der Marsbahn. Wenn wir nun (wie auch Sitchin) annehmen, daß irgendwelche gottähnliche Gestalten aus unserem Sonnensystem kamen, dann können diese nur aus dem Bereich zwischen Venus und Mars gekommen sein.
Von der Venus wissen wir, daß ihre Oberfläche wohl viel zu heiß ist, als daß dort zu irgendeiner Zeit höhere Lebewesen existiert haben könnten. Über unsere Erde wissen wir zum Großteil Bescheid, so daß nur noch der Mars als möglicher Träger von Lebensformen in Frage kommt. Obwohl seine Oberflächentemperaturen derzeit ziemlich niedrig sind, scheint es doch gewisse Bedingungen in der Frühzeit dieses Planeten gegeben zu haben, die vielleicht zur

Entwicklung von Leben führten. Der Mars war daher seit jeher das Ziel von Spekulationen über außerirdische Lebewesen. Es wäre nun zu prüfen, ob diese Vorstellungen bereits vor Jahrtausenden existierten, ob es vielleicht gar schon damals »Kontakte« mit Marsbewohnern gab.
Wie wir nun wissen, gibt es einige Darstellungen auf Felszeichnungen, die eigenartige Gestalten zeigen, die uns an »Marsmenschen« oder überhaupt an astronautenähnliche Lebewesen erinnern. Weiters gibt es Jahrtausende alte Aufzeichnungen, die offenbar in irgendeiner Form unser Sonnensystem darstellen. Den Sumerern waren schon vor 5000 Jahren besonders die Planeten Jupiter, Saturn, Venus und Mars gut bekannt. Es gab unter diesen Planetengöttern diverse »Himmelskämpfe«. Große Bedeutung erlangten dabei die beiden Planeten Venus und Mars, die von den Sumerern »Lachamu« (Lahamu) und »Lachmu« (Lahmu) genannt wurden. Sie sind das erste geschaffene Götterpaar. Auch Sitchin erkennt dies an: »Etymologisch sind die Namen dieser beiden Planeten von LHM (»Krieg machen«) abgeleitet. Überlieferungsgemäß war Mars der Kriegsgott und Venus sowohl die Göttin der Liebe als auch des Krieges, so daß die Identität der beiden Götter im Epos mit den Planeten Mars und Venus sowohl etymologisch als auch mythologisch erwiesen ist.« Venus wurde bei den Sumerern als achtzackiger, die Erde als siebenzackiger und Mars als sechszackiger Stern dargestellt, was auch Sitchin anerkennt: »Auf vielen Rollsiegeln und anderen graphischen Darstellungen ist Mars der sechste Planet. Ein Rollsiegel zeigt den mit Mars verbundenen Gott (ursprünglich Nergal, dann Nabu) auf dem Thron unter einem sechszackigen Stern als sein Symbol.« Demzufolge wäre auf dem Rollsiegel aus dem 3. Jahrtausend nicht die Sonne, sondern der sechszackige Mars als Zentrum dargestellt.

Wenn sich außerirdische Intelligenzen mit einem Raumschiff unserem Sonnensystem nähern, dann wäre Pluto der erste Planet, dessen Bahn sie kreuzen würden und Mars entsprechend der sechste nach Neptun, Uranus, Saturn und Jupiter. Die Erde wäre dann der siebente und Venus der achte Planet. »Niemand außer den Nefilim«, nach Sitchin die außerirdischen Kulturbringer, die an diesen Planeten vorbeigekommen sind, »hätte die Erde als ›Nummer sieben‹ betrachten können.« Auf einer Tontafel, die in den Ruinen der Bibliothek von Ninive gefunden wurde, und die »das rätselhafteste mesopotamische Dokument« genannt wurde, finden sich bisher noch nicht eindeutig identifizierte Schriftzeichen. Zwei Dreiecke werden mit einer abgewinkelten Linie an sieben Punkten vorbei verbunden. Auf der Linie stehen die Wörter »Dil-Gan« und »Apin«. »Dil-Gan« soll heißen »erste Station« und »Apin« soll bedeuten »wo der Kurs gesetzt wird«. »Die Wissenschaftler Thompson, Epping und Strassmaier haben Apin als Mars identifiziert«, schreibt Sitchin, womit gemeint sein kann: Auf dem Weg zum siebenten Planeten (die Erde) wurde bei Mars (dem sechsten Planeten) die »erste Station« eingerichtet. Auf einem assyrischen Rollsiegel ist ein »Schöpferwesen« mit einem Stern als Mittelpunkt zu sehen, umgeben von elf Himmelskörpern. Im Uhrzeigersinn gesehen stellt der Stern den sechsten Planeten dar – also den Mars. Die abgewinkelte rechte Hand weist zum siebenten Stern hin – also dem siebenten Planeten. Ein Hinweis auf die Verbindung zwischen Mars und Erde? Im Sinne: Wir kamen vom Mars zur Erde.

Sitchin datiert den Beginn der sumerischen Hochkultur in die Zeit um 3800 v. Chr., was vielleicht stimmen mag. Die Orientalisten datieren die Anfänge Sumers zwar in das beginnende dritte Jahrtausend v. Chr., doch könnte es durch-

Abb. 4: Weist ein »Schöpferwesen« vom Mars, umgeben von 11 Himmelskörpern, mit der abgewinkelten Hand auf eine Verbindung zwischen Mars, dem sechsten Planeten (im Uhrzeigersinn), und Erde, dem siebenten Planeten hin? (Abbildung nach einem assyrischen Rollsiegel.)

aus frühere Ansätze gegeben haben. Die biblische Stadt Jericho geht z. B. bis in die Zeit um 8000 v. Chr. zurück. Die anatolische Stadt Çatal Hüyük gab es bereits 6000 v. Chr., und die größte bekannte Siedlung der Induskultur Mohendscho Daro reicht ebenfalls bis in die Anfänge des 3. Jahrtausends v. Chr. zurück. Es gab also ähnliche kulturelle Ansätze auch an anderen Orten der Erde und scheinbar schon vor der sumerischen Kultur. Von den Sumerern dürfte aber alles hervorgegangen sein, was wir heute Zivilisation nennen: die ersten schriftlichen Aufzeichnungen, Städteplanung, Staatsform und Wissenschaft. Sie bauten die ersten großen Monumentalbauten und waren auch in der Astronomie hervorragend ausgebildet. Kurz darauf entstanden in Ägypten gewaltige Kulturdenkmäler, und die Babylonier traten die Nachfolge der Sumerer an. Alle diese frühen Kulturen hatten eine Beziehung zum Mars!

So wurde ganz offenbar auch die sumerische Stadt Larsa nach dem Mars benannt. Nach Sitchin bedeutet Larsa, »das rote Licht sehend«. Die berühmte dort aufgefundene Königsliste, die mit den Worten »Als in der Höhe« (auch »Als das Königtum vom Himmel kam«) beginnt, weist auf Könige hin, die vor der Sintflut insgesamt 456 000 Jahre regiert haben.

Auch den Völkern Nord-, Mittel- und Südamerikas, die zu dieser Zeit ebenfalls im Begriff waren, die ersten zivilisatorischen Ansätze zu entwickeln, deren Kulturdenkmäler jedoch nicht soweit zurückzureichen scheinen, ist dieser rote Himmelskörper nicht entgangen. Die mexikanische Stadt Teotihuacán z. B. dürfte in Beziehung zu unserem Sonnensystem – besonders zum Mars – errichtet worden sein, was ich noch später zeigen werde.

Wie bereits berichtet, identifizierten die Ägypter den falkenköpfigen Gott Horus (Horos) mit dem Mars. Auf zahlreichen Tempelgemälden und auch in den Hieroglyphen findet sich der Falke. In einem Text heißt es: »Das rote Auge des Horus ist zornig, seiner Macht kann niemand widerstehen.« Die rote Farbe scheint deutlich auf den Mars hinzuweisen. Es wird zwar auch der Sonnengott Re als Falke dargestellt, doch dieser trägt stets die Sonnenscheibe als eindeutige Identifikation. Immer dort, wo der Falke

ohne Sonnenscheibe zu sehen ist, scheint es sich um den Mars zu handeln. Deutlich wird ja bei den Ägyptern Horus als Sohn von Osiris (Mondgott) bezeichnet und dieser war wiederum eindeutig ein Sohn von Re (auch Ra) dem Sonnengott. Gegen den zweiten Sohn von Re, nämlich Seth, mußte sich ja Horus bewähren; anschließend soll er in einem »Sonnenschiff« zum Mars zurückgekehrt sein.
Es wird auch immer wieder erwähnt, daß die ägyptischen Pyramiden astronomisch ausgerichtet sind. Einen besonderen Bezug sollen die Ägypter zu dem Fixstern Sirius gehabt haben. Sie entdeckten, daß dieser Stern immer zu Beginn der Nilüberschwemmung über dem morgendlichen Horizont steht, und sie berechneten darauf jedes Jahr die erneut kommende Flut. Bald hatten sie jedoch bemerkt, daß sich der Aufgang des Sirius jährlich etwas verschiebt, so daß dies in vier Jahren bereits einen Tag, nach zwölf Jahren bereits drei Tage und in vierhundert Jahren hundert Tage ausmachte. Erst in 1461 Jahren zu je 365 Tagen schloß sich der Kreis wieder. Diesen Zeitraum, der 1460 Jahren zu je 365,25 Tagen entsprach, nannten die Ägypter »Sothis-Jahr«.
Nun hat daraus der Engländer Robert K. G. Temple eine bemerkenswerte Theorie entwickelt. Seiner Meinung nach gibt es starke Hinweise darauf, daß die ägyptische und die sumerische Kultur von außerirdischen Besuchern vom Hundsstern Sirius (8,7 Lichtjahre von der Erde entfernt) beeinflußt wurde. In seinem Buch »Das Sirius-Rätsel« von 1976 stellt er das ausführlich dar. Eigentlich haben ihn dazu einige Aufzeichnungen der Dogon in Westafrika angeregt. Sie sollen sogar das komplette Sirius-System kennen, das noch nicht einmal unseren Astronomen ausreichend bekannt ist. Dieses Wissen geht angeblich auf die Ägypter und die Sumerer zurück, und es soll Sagen geben, die von

einem amphibischen Wesen namens »Nommo« berichten, das in einer »Arche« vom Himmel kam und den Menschen die Kultur brachte. Nun gebe es dazu schon einiges zu bemerken, doch sehen wir uns an, was die Dogon noch wissen.

Sie feiern z. B. alle 60 Jahre ein Welterneuerungsfest, bei dem 24 Zeremoniengegenstände verwendet werden. 24 mal 60 ergibt 1440 Jahre, Tage oder sonst eine Einheit. Nimmt man es etwas genauer und bezieht dabei das »Sothis-Jahr« der Ägypter mit ein, dann ergibt sich seltsamerweise bei 1461 geteilt durch 60 exakt 24,35, und das wäre ziemlich genau der Marstag von 24 Stunden und 37 Minuten. Besitzen die Dogon ein überliefertes Wissen vom Planeten Mars? Wenn das stimmt, dann bezieht sich der Sothis-Zeitraum wohl eher auf 1461 Marstage oder etwa 2 Marsjahre – vermutlich auch auf die alle 780 Erdtage stattfindende Marsopposition. Denn welches Volk kann schon 1461 Jahre auf ein Ereignis warten.

Es erscheint ja äußerst merkwürdig, daß sich die Ägypter an dieses so bedeutend scheinende Wissen über den Sirius eigentlich gar nicht gehalten haben. Sie rechneten weiter in ihrem 365tägigem Rhythmus und kümmerten sich nicht darum, daß sich dadurch der Erntebeginn immer mehr verschob. Es mutet auch komisch an, daß sich die Ägypter ausgerechnet um einen – relativ zu Sonne, Mond und den Planeten – kleinen Fixstern, der nur kurze Zeit am Morgen sichtbar ist, so eingehend gekümmert haben sollten. Die von Temple angesprochenen Fischgötter befinden sich eher auf späteren babylonischen Rollsiegeln. Bei den Sumerern wurden eindeutig geflügelte Gottheiten dargestellt.

Wir haben schon gehört, daß der babylonische Marsgott Nergal auch Nabu hieß – fallweise wurde er auch Nebu genannt. Das Wort »Neb« nun, »taucht in zahlreichen Ver-

bindungen auf und bedeutet ›Herr‹«, wie Temple meint. Nun gab es einen ägyptischen Neb-Heru. Heru war die Bezeichnung für die Sonne wie auch Helu (woraus sich das griechische Wort Helios ableitet). Neb-Heru würde dann nichts anderes als »Mars-Sonne« bedeuten. Ebenso das sumerische Wort Nebiru oder Nibiru. Das würde nun weiter bedeuten, daß es neben der gewöhnlichen Sonne auch eine Mars-Sonne gab, weshalb es verständlich ist, daß bei den Ägyptern zwei »sonnenbezogene« Falkengötter herrschten. Viele Mythen und Legenden berichten von Göttern, die einst mit mächtigem Getöse über dem Himmel fuhren. Das hat in den letzten Jahren dazu geführt, in diesen Göttern raumreisende Astronauten zu sehen. Zahlreiche Bücher sind seit der ersten bemannten Mondlandung im Jahre 1969 zu diesem Thema erschienen. Federführend dabei ist noch immer der ehemalige Schweizer Hotelier Erich von Däniken, dessen Bücher inzwischen weltweit eine Auflage von über 50 Millionen Exemplare erreicht haben. Er ist überzeugt davon, daß die Götter Astronauten waren, und eine von dem Chicagoer Rechtsanwalt Dr. Gene M. Phillips im Jahre 1973 gegründete Vereinigung, die »Ancient Astronaut Society«, veranstaltet alle zwei Jahre eine internationale Konferenz in verschiedenen Ländern.
So wurde z. B. bereits auch angenommen, daß die Begegnung von Moses mit dem Herrn am Berg Sinai die Schilderung des Landevorgangs eines außerirdischen Raumschiffs war. Der österreichische Schriftsteller Peter Krassa hat die entsprechende Textstelle – und auch andere Stellen aus der Bibel – in seinem 1974 erschienenen Buch »Gott kam von den Sternen« ausführlich dargelegt. Da heißt es, Moses hörte einen »mächtigen Posaunenschall«, eine »schwere Wolke« lagerte sich über den Berg, »Donner« und »Blitze« waren zu vernehmen, und der ganze Berg »erbebte heftig«.

Der Herr kam »im Feuer« auf dem Berg Sinai herab (Exodus 19, 16–19).
Nun ist bekannt, daß der »Berg« Sinai eigentlich ein ganzes Gebirge umfaßt und der eigentliche Berg, wo Moses dem Herrn begegnete, Dschebel Musa (»Berg des Herrn«) hieß. Velikovsky weißt darauf hin, daß der Planet Venus im Arabischen »al-Usa« hieß. Daraus kann durchaus abgeleitet werden, daß »Musa«, der Berg des Herrn, der Berg des Mars ist. Auch auf dem Mars gibt es mittlerweile ein Gebiet, das Sinai heißt. Als Moses von dieser Erde Abschied nahm, zeigte ihm der Herr nochmals das ganze Land und führte ihn auf einen hohen Berg, der wiederum Nebo hieß (5. Buch Mose 34,1); dieser kann also ebenfalls mit dem Mars (Nabu, Nebu) in Verbindung gebracht werden.
»In Babylon hatte der Mars sieben Namen, von denen einer ›Schakal‹ war. Auch der ägyptische Gott mit dem Kopf eines Schakals oder Wolfs stellt offenbar Mars dar«, schreibt Velikovsky. Temple meint: »Und eine Schakalform des Horus hieß Heru-ur-shefit.« Demzufolge wurde der Mars auch mit dem Schakal und dem Wolf, als durchaus männliches marsbezogenes Symbol, identifiziert. Das geht sogar soweit, daß der Mars bei den chinesischen Astronomen als »Wolfsstern« angesehen wurde. Auch in der germanischen Edda scheint der »Fenris-Wolf« mit dem Mars in Verbindung zu stehen, und bekanntlich wurden die beiden römischen Brüder Romulus und Remus von einer Wölfin aufgezogen.
Das alles scheint darauf hinzuweisen, daß sich die Ägypter – und vermutlich auch die Sumerer – eher um den Mars als um den Sirius gekümmert haben. Die Legende von angeblichen amphibischen Wesen gründet sich offenbar daher, daß im babylonischen Götterepos der Urhimmel Apsu als »Chaoswasser« angesehen wurde – es sich also ganz offen-

sichtlich um ein kosmisches »Wasser« handelt, das dem ursprünglichen »Malstrom« vor der Entstehung des Sonnensystems entspricht. Aus diesem Apsu, dem »Urwasser«, sind dann, wie bereits beschrieben, die beiden Planeten Lachamu und Lachmu, also Venus und Mars entstanden. Auf ähnliche Weise erklären heute auch die Astronomen die Entstehung unseres Sonnensystems.
Dieser Schöpfungsmythos wurde vermutlich auch in die biblische Genesis übernommen, wo es heißt, daß Gott Adam und Eva als das erste Menschenpaar erschaffen hatte. Auch Sitchin erwähnt, daß einige Forscher den biblischen Adama oder Adam mit dem sumerischen Schöpfungsmythos in Verbindung bringen: »Auch die Doppelbedeutung des sumerischen TI legt biblische Parallelen nahe. Denn ›ti‹ bedeutet sowohl ›Leben‹ als auch ›Rippe‹, und bekanntlich wurde ja Eva aus Adams Rippe erschaffen.« Eva ist also ganz offensichtlich die Personifizierung des Planeten Venus und Adam die Personifizierung des Planeten Mars.
Der kriegerische, sechszackige Stern Mars wurde offenbar auch als »Kampfstern« Davids von den Israeliten aufge-

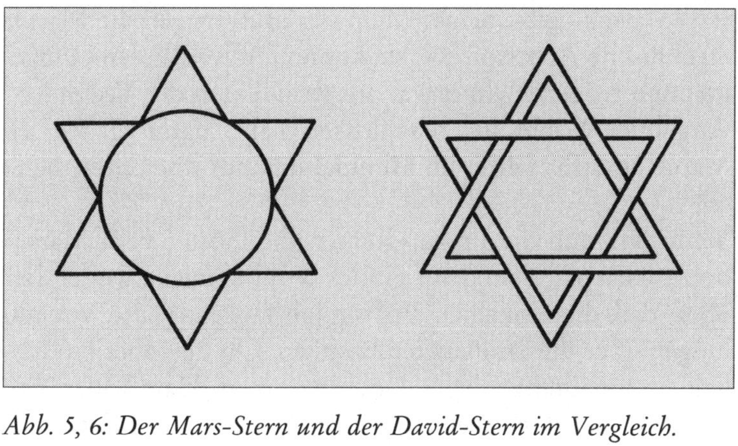

Abb. 5, 6: Der Mars-Stern und der David-Stern im Vergleich.

nommen. Als der Herr den Nachfolger König Sauls auswählte, entschied er sich für einen jungen Hirten, denn dieser »war rötlich, hatte schöne Augen und eine prächtige Gestalt« (1. Samuel 16,12). Es war David, der später auf so spektakuläre Weise den Riesen Goliath besiegte.
Später wurde der Mars, wie schon erwähnt, in die römische und griechische Mythologie einbezogen. Die Trojaner sahen im Mars ihren Beschützer, aber ähnliches taten (wie ebenfalls bereits erwähnt) auch die Azteken. Zu ihrem Schutzpatron Huitzilopochtli heißt es noch, er war »ein großer Zerstörer von Städten und Vertilger von Menschen«, und er wurde wie der römische Mars und der germanische Odin mit einem Speer und Bogen in der Hand dargestellt. »Man könnte geneigt sein, die Hauptstadt der Azteken in Anbetracht ihres kriegerischen Geistes mit dem alten Rom zu vergleichen, und so wurde auch der Nationalgott der Azteken dem Kriegsgott der Römer gleichgesetzt«, schreibt H. H. Bancroft.
Wir haben schon gehört, daß auch die Inder Marsgötter kannten, die sie »Maruts« nannten. Erich von Däniken hat darauf hingewiesen, daß es in Indien auch Skulpturen dieser »Maruts« gibt. Seiner Meinung nach trugen die Maruts »technische Accessoires«, sie konnten mit »Blitzen« umgehen und trugen Helme, was aus den Texten der Veden hervorgeht: »Wohin ihr beschlossen habt, dahin gehet, ihr Marut, und ihr fahret im Himmel und auf der Erde«, heißt es.
Wenn wir nun die Frage »Kamen die Götter vom Mars?« beantworten sollen, dann gibt es wohl keinen Zweifel darüber, daß die einzelnen Völker Jahrtausende alte Vorstellungen über diesen Planeten besitzen. Ob nun aber tatsächlich astronautenähnliche Gestalten vom Mars, oder von sonstwo aus dem Weltall, einstmals zur Erde gekommen

sind, wird sich noch zeigen. Es gibt dazu durchaus einige Anhaltspunkte, die in der Folge noch behandelt werden. Vermutlich haben sowohl Sitchin, Velikovsky und Temple recht. Es finden sich in deren Arbeiten durchaus gemeinsame Züge. Sitchins »zwölfter Planet« könnte auch ein von den »Göttern« zurückgelassenes Raumschiff sein, das sich in einer langgezogenen elliptischen Bahn alle 3600 Jahre der Erde nähert. Velikovskys Planetenkatastrophe war vielleicht nur eine Kometenkatastrophe, vielleicht zu einer anderen Zeit, und Temple hat sich vielleicht zu sehr auf den Sirius konzentriert, wo eigentlich (oder auch) der Mars gemeint war.

4 Der Mars verändert ein Weltbild

Von mittelalterlichen Vorstellungen zu neuen Erkenntnissen

Den Menschen im Mittelalter erschien der Mars als ein feuriger Ofen mit schwarzem Höllenschlund. Andere wollten in ihm einen metallenen Helm erkennen. Man sagte sogar: »Alles fürchterlich anzusehen, alles marsmäßig.« Der gelehrte Jesuitenpater Athanasius Kircher (1601–1680) kam zu folgender Ansicht über den Mars: »Die Oberfläche äußerst hart, rauh, rußig und schwefelig, aber unverbrennlich, Teer und Naphtha schwitzend, von giftigem Dunst umlagert. Aus Bergschlünden brechen gräßlich stinkende bräunliche Flammen aus, die Meere sind zähflüssiger Schwefelschlamm.«

Man sah in der Luft die Marsgeister, bräunlich-rote, häßliche Gestalten mit Hörnern und Greifklauen, in ständiger Bewegung. Sie brüllten wie Stiere, donnerten und blitzen, verwandelten sich auch in Böcke, Hirsche, rote Tücher, in Weiber mit großen Schildern oder in Gewappnete auf Wölfen.

Im »Deutsch Kalender« von Schaeffler aus dem Jahre 1498 finden sich Verse über die Planeten. Über den Mars steht dort folgendes:

»Zu streit vnd vnseuberkait bin ich berait
Als auch allhie erzaigt mein claidt
Meine kind machen mangen haß
Sie wissen nit wie warumb oder was.«

Auf Holzschnitten von Gabriel Giolotto Ferrari (1533) finden wir in lateinischen Versen folgende Schilderung: »Mars hat die Eigenschaft, das Kriegswesen, Gefechte, Tötungen zu lieben. Er ist gewalttätig, gesetzlos, von den Temperamenten hat er das cholerische.«
In einer Handschrift aus dem 15. Jahrhundert widmet man dem Mars folgende Verse:

»Mars, der dritt Planet und Stern
bin ich geheißen und zürn gern.
Heys und trucken bin ich sehr vil
cholerisch mehr dan man wol wil.
Zwey Zeichen seynd mir vnderthan
der Widder und der Skorpion.
So ich mit Kraft darinn werd seyn,
Krieg, Hader und Mordt gibt mein schein.
Meine erhöhung im Steinbock ist,
im Krebs verlier ich Krafft und list.
Alle zwölff Zeichen ich durchfahr
in zweyen Jaren gantz und gar.
Mein Kind seynd warm, rot, vnd spitzig
von Angesicht scharff, und bößwitzig.
Mager, klein Zähn, und kleinen Bart
ihr Leib ist lang, ihr Händ seynd hart.
Seynd vngetrew, von tück listig,
heimisch böß, zornig und hitzig.
Feindlich, vnfriedlich, und kriegisch,
streitbar, räubisch vnd mörderisch.
Stelen, fluchen, schweren und lügen,
stechen, schlagen und betriegen.
Was zwar mit Fewer sol geschehn,
dem müssen mein Kinder vorgehn.«

Auf einer Darstellung der »Marskinder« von Hans Sebald Beham (etwa 1500–1550) sieht man den Kriegsgott in einem Wagen, von »feurigen Hunden« gezogen und durch die Wolken brausen. Auf der Erde bringen sich die unter dem Zeichen des Mars Geborenen um, plündern und zünden ganze Städte an.

In einem modernen astrologischen Werk liest man: »Die feurige Röte offenbart den Geist der Kraft, Hitze, Energie, Aktivität. Mars strahlt Markanz und Macht aus ... dem entspricht die astrologische Deutung: Energie, Tatkraft, Angriff, Kampf, Gewalt, Zorn, Hitze, Aktivität.« Nicht zufällig beginnt der zwölfteilige himmlische Tierkreis (der Zodiacus) mit dem Marssymbol Widder (Aries). Dies soll die Stärke und Kraft des Planeten am Beginn der Reise durch die Tierkreisbilder darstellen.

Der Mars entspricht demnach dem Widder, und dieser wird als kampflustig, jähzornig, tatkräftig, männlich dargestellt. In den astrologischen Büchern steht meistens: »Das charakteristische Merkmal des Widdermenschen ist sein Wille, sich im Leben unbedingt durchzusetzen... überall wollen die Widdermenschen an der Spitze stehen. Der Lebenskampf macht Spaß, Hindernisse zu überwinden gilt als der Lebenssport der Widdergeborenen. Stolz, Ehrgeiz, Mut und Entschlossenheit... Seinem vorwiegend cholerischen Temperament entsprechen zornige Aufwallungen, die aber rasch wieder verrauchen. Kampfbereit, voll schöpferischer Geisteskraft und aktivem Tätigkeitsdrang... Ungeduld, Ruhelosigkeit und Reizbarkeit.«

Andererseits ist es tröstlich für den Widder-Geborenen, daß seine Natur drei Frauen fordert, »die erste eine Jungfrau, die zweite keine, die dritte hat ihren Mann sehr lieb, sie wird Nachrede leiden müssen lange Zeit trotz ehrsamen Lebenswandel, und ihr mißlingt gern die Geburt der Kinder.«

Vom Mars-erhöhenden Gestirn, dem Widder, wußte man, daß er den Kopf regierte. »Wenn der Mond darin steht, ist nicht gut viel reden. Am Haupt darf man nicht zur Ader lassen, aber an den Armen, Haare und Bart nicht scheren, aber Nägel schneiden, kein Eisen angreifen, aber neue Kleider anlegen, nicht Beschlüsse fassen, aber Boten senden.« Wie muß das Leben damals unter diesen Umständen kompliziert gewesen sein...

Das astrologische Symbol des Mars ist ein Kreis mit einem Pfeil nach rechts oben gerichtet.

Abb. 7:
Das astrologische Symbol für den Planeten Mars, zugleich auch Sinnbild des Männlichen.

Wenn die Sonne beim Medusenhaupt im Perseus stand und Mars den Mond durchbohrte im Geviertschein, ohne daß ein Glücksstern stand im Hause des Todes, dann wurde, zum Unglück der Eltern, das neugeborene Kind zur Vierteilung bestimmt, hieß es im Mittelalter. Seien wir froh, daß diese Zeiten vorbei sind!

Die Beobachtung der Planeten ist den damaligen Menschen noch recht schwer gefallen. Erst durch die Erfindung des Fernrohrs, das holländischen Brillenmachern zugeschrieben wird, konnten die Planeten und ihre Eigenschaften

richtig erkannt werden. Hans Lippershey machte 1608 die ersten Versuche in dieser Richtung. Galileo Galilei (1564–1642) baute sich im Jahre 1609 selbst ein Fernrohr, es beruhte auf einem System, bei dem eine Linse selbst das Bild erzeugt. Damals hatte man natürlich noch Schwierigkeiten mit dem Schleifen dieser Linse, und erst Isaac Newton (1643–1727) baute sich ein sogenanntes Spiegelteleskop. Es war 15 cm lang und hatte eine Brennweite von 120 mm. Der Spiegel war 30 mm im Durchmesser. Damit konnte nur eine geringe, dreißigfache Vergrößerung erreicht werden, was damals schon sensationell war. Damit konnten jedenfalls schon sehr gut die Mondkrater beobachtet werden.
Wenn von der Erfindung des Fernrohrs gesprochen wird, darf ein Name nicht fehlen: Josef Fraunhofer (1787–1826). Er war ein einfacher Optikergeselle mit äußerst scharfem Verstand, so daß er sogar seinen eigenen Meister übertraf und dieser dem Leiter der mechanischen Abteilung mit rotem Kopf berichtete: »Ich bleibe nicht länger in einem Betrieb, wo ich die Vorschläge meines jüngsten Gesellen auszuführen habe!« Fraunhofers Vorschläge erwiesen sich als unvermeidlich, der Meister mußte gehen. Fraunhofers Erfindungen waren bahnbrechend und wurden erst viel später richtig erkannt.
Das Fernrohr war also ein wesentlicher Fortschritt in der Beobachtung der Planeten. Die Welt des Sonnensystems und der Sterne tat sich auf, und in der Folge wurden auch neue Entdeckungen gemacht. Der Saturn zeigte seinen wundervollen Ring, der Jupiter führte seinen geheimnisvollen Fleck vor, die Venus verhüllte ihre Schönheit züchtig hinter einer Wolkendecke, und der Mars zeigte sein kriegerisches Rot.
Damals waren nur fünf Planeten bekannt, wenn der heiße

Merkur dazugerechnet wurde. Uranus wurde 1781 entdeckt, Neptun 1846 und Pluto erst 1930.
Vom ptolemäischen System – die Erde als Mittelpunkt der Welt – kam man schon vielfach ab. Der polnische Astronom Nikolaus Kopernikus (1473–1543) kam zu der Ansicht, daß die Sonne der eigentliche Mittelpunkt ist und die Planeten um sie kreisen. Er hatte erst kurz vor seinem Tode gewagt, mit dieser Theorie an die Öffentlichkeit zu gehen. Nach seinem Tode setzte der deutsche Astronom Johannes Kepler (1571–1630), Schüler des dänischen Astronomen Tycho Brahe (1546–1601), das Werk fort und kam dann in der Folge zu einer neuen Entdeckung.
Durch einige Ungenauigkeiten im Werk seines Meisters und anhand von weiteren genauen Beobachtungen des Mars kam Kepler schließlich darauf, daß sich die Planeten in einer Ellipse und nicht in einem Kreis um die Sonne bewegen. Das hatte zwar schon Tycho Brahe erkannt, doch fehlten ihm zum Beweis die nötigen Berechnungen dazu.
Der Mars bildet bei genauer Beobachtung eine Art Schleifenbahn, die sich in einer gewissen Rückläufigkeit des Planeten ausdrückt. Nun gelang es Kepler zu beweisen, daß diese »Rückläufigkeit« auf die geringere Entfernung der Erde zur Sonne zurückzuführen ist. Dadurch läuft die Erde dem Mars etwas voraus, und das erweckt den Eindruck, als laufe der Mars zurück.
Auf Grund dieser Erkenntnis kam nun Kepler zu der Ansicht, daß die Sonne innerhalb der Umlaufbahnen der Planeten stehen muß. Tatsächlich befindet sich die Sonne im Brennpunkt der elliptischen Planetenbahnen, wie das noch später festgestellt wurde. Kepler schrieb in einem seiner Werke jedenfalls: »Was soll ich über die Umlaufzeit von 365 Tagen sagen? Sie liegt ihrer Größe nach zwischen der des Mars von 687 Tagen und der der Venus von 255 Tagen.

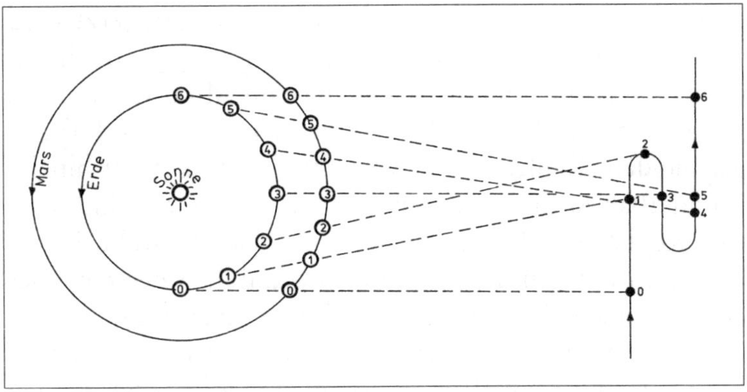

Abb. 8: Die scheinbare Schleifenbahn des Mars von der Erde aus gesehen.

Bezeigt hier nicht die Natur mit lauter Stimme, daß der Umlauf, zu dem jene 365 Tage gebraucht werden, auch dem Ort nach mitten zwischen den Umläufen des Mars und der Venus um die Sonne erfolgt, also auch selber um die Sonne herum erfolgt, so daß also dieser Umlauf derjenige der Erde um die Sonne und nicht derjenige der Sonne um die Erde ist?«

Das waren damals jedoch für das allgemeine Glaubensbild ketzerische Gedanken, die von der katholischen Kirche in dem sogenannten »Index Librorum Prohibitorum« (Verzeichnis verbotener Bücher) eingetragen wurden. Es sollte die gerechte Strafe der Gelehrten für ihren Frevel an der göttlichen Schöpfung sein. Der Mensch wurde aus dem paradiesischen Bild als Mittelpunkt der Welt verstoßen, und das durfte einfach nicht wahr sein. Der Mars hat dazu einen wesentlichen Beitrag geleistet.

Ein gewisser Saxirupius (1609) schrieb in seinen Epigrammen auf die Untersuchung über die Bewegung des Mars: »Einst verwickelte Vulkan den Mars in tückische Netze, als

er in deinem Arm, Venus, nach Liebe verlangte. Jetzt wird wiederum Mars in denselben Fesseln gefangen, doch hat nicht Venus die Schuld. Schuld bist du Minerva, nun du. Denn es gab ja Minerva die Netze dem Tycho und Tycho gab sie dem Kepler und er wickelte den Kriegsgott hinein. Wunderbar ist diese Tat. Vulkan und der andere sind Meister, Kepler jedoch überragt weit alle beide fürwahr. Kurze Zeit nur drückten den Gott die vulkanischen Fesseln, aber das Keplersche Band wird er für immer nicht los.«
Aus Bernhard von Fontanelles »Auserlesenen Schriften« kann folgender Wortlaut entnommen werden: »So viel ich weiß, hat der Mars nichts Seltsames. Seine Tage sind etwa eine halbe Stunde länger als die unsrigen und seine Jahre noch einmal so lang, als bei uns. Bis auf einen und noch fast einen halben Monat. Er ist ungefähr viermal kleiner als die Erde. Die Sonne kommt ihm etwas kleiner und weniger lebhaft vor als uns. Kurzum, Mars ist nicht wert, daß man sich lange bei ihm aufhält.«
Nun, wir werden uns doch noch einige Zeit mit dem Mars beschäftigen, und es kommen bestimmt noch Zeiten, in denen sich Menschen auch »auf« dem Mars aufhalten und dort vielleicht den größten Wundern unseres Sonnensystems begegnen werden.
Der große Philosoph Immanuel Kant (1724–1804) war in seinem Werk »Von den Bewohnern der Gestirne« mehr davon überzeugt, daß die besseren Lebensbedingungen eher in entfernteren Gegenden lägen als auf Mars und Venus. Er schrieb: »Damit ich alles in einem allgemeinen Begriff zusammenfasse: Der Stoff, woraus die Einwohner verschiedener Planeten, ja sogar die Tiere und Gewächse auf denselben gebildet sind, muß überhaupt um desto leichterer feinerer Art, und die Elastizität der Fasern samt der vorteilhaften Anlage ihres Baues um desto vollkommener

sein, nach dem Maße als sie weiter von der Sonne entfernt abstehen.« An einer anderen Stelle schrieb er: »In der Tat sind die beiden Planeten, die Erde und der Mars, die mittelsten Glieder des planetarischen Systems, und es läßt sich von ihren Bewohnern vielleicht nicht mit Unwahrscheinlichkeit ein mittlerer Stand der physischen sowohl als auch moralischen Beschaffenheit zwischen den zwei Endpunkten vermuten.«

Wollen auch wir dieser Ansicht folgen und annehmen, daß es früher einmal Lebewesen – vielleicht sogar höher entwickelte – auf dem Mars gegeben hat. Der Mars könnte ja in einem früheren Stadium als die Erde Lebewesen hervorgebracht haben, welche in der Folge durch die geringere Gravitation schneller zugrunde gegangen sind. Eine lebensgünstigere Atmosphäre auf dem Mars hätte sich ebenfalls schneller aufgelöst und die Lebenszeit der »Marsbewohner« wäre entsprechend kürzer gewesen.

In den folgenden Jahren haben sich daraus auch mehrere Meinungen und ganze Theorien über etwaige intelligente Lebewesen auf dem Mars entwickelt, und tatsächlich hätte der Mars in unserem Sonnensystem – neben unserer Erde – die besten Voraussetzungen dazu.

5 Ein regelmäßiges Netz von Kanälen

»Marskanäle« gibt es doch!

Es könnte ein Tag im August des Jahres 1877 gewesen sein; ein Tag wie jeder andere, nicht so jedoch für den 42jährigen italienischen Astronom und Direktor der Mailänder Sternwarte Giovanni Virginio Schiaparelli (1835–1910). Er hatte vielleicht gerade seine Spaghetti gegessen, und er konnte sich gesättigt und voller Erwartung an sein Fernrohr setzen. Er mag vielleicht einige Stunden so dagesessen sein, als er sein Teleskop auf den roten Planeten richtete.

Der Mars war zu dieser Zeit der Erde wieder einmal besonders nahe (etwa 56 Millionen Kilometer), und Schiaparelli hoffte, daß er diesmal einige gute Zeichnungen von diesem Planeten machen konnte. Die herrliche Sommernacht, die klare Luft, alles schien günstig für eine gute Sicht.

Durch die Luftspiegelung, die auch bei besten Bedingungen nicht zu umgehen ist, sah er den Mars einmal deutlicher und dann wieder etwas verschwommen. Doch plötzlich schien es ihm, als sehe er gewisse gerade Linien auf der Marsoberfläche. Sie schienen einige größere Flecken zu verbinden und bildeten sogar zeitweise ein ganzes Netz um den Planeten.

Anfangs wollte es Schiaparelli gar nicht glauben, doch die wiederholten Beobachtungen zeigten immer wieder diese merkwürdigen »canali« (Rillen), wie er sie nennen wollte. Natürlich würde er vorsichtig sein, man sieht sie ja nur undeutlich. Jedenfalls werde er genaue Aufzeichnungen darüber machen.

In den folgenden Wochen war er ganz mit diesen Aufzeichnungen beschäftigt. Er schätzte die Rillen auf 30 bis 100 Kilometer Breite, und sie traten oft auch in doppelter Form auf. Schiaparelli sah seine »canali« als Naturgebilde an, doch diese Bezeichnung wurde allgemein mit »Kanäle« übersetzt, denn sie verbanden diese größeren Flecken, die damals schon als »Meere« bezeichnet wurden. Einige von ihnen reichten bis in die weißen Polkappen hinein, die im Frühjahr abschmelzen und während des Marssommers bis auf einen kleinen Tupfen verschwinden.

Schiaparelli war sich bewußt, daß die ganze Sache höchst unsicher war. Die Rillen konnten überhaupt nur bei sehr langem Hinsehen ausgemacht werden, er hatte sich erst durch wiederholte Beobachtung von ihrer Existenz überzeugt. Sie tauchten einmal auf und verschwanden dann wieder. An einem Tag waren sie da, am nächsten wieder weg. Für kurze Zeit erblickte er zu irgendeiner Rille eine weit entfernte Parallele, wie mit einem Lineal gezogen. Zu alldem kam, daß sich der Mars nicht ständig in die Karten blicken läßt. Nur bei der Opposition, wenn die Erde auf derselben Sonnenseite mit ihm steht, kann man gute Beobachtungen machen.

Trotz dieser Vorsicht wurde Schiaparelli von einigen Gegnern angegriffen: »Das geometrische Netzwerk, das er über den Planeten wirft, ist eine unzulässige Kombination. Niemals hat er es wirklich gesehen, und ob nur eine seiner Rillen einen festen Platz hat, muß bezweifelt werden«, schrieben die Kritiker.

Der französische Astronom Camille Flammarion (1842–1925) schrieb ein dickes Buch über diese »Kanäle«. Darin stand zu lesen: »Dieses erstaunlich regelmäßige Netz von geraden Linien, Tausende von Kilometern lang, kann nur als Kunstwerk aufgefaßt werden. Es beweist die Existenz vernünftiger Wesen auf dem Mars, von höchster Leistungsfähigkeit und einer uns weit überlegenen Intelligenz.«

Eine wahre »Marshysterie« war die Folge. Schriftsteller wurden zu phantastischen Romanen angeregt, Teleskope eigens für die nächste Marsopposition angefertigt. Mars-Sternwarten wurden errichtet. Einige sahen sogar Lichter an der Marsoberfläche aufblitzen – die Lichter der Marsbewohner. Es wurden mysteriöse Funksignale empfangen. Millionäre setzten Preise aus für die erste Kontaktaufnahme zum Mars. Der beste Vorschlag war, in der Sahara ein gigantisches Dreieck aufzubauen, so groß wie halb Europa, damit die Marsianer sehen konnten, daß auf der Erde intelligente Lebewesen existieren. Es war die größte astronomische Begeisterung aller Zeiten.

Auch Schiaparelli ließ sich schließlich davon anstecken. Er schrieb einen Aufsatz, in dem es hieß: »Der Mars ist alt, hat eine dünne Atmosphäre, ist fast vollkommen unbewölkt, es gibt also kaum Niederschläge. Die Bewässerung ist dort das Hauptproblem. Die Marsmenschheit hat sich in pazifistisch-sozialistischer Gesellschaftsordnung zusammengetan, um die lebensbedrohende Not zu meistern, und das Kanalnetz angelegt, das irdische Begriffe übersteigt. Das Wasser der schmelzenden Eiskappe des Südpols wird durch die Kanäle im Sommer übers ganze Land verteilt.«

Der amerikanische Astronom Percival Lowell (1855–1916) sah die Zeichnungen von Schiaparelli. Infolge eigener Beobachtungen war es für ihn ebenfalls klar, daß es sich nur um von den Marsbewohnern künstlich geschaffene Kanäle handeln konnte. Es müßten riesige Bewässerungskanäle sein, die von der Marszivilisation in einem verzweifelnden

Überlebenskampf errichtet wurden. Sie machten sich das Eis der Pole zunutze, indem sie das Schmelzwasser über den ganzen Planeten verteilten, von Ort zu Ort, von Stadt zu Stadt. An beiden Seiten der Kanäle sah er Felder und Wiesen, die Ernährungsquelle der Marsbewohner. Es müßte dann auch Schiffe geben, die auf diesen Kanälen von Stadt zu Stadt fuhren und Güter transportierten. Auch Kraftwerke, die das Wasser in Bewegung hielten, Brücken, Eisenbahnen usw.

Lowell hatte genug Geld. Er baute in Arizona ein Observatorium, 2300 Meter hoch gelegen in der reinsten Luft des Erdballs, und untersuchte 15 Jahre hindurch die Marskanäle.

Sein Kollege W. H. Pickering (1858–1935) saß ebenfalls in einem Observatorium in Arequipa in den Anden, noch etwas höher als Lowell, und fand die Marskanäle 200 bis 800 km breit. Lowell sah sie dagegen nur 20 km breit und fast jeden doppelt. Lowell sah sogar ein Netz von Kanälen, noch dichter als Schiaparelli. Pickering dagegen erkannte überhaupt kein Netz und ließ die Linien ständig ihre Plätze wechseln.

Der Astronom Eugenios Antoniadi (1870–1944) ist hier zu den Skeptikern zu zählen, denn er sah ein ganz anderes Bild. Es waren nicht gerade Kanäle und riesige Städte, sondern es waren vielmehr große unzusammenhängende Kleckse, und das bei günstigsten Beobachtungen.

Aus diesen Widersprüchen sah man in den Kanälen zuletzt nur noch optische Täuschungen, die unter günstigen Bedingungen zu feinen Körnchen zerfielen, während das Auge sich selbst diese Linien und Netze konstruiert. Bei längerer Betrachtung des Mars durch ein Fernrohr läßt das menschliche Auge zwischen den Dunkelgebieten gerade Linien entstehen.

Den Astronomen der damaligen Zeit darf man es nicht verübeln, daß sie solche Hypothesen aufstellten. Mit ihren eher bescheidenen Mitteln konnten sie einfach keine genaueren Beobachtungen machen.
Auch auf dem Mars würden Astronomen nichts von einer Zivilisation auf der Erde wahrnehmen, da diese zum Großteil von einer dichten Wolkenhülle bedeckt ist und die Sicht stark behindert, wie das auch auf der Venus der Fall ist.
Unsere heutigen Riesenteleskope (das am Mount Palomar hat einen Spiegeldurchmesser von 5 Metern und in Rußland gibt es bereits eines von 6 Metern) haben ebenfalls Schwierigkeiten mit der Erdatmosphäre, so daß man sich entschloß, im Weltall auf einer Umlaufbahn um die Erde oder später auf dem Mond ein Teleskop zu installieren. Am 25. April 1990 wurde nun ein derartiges Teleskop, das Hubble-Space-Teleskop (benannt nach dem amerikanischen Astronomen Edwin Hubble), mit der Raumfähre Discovery in eine Erdumlaufbahn gebracht. Leider wies der Spiegel einen Defekt auf, so daß das Teleskop nicht optimal funktionierte. Dennoch konnten phantastische Aufnahmen gemacht werden – darunter auch vom Planeten Mars. In einer spektakulären Aktion wurde jedoch im Dezember 1993, mit Hilfe der Raumfähre Endeavour, eine Reparatur durchgeführt, und das Teleskop arbeitet wieder einwandfrei.
Noch bessere irdische Bedingungen will die Europäische Südsternwarte (ESO) noch in diesem Jahrzehnt schaffen. Vier Teleskope mit je acht Meter Spiegeldurchmesser werden zusammengeschaltet, und damit soll der größte Spiegeldurchmesser der Welt, mit 16 Metern, erreicht werden. Dadurch sind neue aufregende Entdeckungen im Weltall zu erwarten. Mit dem Teleskop am Mount Palomar wurden übrigens die Temperaturen auf dem Mars gemessen.

Die Marskanäle wurden schließlich als Phantasieprodukte einiger übereifriger Astronomen abgetan – doch später sollte sich diese Meinung doch noch etwas ändern.
Als die amerikanische Marssonde Mariner 4 am 14. Juli 1965 genau 9845 Kilometer am Mars vorbeiflog, brachte sie den endgültigen Beweis gegen die Marskanäle, wie sie Schiaparelli sah. Mariner 4 fotografierte Oberflächendetails von 160 Kilometer Ausdehnung und Objekte von 3 Kilometer Größe.
Die nächsten guten Bilder von der Marsoberfläche machte die amerikanische Marssonde Mariner 9. Sie kam am 13. November 1971 in einer Umlaufbahn von 16895 Kilometer bis auf 1670 Kilometer an den Mars heran und übermittelte 7329 Bilder zur Erde. Das war bis dahin der größte Erfolg der Marserkundung durch automatische Raumsonden. Bis zum 27. Oktober 1972 fotografierte Mariner 9 die gesamte Marsoberfläche und machte auch sensationelle Bilder von den beiden Monden Phobos und Deimos. Die Aufnahmen zeigen auch die »Vegetationsgürtel«, die sich als Sanddünen herausstellten, die sich durch die starken Marswinde immer wieder verformen und so den Eindruck von aufblühenden Wiesen erwecken. Stellenweise könnten aber doch Feuchtigkeitsgebiete unter der Marsoberfläche existieren, die sich jahreszeitlich verändern.
Mariner 9 zeigte des weiteren eine phantastische Marslandschaft mit den merkwürdigsten geologischen Formationen – eine davon wurde später als »Inka-Stadt« bekannt, worauf ich noch zurückkommen werde.
Diese Raumsonde zeigte aber auch ein System von vier parallelen Furchen in der Marsoberfläche, die sich in einer Länge von 1800 Kilometern durch das Mare Sirenum erstrecken. Wenigstens diese Linien könnten mit den Marskanälen von Schiaparelli gleichgesetzt werden, denn er

hatte auf seinen Marskarten dort tatsächlich zwei parallele Rillen eingezeichnet. Es wurde damals auch vermutet, daß sich die »Marskanäle« unter der Oberfläche befinden und bei veränderlicher Bodenbeschaffenheit zeitweise von der Erde aus sichtbar werden.

Wie aber bereits gesagt, sollten sich dann doch noch Hinweise auf »Kanäle« auf dem Mars finden, denn die im Jahre 1976 folgenden Marssonden Viking 1 und Viking 2, die auf dem roten Planeten weich landeten, überlieferten die bisher besten Aufnahmen vom Mars und auch von dessen Monden. Diese Bilder, die aus 1500 bis 32 600 Kilometer Entfernung von der Marsoberfläche gemacht wurden, zeigen eindeutig Spuren riesiger Flußläufe.

Vor Millionen von Jahren dürfte auf dem Mars Wasser in riesigen Mengen geflossen sein, denn diese von den Viking-Sonden aufgenommenen Gebilde sind nichts anderes als ausgetrocknete Flußbetten von einigen tausend Kilometer Länge und etlichen Kilometer Breite. Es sind auch tropfenförmig umflossene Krater zu erkennen, was bedeutet, daß diese Krater früher entstanden waren, bevor das Wasser dort in großen Mengen über den Planeten floß. Es gibt aber auch Krater inmitten der Flußläufe, die späterer Herkunft sein müßten. Zu erkennen sind auch gewundene Flußläufe, von denen kleinere abzweigen, sowie ein mehrere tausend Kilometer langes Strömungstal in der Nähe der Region Amazonis.

Auf dem Mars, wie er sich uns heute darbietet, können sich Wassermassen in dieser Form nicht halten, da auf dem Marsboden ein zu geringer Luftdruck herrscht, der das Wasser in kürzester Zeit zum Verdampfen bringen würde. Trotzdem ist der Wasserdampfgehalt der Marsatmosphäre sehr gering. Der Grund dafür liegt in den tiefen Temperaturen, die vor allem in den Polgebieten des Mars herrschen.

Würde man den Wasserdampfgehalt der Marsoberfläche als flüssiges Wasser gleichmäßig über die gesamte Marsoberfläche verteilen, so wäre diese Schicht bestenfalls ein hundertstel Millimeter dick. Der Wassergehalt der Pole ist da schon viel größer. Er würde bei gleichmäßiger Verteilung über den Planeten derzeit immerhin einen »Marsozean« von 10 Meter Tiefe bilden.
So gesehen müßten diese »Marskanäle« (die wahrscheinlich Schiaparelli auch gefallen würden) in einem weit früheren Stadium der Marsgeschichte, vielleicht im »Mars-Mesozoikum«, mit fließenden Wassermassen gefüllt gewesen sein. Zu dieser Zeit könnte ein für Leben günstigeres Klima geherrscht haben. In welcher Form dann Marslebewesen damals existiert haben, wissen wir derzeit noch nicht. Aber es gibt auch heute noch günstige Bedingungen, so daß die Chancen zu deren Auffindung durchaus gegeben sind.

6 Romane und Filme

Die Marsianer in Science-fiction und Phantasie

Im Verlauf der Opposition von 1894 wurde auf dem erhellten Teil der Marsscheibe ein großes Licht wahrgenommen, zuerst im Lick-Observatorium, dann von Perrotin in Nizza, später auch von anderen Beobachtern ... Als der Mars sich der Opposition näherte, gab Lavelle in Java über die Drähte der astronomischen Mitteilungsstation die verblüffende Nachricht von einem ungeheuren Ausbruch weißglühenden Gases auf dem Planeten bekannt ... Hunderte von Beobachtern sahen die Flamme in jener Nacht und in der Nacht darauf, um Mitternacht, und wieder in der Nacht darauf, und so fort zehn Nächte lang jede Nacht eine Flamme.«

So schildert Herbert George Wells (1866–1946) in seinem 1898 erschienen Roman »Der Krieg der Welten« die beginnende »interplanetarische Invasion vom Mars«. In der Folge landen dann mehrere Raumschiffe auf der Erde, die H. G. Wells folgendermaßen beschreibt: »Das Ding selbst lag fast ganz in Sand begraben zwischen den verstreuten Splittern einer Tanne, die es im Niedersausen zerschmettert hatte. Der freiliegende Teil sah wie ein riesiger Zylinder aus, der vollständig von einer dicken, schuppigen, dunkelbraunen Kruste bedeckt war, die seine Konturen verwischte. Er hatte einen Durchmesser von ungefähr dreißig Yards (1 engl. Yard = 91 Zentimeter).«

Des weiteren landen einige dieser »Zylinder« in der Nähe

von London, und aus einem kommt eines dieser Marswesen heraus, »ein großer gedrungener Körper, ungefähr von der Größe eines Bären, erhob sich langsam und schwerfällig aus dem Zylinder. Als er sich aufrichtete und vom Licht beschienen wurde, glitzerte er wie nasses Leder. Mit seinen zwei großen dunkelfarbigen Augen blickte das Geschöpf um sich. Es hatte unter den Augen einen Mund, dessen Rand unausgesetzt zitterte und von Speichel troff. Der Rumpf hob und senkte sich unter heftigem Keuchen. Ein schlankes fühlerartiges Anhängsel hielt den Rand des Zylinders umklammert, ein anderes schlängelte sich in der Luft.«

Abb. 9: Die Marswesen nach dem Roman »Krieg der Welten« von H. G. Wells.

Diese scheußlichen Lebewesen richten auf der Erde schwere Verwüstungen an, und es hat im Roman den Anschein, als wollten sie die ganze Erde unterjochen. Sie bauen sich »Marsmaschinen, die sich rollend fortbewegen, schnell wie fliegende Vögel«, und die als Waffe »Hitzestrahlen« aussenden. Das Militär wird eingesetzt, um die Marsmaschinen zu vernichten, doch auch dies bleibt erfolglos, denn die Marswesen waren »nicht bloß eine Handvoll kleiner, plumper Geschöpfe, sondern Wesen, die riesige mechanische Körper lenkten, die sich blitzschnell bewegten und mit solcher Kraft ihre Opfer treffen konnten, daß selbst die mächtigsten Geschütze ihnen nicht standzuhalten vermochten.«

Sie waren nicht nur gekommen, um sich neuen Lebensraum zu verschaffen; sie brauchten auch die Menschen als Nahrung, schreibt H. G. Wells: »So seltsam es auch einem menschlichen Wesen erscheinen mag, aber das verwickelte Gefüge der Verdauungswerkzeuge, das den Hauptbestandteil unseres Körpers bildet, war bei den Marsleuten überhaupt nicht vorhanden. Sie waren Köpfe, nichts als Köpfe. Sie hatten keine Eingeweide. Sie aßen nicht, brauchten also auch nicht zu verdauen. Statt dessen nahmen sie das frische, lebende Blut anderer Geschöpfe und führten es in ihre eigenen Adern ein.«

Diese Wesen waren im wahrsten Sinne des Wortes »scheußliche« Kreaturen, doch sie werden schließlich das Opfer irdischer Bakterien, was H. G. Wells folgendermaßen beschreibt: »Diese Krankheitskeime haben seit Anbeginn der Dinge ihren Zoll von der Menschheit gefordert – schon von unseren vormenschlichen Ahnen, seitdem Leben auf Sternen bestand. Aber durch die natürliche Auslese unserer Gattung haben wir die Widerstandskraft gegen sie entwickelt. Wir unterliegen keinem dieser Keime ohne Kampf,

und gegen viele – zum Beispiel gegen jene, die in toten Körpern Fäulnis hervorrufen – sind unsere Körper überhaupt gefeit. Aber auf dem Mars gibt es keine Bakterien, und von dem Augenblick an, als jene Eindringlinge auf der Erde anlangten, als sie aßen und tranken, machten unsere mikroskopischen Verbündeten sich ans Werk, sie zu vernichten.«
So kommt es, daß überall kaputte »Marsmaschinen« herumliegen, die an Hausmauern zerschellt waren und aus denen die leblosen, tentakelbewachsenen Körper heraushingen. Die »interplanetare Invasion«, die das Vorbild zahlloser »Marsmenschen«-Geschichten wurde, war auf diese nüchterne Weise beendet worden.
H. G. Wells schrieb einen Roman nach dem damaligen Stand der Wissenschaft. Wir, die schon etwas mehr von möglichen außerirdischen Intelligenzen wissen, sollten uns vielleicht noch eindringlicher vor Augen halten, wie eine solche Besitzergreifung von uns Menschen getragen wird. Wie werden wir uns tatsächlich verhalten? Werden wir sie freundlich empfangen? Oder werden wir unsere Waffen gegen sie einsetzen? Wie auch immer es sei, sie würden uns sicher um einiges voraus sein, und das sollten wir doch berücksichtigen. Wir können nur hoffen, daß etwaige außerirdische Lebewesen, die auf unserer Erde vielleicht einmal landen werden, nicht so scheußliche Absichten hegen wie die in dem Roman »Krieg der Welten« beschriebenen Wesen vom Mars. Dies könnte aber auch in hohem Maße von unserem eigenen Verhalten abhängen.
»Von der Sonne vergoldet, schwebte in der Luft ein rundlicher Körper. Ein Ballon! Straff schwillte die feine Seide unter dem Druck des Wasserstoffgases. Dreihundert Meter über dem Boden ging ein starker gleichmäßiger Wind und trieb den Ballon gegen Norden. Die mutigen Nordpolfahrer nützten den günstigen Südwind, um diesmal dem Pol

sehr nahe zu kommen. Der Polarsommer neigte sich seinem Ende zu und sie befürchteten schon, umkehren zu müssen. Doch der prall gefüllte Ballon flog immer höher und binnen zwei Tagen hatten sie bereits tausend Kilometer in nördlicher Richtung zurückgelegt. Der von Nansen entdeckte nordische Ozean war bereits überflogen, und bald würde sich entscheiden, ob die beiden früheren Expeditionen – die eine im Ballon, die andere im Schlitten – wirklich den Nordpol erreicht hatten.«

So beginnt der zweite berühmte Marsroman »Auf zwei Planeten« von Kurd Lasswitz (1848–1910). Auch in diesem Roman landen Marswesen auf unserer Erde, und zwar am damals noch nicht erforschten Nordpol. Diese außerirdischen Lebewesen hegen aber nicht so scheußliche Absichten wie die bei H. G. Wells. Es sind vielmehr Lebewesen, die in friedlicher Absicht die Erde bevölkern wollen. Die Ballonfahrer entdecken eine Insel mitten im arktischen Meer. Es ist aber keine gewöhnliche Insel. Es ist eine genau kreisförmige Insel mit ringsum pfeiler- und säulenartigen Erhebungen in gleichen Abständen, »zwölf große, dazwischen je elf kleinere, im ganzen hundertvierundvierzig«, schreibt Lasswitz. Über dieser Insel, in etwa 6356 Kilometer Höhe, befindet sich ein merkwürdiger riesiger Ring, den wir heute als Raumstation bezeichnen würden.

»Dieser Ring hatte eine Breite von etwa fünfzig Meter und einen inneren Durchmesser von zwanzig, im ganzen also einen Durchmesser von 120 Meter. Ringsum erstreckten sich außerdem, ähnlich wie die Ringe um den Saturn, dünne aber sehr breite Scheiben, deren Durchmesser bis auf zweihundert Meter anstieg. Sie bildeten ein System von Schwungrädern, das ohne Reibung mit großer Geschwindigkeit um den inneren Ring herumlief und ihn stets senkrecht zur Erdachse hielt«, schildert Kurd Lasswitz.

Abb. 10: Zwei Abenteurer finden eine Raumstation der Marsianer über dem Nordpol der Erde, nach dem Roman »Auf zwei Planeten« von Kurd Lasswitz.

1

2

3

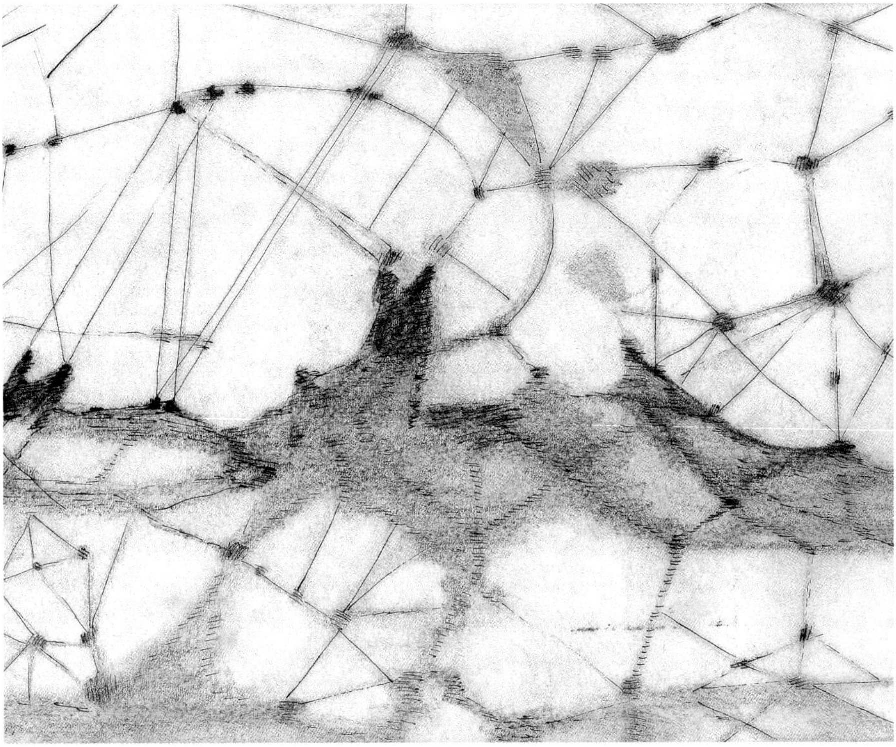

4

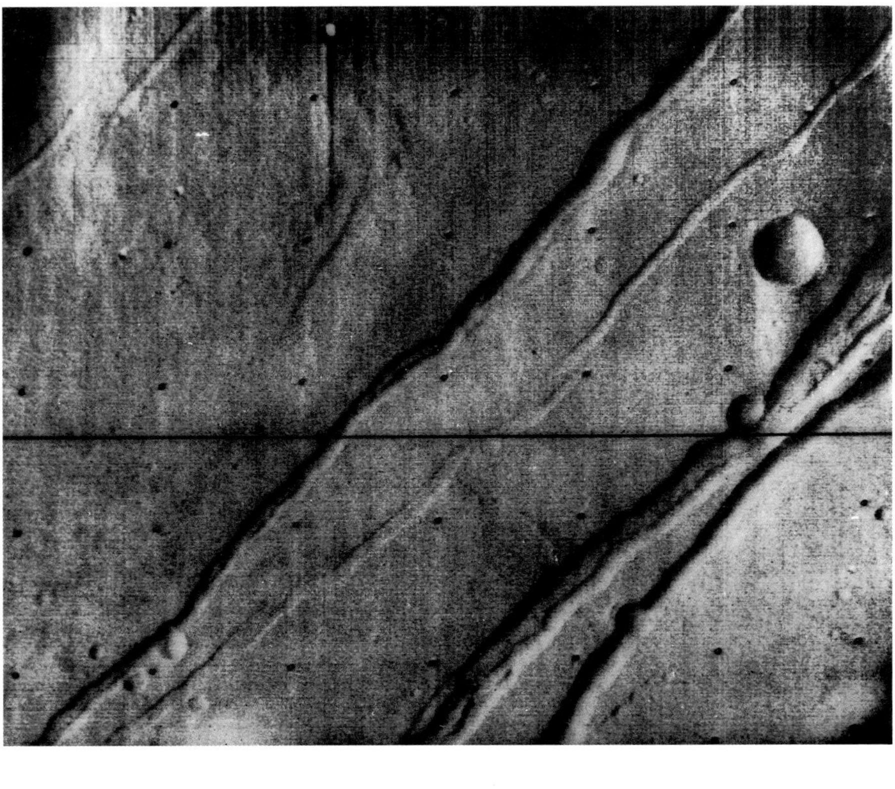

5

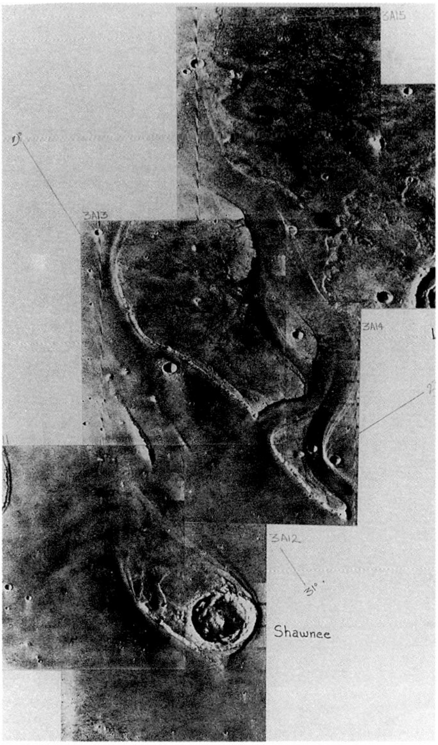

6

7

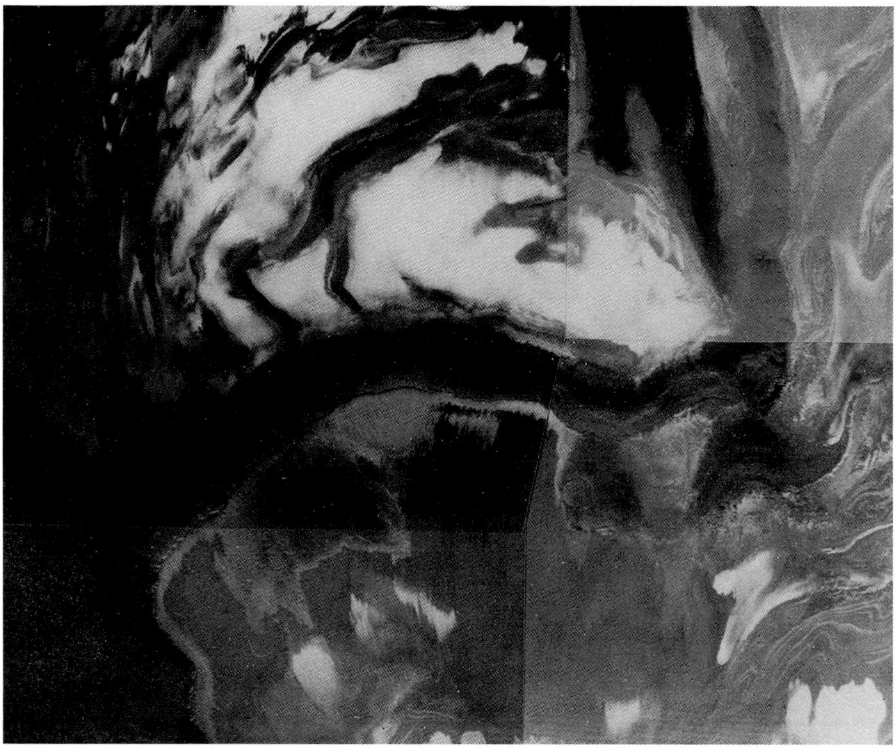
8

9

10

11

12

13

1 Diese Aufnahme vom Mars wurde aus 104 Bildern zusammengestellt, die der Orbiter von Viking 1 im Jahre 1976 machte. Links die drei Vulkankegel von Ascraeus Mons, Pavonis Mons und Arsia Mons. In der Mitte der mächtige Mars-Canyon Valles Marineris.

2 Mars, der Kriegsgott, in einem von zwei Rossen gezogenen Streitwagen, mit kämpfenden Rittern und den Widder- und Skorpionsymbolen. Links oben der sechszackige Marsstern.

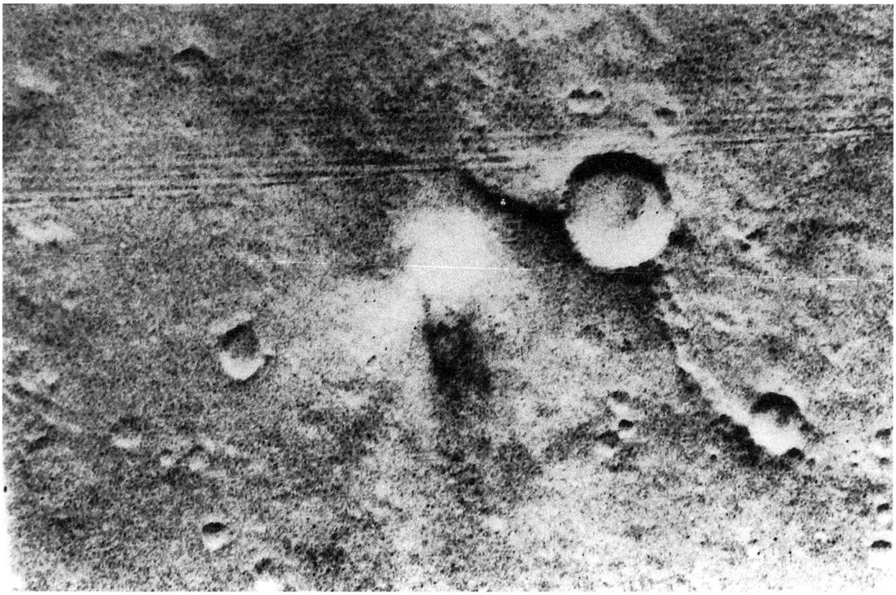

14

3 Der Lander von Viking 1 auf dem Mars, aufgenommen am 17. Februar 1977. Rechts der lange Arm für meteorologische Messungen; darunter die Schürfspur, wo die Bodenproben entnommen wurden. Im Hintergrund der große Gesteinsbrocken »Big Joe«.

4 Die Marskanäle, wie sie Schiaparelli und Lowell sahen.

5 »Marskanäle« im Mare Sirenum: aufgenommen 1972 von Mariner 9.

6 »Marskanäle«, aufgenommen im Juni 1976 von Viking 1, aus 6 Bildern zusammengestellt.

7 Aufnahme vom Landegerät Viking 2, 25. September 1977. Sie zeigt die Farbmasken zur Farbeinstellung der Kamera und den Vergrößerungsspiegel zur Untersuchung von Staubteilchen. Deutlich zu sehen die Antennenstange und im Hintergrund der »Mars-Schnee«.

8 Frostschichten am Nordpol des Mars. Sie bestehen zum Großteil aus Wassereis. Die Aufnahme wurde im Juli 1978 von Viking 2 gemacht.

9 Der 6 m große »Marsgott« auf einem Felsbild in Tassili (Sahara), 6000–8000 Jahre alt.

10 Der »Marsianer«, dem Cedric Allingham im Jahre 1954 angeblich begegnete.

11 Weitere »Marsgötter« (»Marsriesen«?) auf einem Felsbild in Tassili, in der Sahara.

12 Der Briefmarkenblock der Republik Paraguay mit dem Relief der Grabplatte von Palenque, einer Titan-III-E-Centaur-Trägerrakete und dem künftigen Marslandemodul.

13 Akkadisches Siegel aus dem dritten Jahrtausend v. Chr. mit »Schöpferwesen« und dem sechszackigen Marsstern, umgeben von 11 »Planeten«.

14 Eine Wasserdampfwolke (Bildmitte), die während der Aufnahme im August 1978 durch Viking 1 aus dem Marsboden austrat.

15 Die Marspyramide in dem Hollywood-Film »Die totale Erinnerung« von 1990, in Anlehnung an die Viking-Aufnahmen.

16 Mars, aufgenommen mit dem Hubble-Teleskop.

15

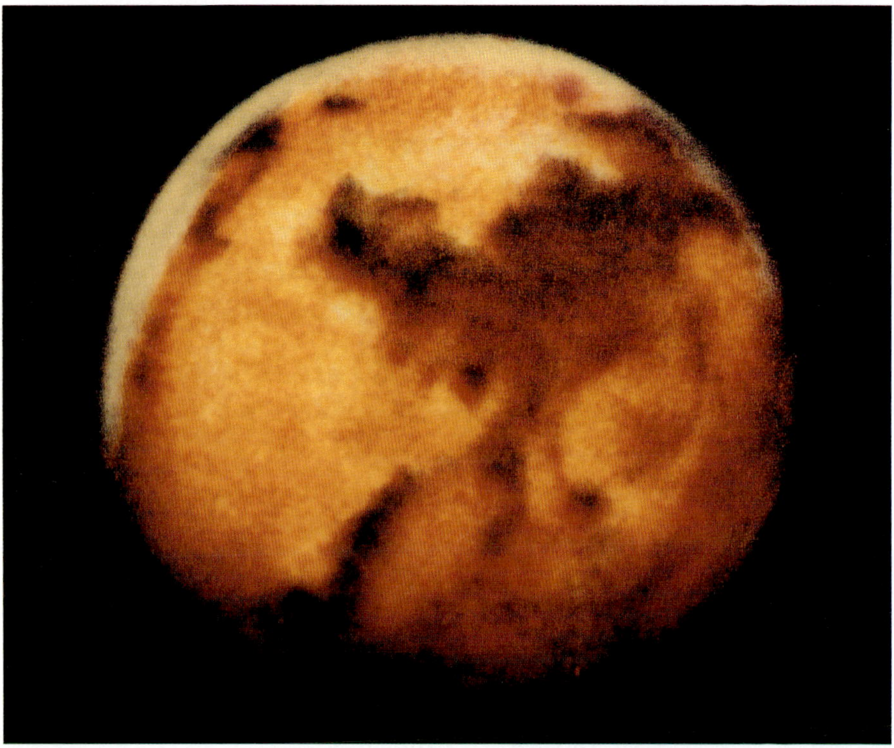
16

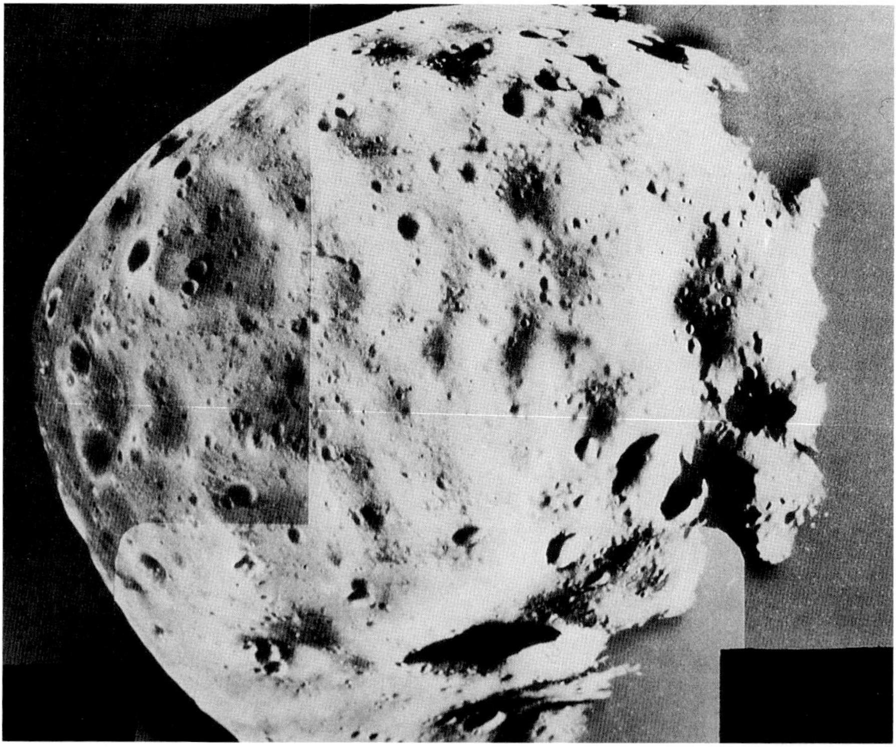

17

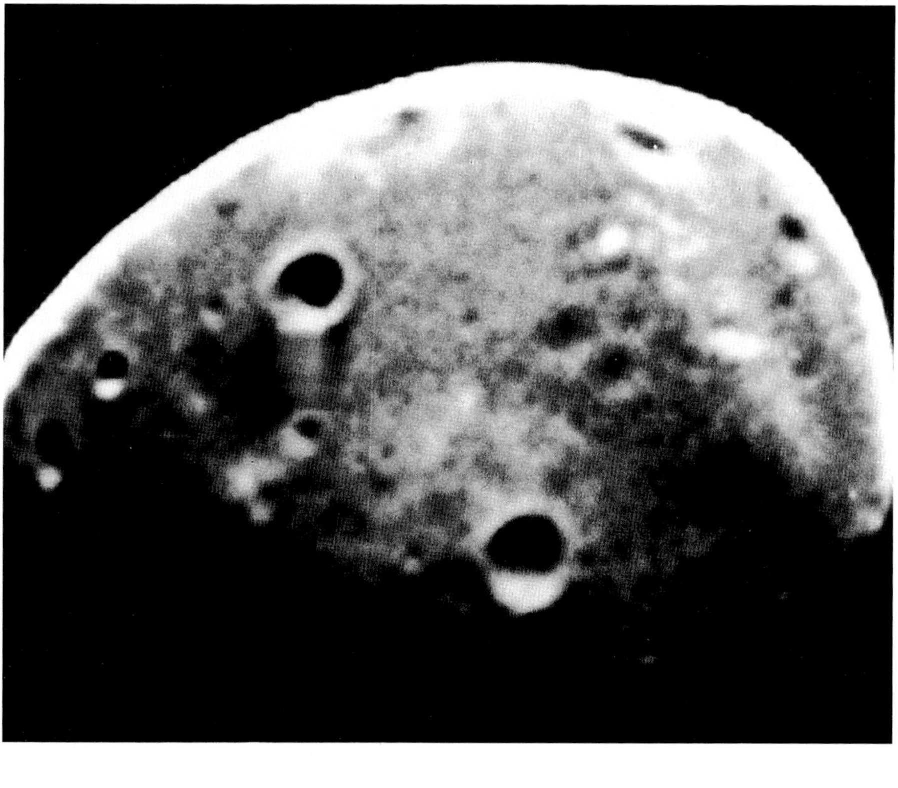

18

19
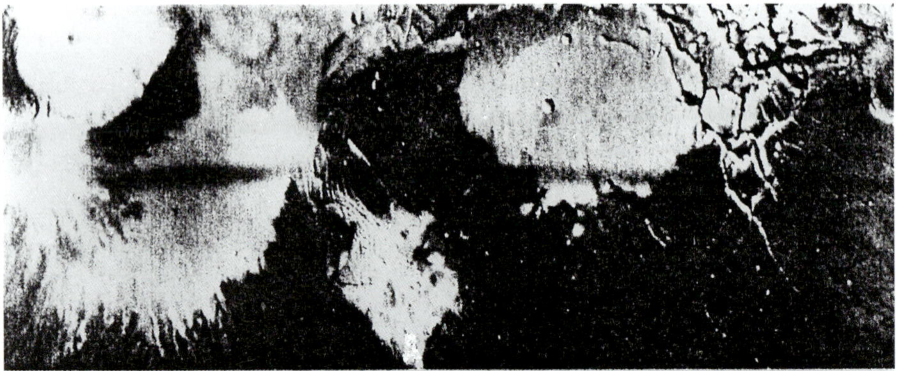

20
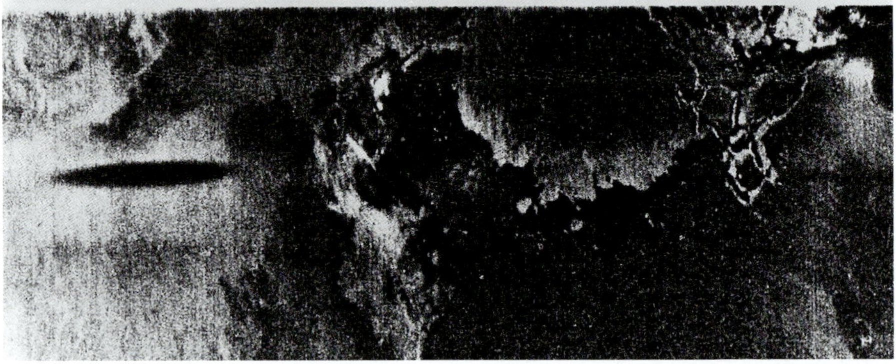

21
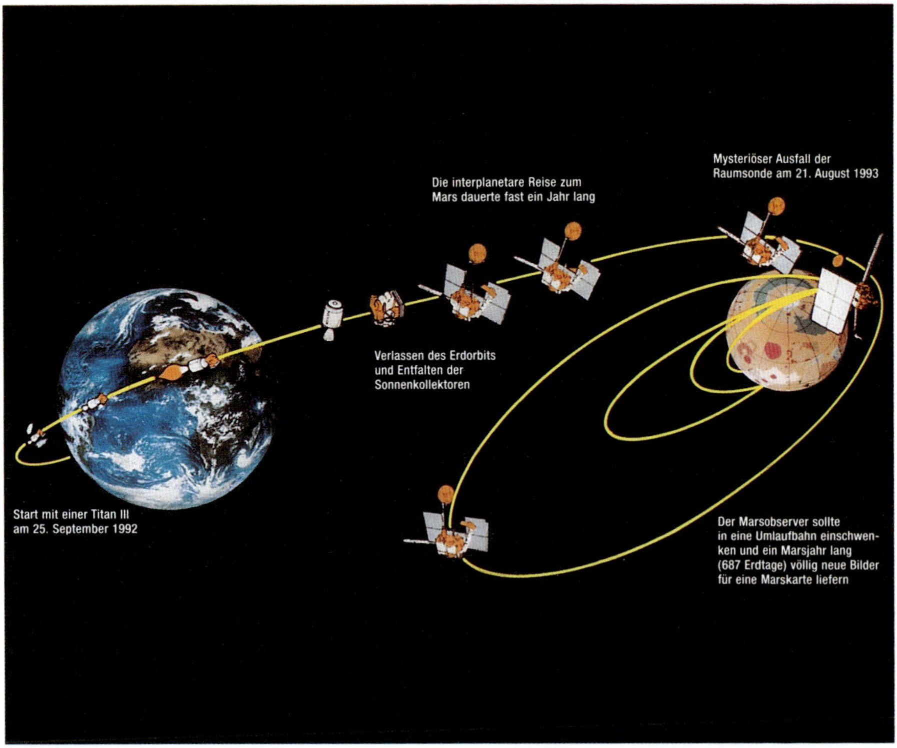
Mysteriöser Ausfall der
Raumsonde am 21. August 1993
Die interplanetare Reise zum
Mars dauerte fast ein Jahr lang
Verlassen des Erdorbits
und Entfalten der
Sonnenkollektoren
Start mit einer Titan III
am 25. September 1992
Der Marsobserver sollte
in eine Umlaufbahn einschwen-
ken und ein Marsjahr lang
(687 Erdtage) völlig neue Bilder
für eine Marskarte liefern

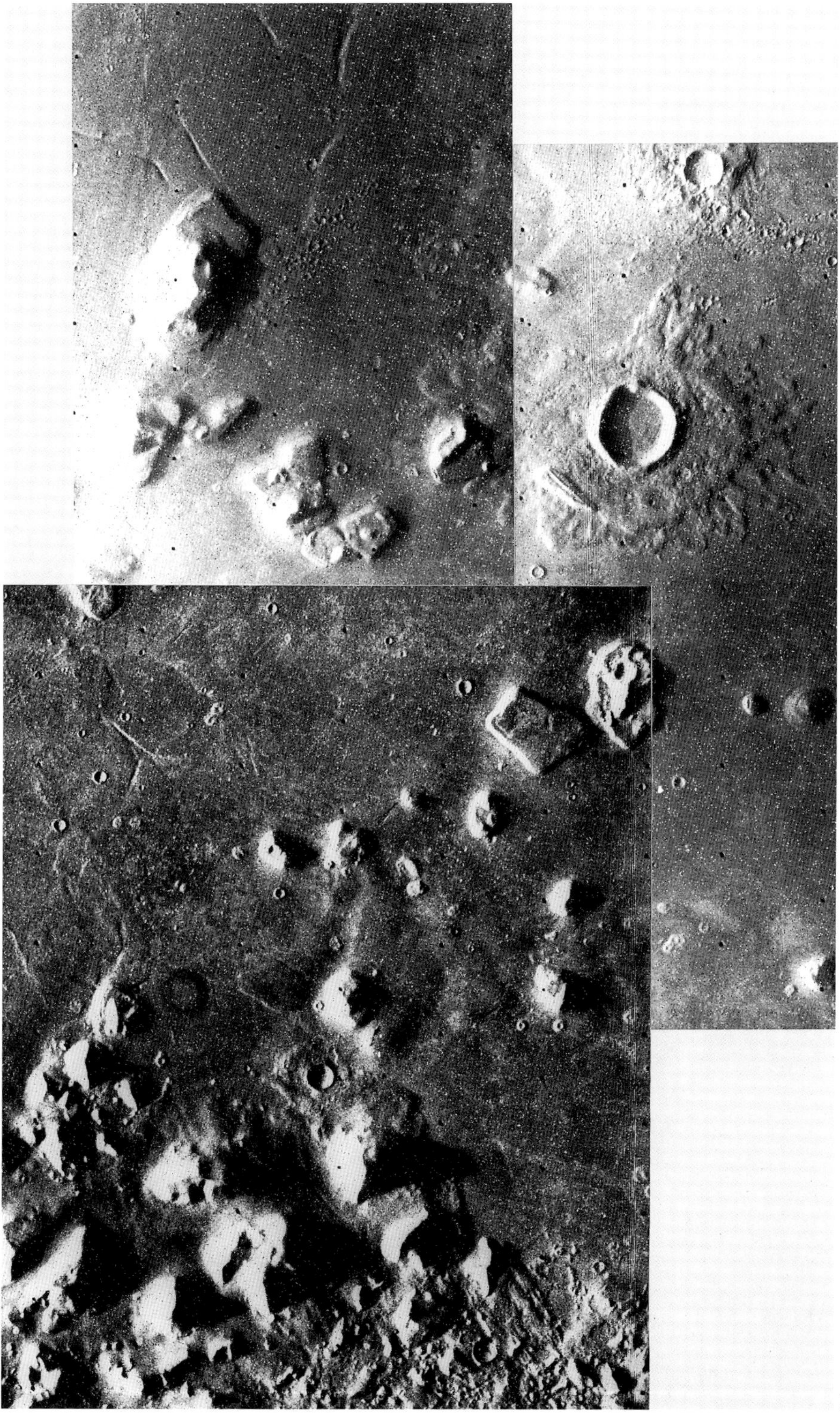

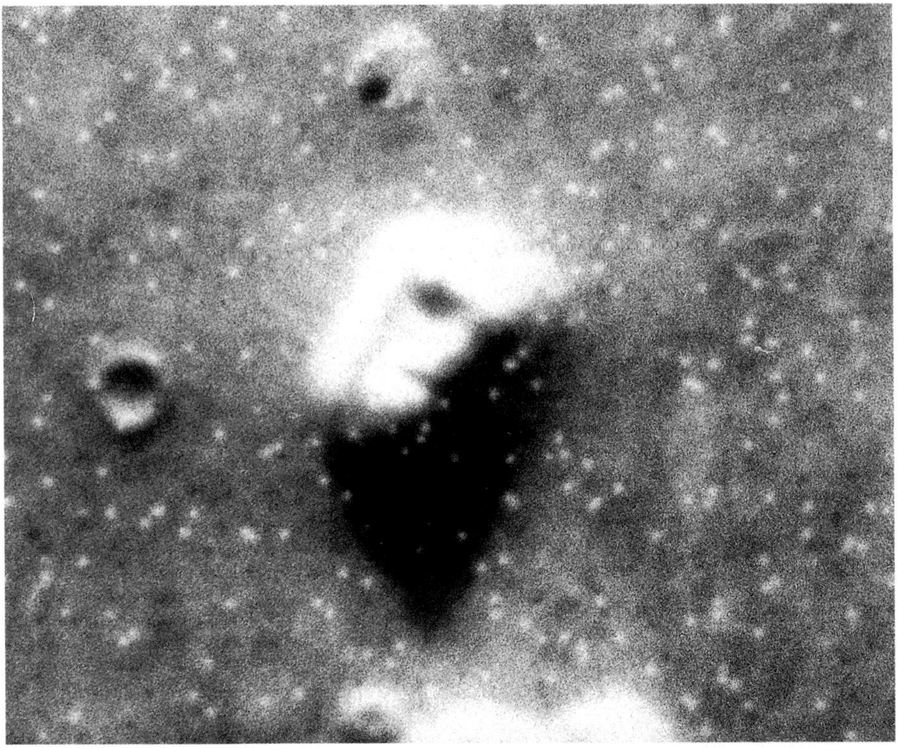
24

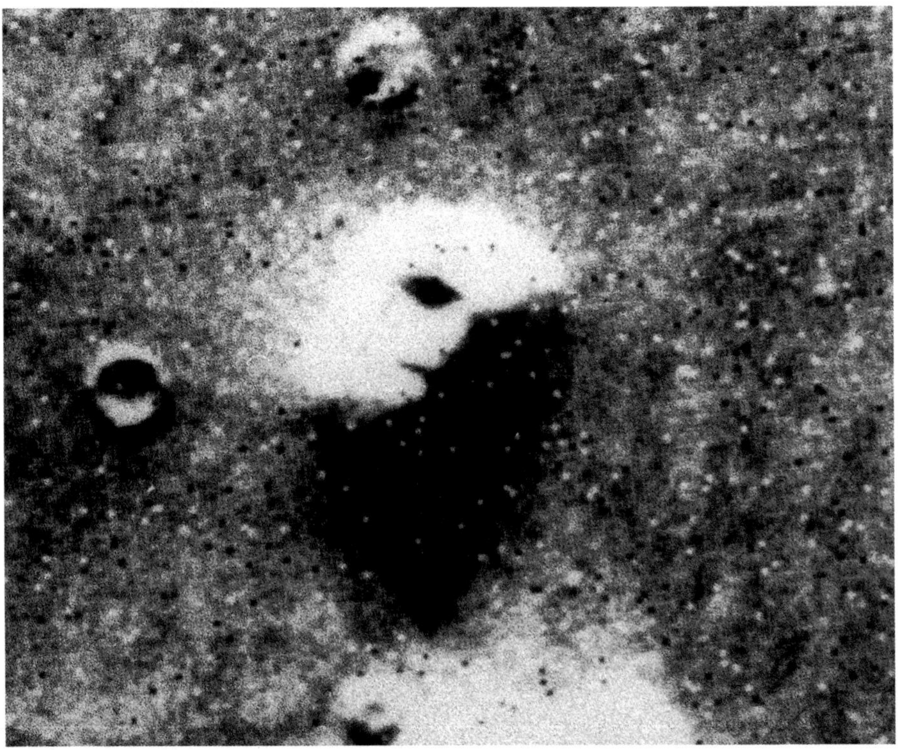
25

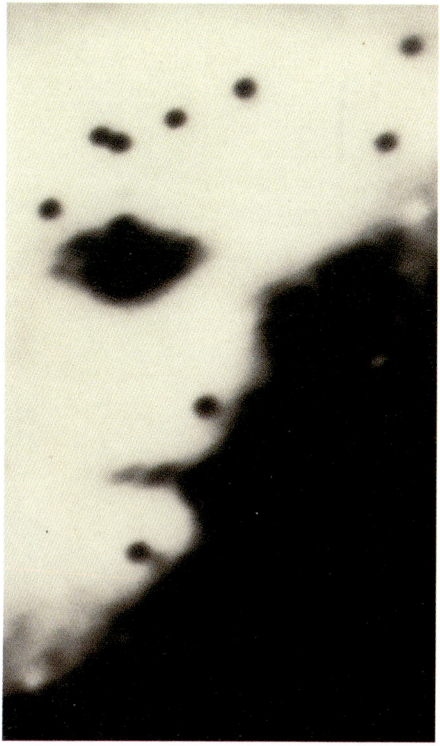

26

27

28

29

17 Der Marsmond Phobos, aufgenommen am 22. Februar 1977 von Viking 1. Unten der 5 km große Krater Hall.

18 Der Marsmond Deimos, aufgenommen am 15. September 1976 von Viking 1. Die beiden großen Krater haben Durchmesser von 1 bzw. 1,3 km.

19, 20 Der »Ufo-Schatten« auf der Marsoberfläche, den die russische Raumsonde Phobos 2 im März 1989 fotografierte.

21 Flugroute des Mars-Observer. Kurz vor dem Einschwenken in eine Marsumlaufbahn, am 21. August 1993, fiel die Raumsonde aus; seitdem ist sie verschollen.

22 Die Cydonia-Region um das Marsgesicht, mit der »Mars-Stadt«, der »D & M-Pyramide« und dem »Visierfelsen«.

23 Die Aufnahme P-17384 (Vergrößerung der Aufnahme 35A72) mit der »Mars-Stadt« (links).

24, 25 Vergrößerungen des Marsgesichts von der Aufnahme 35A72 mit unterschiedlichen fotografischen Entwicklungen.

26 Starke Vergrößerung des Marsgesichts von der Aufnahme P-17384. Sie zeigt deutlich »Zähne« im Mund und ein kreisrundes Gebilde in der Augenhöhle.

27 Der Autor mit seinem ersten Buch auf der Frankfurter Buchmesse im Oktober 1979.

28 Das erste Modell vom Marsgesicht, angefertigt vom Autor im Jahre 1977.

29 Verschiedene Publikationen von Walter Hain in den Jahren 1979 bis 1981.

Die Raumstation wird mit Sonnenenergie betrieben, und dort begegnen die Ballonfahrer einem Marsianer, dem Chefingenieur Fru. Die Marsianer sind nach Lasswitz »seltsame Gestalten, mit enganliegender Kleidung, und ihre Köpfe zeichneten sich meistens durch sehr helles, fast weißes Haar und durch leuchtende und durchdringende Augen aus.«
Mit Hilfe des Chefingenieurs können die Ballonfahrer schließlich wieder auf die Erde zurück und werden dort auf der Bodenstation von der Tochter des Chefingenieurs La empfangen. »Als Bewohnerin des Mars, dessen Jahre doppelt so lang sind wie auf der Erde, zählte sie«, nach Lasswitz, »erst etwa zwanzig Sommer und stand in der Blüte ihrer Jugend.«
Die Marsbewohner sind inzwischen damit beschäftigt, eine Delegation zu ihrem Heimatplaneten zu entsenden, und die »Baten«, wie die Erdbewohner von den Marsianern im Roman genannt werden, sollen mitfliegen.
Das Raumschiff, das zur Beförderung bestimmt war und das Kurd Lasswitz »Meteor« nennt, »funktionierte teilweise durch die Aufhebung der Anziehungskraft der Sonne und der planetarischen Tangentialgeschwindigkeit«. Es wurde dadurch »in einen relativen Stillstand gebracht und wartete in der elliptischen Marsbahn so lange, bis der Mars auf das Raumschiff zuflog. Die Marsianer konnten ihren Raumschiffen eine Geschwindigkeit von 10 000 km/sec erteilen, ja sie sind sogar schon dabei, versuchsweise an die Lichtgeschwindigkeit heranzukommen.«
So können die Marswesen mit ihren Raumschiffen in etwa 30 Tagen auf dem Mars sein, und sie wollen diese Zeit sogar auf acht oder neun Tage reduzieren. »Wir hoffen sogar, die Geschwindigkeit so steigern zu können, daß wir bis auf fünfmal hunderttausend Kilometer kommen. Wir wären

dann schneller als das Licht. Und wer auf einem solchen Geschoß in das Weltall reist, würde zurückblickend die Zeiten der Vergangenheit auftauchen sehen, denn er käme zu jenen Lichtwellen, die vor seiner Abreise den Planeten verlassen haben«, berichten die Marsianer im Roman.
Schließlich gelangen die Erdbewohner mit dem Raumschiff zum Mars, und auch dort befindet sich eine Raumstation wie auf der Erde, nur in einer geringeren Höhe, was auf die geringere Anziehungskraft des Mars zurückzuführen ist. Sie befindet sich nämlich in einer Höhe von 3390 Kilometern über dem Südpol. Die phantastische Schilderung der Landung liest sich bei Kurd Lasswitz so:
»Es war Sommer am Südpol des Mars, und es zeigte sich – von der Achse aus gesehen – etwa ein Drittel des Planeten beleuchtet, während ein Drittel tief im Dunkeln lag. Infolge der dünnen, wolkenlosen Atmosphäre lag die Oberfläche bis an den Rand der sichtbaren Fläche klar vor Augen. Der Pol selbst war eisfrei, und weiter nördlich, zwischen dem 60. und 70. Breitengrad, lagen zwei ausgedehnte große Flecken, die man die Wüsten Gol und Sek nannte. Auf dem übrigen Teil der sichtbaren Fläche herrschte die hellrote Farbe vor, jedoch an mehreren Stellen unterbrochen. Die hellen Gebiete erwiesen sich als teils sandige, teils felsige Hochplateaus, trockene und fast vegetationslose Gegenden, in denen sich nur spärlich Ansiedlungen zur Gewinnung der Mineralschätze des Bodens befanden.
Dicht bevölkert war dagegen der dunkle Teil des Planeten, von Feuchtigkeit durchdrungen und mit einem üppigen Pflanzenwuchs bedeckt. An der Wölbung des Raumschiffes flammte das Zeichen der Marsstaaten auf, und der ›Meteor‹ senkte sich unter dem Jubel der begeisterten Menge in einen riesigen Kuppeldom, der im Sonnenlicht strahlte.«
Über das Leben und das Verkehrswesen der »Nume«, wie

Lasswitz die Marsbewohner nennt, heißt es: »Der Verkehr auf dem Mars wurde durch zwei Arten von Bahnen vermittelt, Gleitbahnen und Radbahnen. Die Kraftquelle war die Sonnenstrahlung. Sie wurde auf großen Strahlungsflächen gesammelt und den Motoren der Fahrzeuge in Form von Elektrizität zugeleitet. Bei den Gleitbahnen befand sich zwischen den Schienen und der Last, die auf Kufen mit eingelassenen Kugeln ruhte, eine dünne Wasserschicht, wodurch die Reibung vermindert wurde. Noch viel rascher verlief der Personenverkehr auf den Radbahnen. Die zwischen drei Schienen laufenden Wagen legten in der Stunde 400 Kilometer zurück. Der Verkehr durch Luftschiffe hatte sich bis jetzt nicht als vorteilhaft erwiesen, stand aber in Planung.«

Des weiteren planen die Marsianer, im Roman von Lasswitz, die irdischen Mineralien für sich nutzbar zu machen, und stellen Dokumente aus, welche die Gesetze der Handelsbeziehungen zwischen Erde und Mars enthalten. Die Lehre der »Numenheit«, nach Lasswitz die Religion der Marsianer, soll auch den Erdbewohnern beigebracht werden.

In den Regierungen der Erde gibt es darüber heftige Debatten, denn man will sich selbstverständlich den Marsianern nicht auf diese »friedliche« Art unterordnen. Nur durch eingehende Fürbitten eines irdischen Astronomen, der die Polarforschung aus persönlichen Gründen vorangetrieben hatte, kann die Besitzergreifung der Erde verhindert werden. Der Astronom Ell ist nämlich der Sohn eines gestrandeten Marsbewohners und einer irdischen Frau aus der Zeit der ersten Expeditionen zur Erde. Nur aus diesem Grund ist es ihm möglich, eine friedliche, uneigennützige Lösung zu erreichen.

Auch dieser Roman hatte Ende des 19. Jahrhunderts zahlreiche Leser begeistert. Was mich nach fast hundert Jahren an diesem Roman fasziniert, ist weniger die Anwesenheit von Marsbewohnern auf der Erde, als vielmehr die relativ guten technischen Zukunftsprognosen wie Lichtgeschwindigkeit, Tachyonen (fiktive überlichtschnelle Teilchen), Planetenbahnberechnungen, Raketenantriebsmöglichkeiten und Elektrofahrzeuge. Einiges davon ist sogar heute noch gar nicht entwickelt und bleibt vielleicht für immer technische Phantasie. Kurd Lasswitz wußte über die Probleme bei der Verwirklichung von utopischen Vorstellungen als Mathematiklehrer für die oberen Klassen aber durchaus Bescheid, denn er schrieb am Schluß seines Buches: »Man muß wissen, wo man phantasiert; und wo man forscht, darf man nicht phantasieren.« Wir sehen jedenfalls auch daraus, wie sich Science-fiction-Autoren die Marsbewohner und deren Lebensgewohnheiten vorstellen.

H. G. Wells' Roman sorgte ihm Jahre 1938 sogar für einige Aufregung, als in den Vereinigten Staaten ein Hörspiel davon ausgestrahlt wurde. Der Präsentator, der später berühmt gewordene Schauspieler Orson Welles, hatte das Hörspiel so realistisch gestaltet, daß trotz vorheriger Ankündigung, es sei nur ein Hörspiel, viele Leute in Panik gerieten. Sie packten ihre Sachen zusammen und flüchteten, einige Kühne wollten mit ihren Gewehren gegen die vermeintlichen Marswesen vorgehen, andere weinten oder beteten und glaubten tatsächlich an das Ende der Welt. Es hatte sich damals eine wahre »Marshysterie« entwickelt.

Meinte man bisher, so etwas könne sich heute nicht mehr ereignen, so wurden wir 1988 eines Besseren belehrt. Am 30. Oktober 1988 wurde dieses Hörspiel erneut, anläßlich des 50jährigen Gedenkens, von einem portugiesischen Rundfunksender ausgestrahlt. Dabei kam es in der etwa 33 000 Einwohner zählenden Stadt Braga, dem vermeintlichen Landeplatz der Marsbewohner im Norden Portugals, wie damals in Amerika, zu panikartigen Szenen. Dies zeigt wohl die große »Ausstrahlungskraft« dieses Romans und die noch immer bestehende Faszination einer möglich erscheinenden Invasion aus dem Weltall.

Im Jahre 1953 drehte Byron Haskin einen Science-fiction-Film nach dem Roman von H. G. Wells. Er nannte diesen Streifen ebenfalls »The War of the Worlds«, der deutsche Titel ist »Kampf der Welten«. Das Drehbuch schrieb Barré Lyndon, und die Bauten dazu entwarf Hal Pereira. Die berühmten »Marsmaschinen« entwickelte Albert Nozaki. Auch in diesem Film landen die Marswesen auf der Erde, um sie für sich zu erobern, und sie sind durch nichts aufzuhalten. In Kalifornien landet ein riesiger Meteor, an dem sich jedoch bald eine Luke öffnet und sich ein tentakelähnlicher Arm herausstreckt, der tödliche Strahlen aussendet. Schließlich wird das gesamte irdische Militär mobilisiert, doch nichts hilft gegen die Übermacht der Eindringlinge. Als sich die Menschen in einer Kirche schon mit dem Ende abzufinden scheinen, zerschellt plötzlich eine Marsmaschine nach der anderen in den Straßen. Die Marsianer gehen, wie im Roman, an den irdischen Bakterien zugrunde. Der Film hat sogar einen »Oskar« für Spezialeffekte bekommen. »H. G. Wells ging es weniger um solche Horror-Effekte, dennoch waren sie die Probe auf sein Exempel: Wie im Ausnahmezustand die Zivilisations-Tünche abfällt und wie der Einbruch einer imperialistischen Macht auf den technisch Wehrlosen wirken muß«, steht auf der Rückseite des lesenswerten Marsromans.

Ebenfalls 1953 erschien der Film »Invaders from Mars« (deutscher Titel »Invasion vom Mars«) von William C. Menzies. Das Buch dazu schrieb Richard Blake. In diesem Film geht es um die Erlebnisse eines kleinen Jungen namens David McLean, der eines Nachts eine fliegende Untertasse hinter dem Haus seiner Eltern niedergehen sieht, die sich in die Erde eingräbt. Als er seinen Eltern davon berichtet, glauben sie ihm nicht. Sie sind bereits das willenlose Werkzeug der Marsianer geworden. Dazu werden den Menschen merkwürdige Kristalle in den Nacken eingepflanzt. Selbst die örtlichen Polizisten werden derart umgestaltet. Nur eine Doktorin glaubt dem Jungen, die darauf einige tapfere Männer und das Militär mobilisieren kann. In einem harten Kampf in dem von den riesenhaften Marsianern erbauten Tunnellabyrinth um das Raumschiff kann schließlich ein Sieg errungen werden. Das Raumschiff der Marsianer kann zwar vorerst starten, doch es explodiert am Himmel durch eine von den Menschen angebrachte Sprengladung.

Im Jahre 1986 kam die »Invasion vom Mars« durch Tobe Hooper neu auf den Filmmarkt. Er hatte den Film völlig neu gestaltet, hielt sich aber weitgehend an das Buch von Richard Blake. Er entwarf ein bizarres Bühnenbild mit schleußlichen, schleimigen Mars-Kreaturen, plump und auf zwei Beinen stehend. Die Figuren dazu entwarf Stan Winston; die Spezialeffekte stammen von John Dykstra; das Drehbuch schrieben Dan O'Bannon und Don Jacoby. Der Anführer dieser marsianischen Eindringlinge besteht nur aus Gehirnmasse, die an einem langen Hals hängt. Die von den Marsianern umprogrammierten Menschen tragen eine merkwürdige Wunde am Genick. Sie werden von den Eindringlingen in die Sandgrube gebracht, wo sich das Raumschiff befindet. Das Militär kann schließlich (wie in dem Film von William C. Menzies) eine Sprengladung anbringen, und das marsianische Raumschiff explodiert am Nachthimmel. Bemerkenswert zu diesem Film ist aber die Aussage des Jungen, der hier David Gardner heißt. Er meint zu den skeptischen Leuten, die ihm seine Geschichte von den Invasoren vom Mars nicht abkaufen wollen: »Ich dachte, die Viking-Mission hätte keine Lebenszeichen gefunden, abgesehen von dem einen Foto, das ich in der Zeitung gesehen habe; von den Dingern an der Oberfläche, die aussehen wie Pyramiden. – Und was ist mit diesem riesigen Ding, das aussah wie ein Affenkopf?«

Im Jahre 1990 kam der Film »Total Recall« (»Die totale Erinnerung«), mit dem mehrfachen »Mr. Olympia« und gebürtigen Österreicher Arnold Schwarzenegger heraus. Regie führte Paul Verhoeven, das Buch schrieben Ronald Shusett, Dan O'Bannon und Gary Goldman. In dem Film geht es um einen pyramidenförmigen Berg auf dem Mars, in dessen Innern sich eine von Außerirdischen vor Hunderttausenden von Jahren plazierte Anlage befindet. Arnold Schwarzenegger gelingt es als Quaid, die Anlage zu aktivieren, so daß sich durch Eisschmelze ein Klima entwickelt, das den Mars mit Sauerstoff versorgt. In dem dazugehörenden Roman von Piers Anthony werden auch »herausgemeißelte menschliche Gesichter« erwähnt. Als Vorlage zu diesem Film diente eine alte Kurzgeschichte von Philip K. Dick mit dem Titel »We Can Remember it for You Wholesale« (»Wir können uns an dich erinnern, Großhändler«). Die seltsamen Marsstrukturen haben jedenfalls schon Einzug in die Hollywood-Filme und in diverse Romane gehalten. Auch Allen Steele behandelt in seinem 1992 erschienenen Roman »Labyrinth of Night« (deutscher Titel »Labyrinth der Nacht«) das Marsgesicht und die Marspyramiden. Der eine oder andere Film oder Roman über diese seltsamen Strukturen auf dem Mars könnte durchaus noch folgen.

Auch der berühmte Tarzan-Autor Edgar Rice Burroughs befaßte sich schon mit dem Mars. Sein Held John Carter,

ein Südstaatler, der das Abenteuer sucht, gelangt eines Tages zum roten Planeten und begegnet dort der »Prinzessin vom Mars«.
Der in den USA gut bekannte Dichter, Dramatiker und einer der bekanntesten Science-fiction-Autoren, Ray Bradbury (»Fahrenheit 451«), verfaßte einen beachtenswerten Marsroman, der auch verfilmt und als Bühnenstück bearbeitet wurde. Er nannte seine Geschichte »The Martian Chronicles« (»Die Mars-Chroniken«). Die Marskolonisten bewegen sich frei auf diesem Planeten. Der Mars ist bei Bradbury durchaus bewohnbar, und sogar in den Marskanälen kann munter gebadet werden. Es regnet, donnert und blitzt, und auch die Schwerkraft bringt kaum Probleme. Am Ende des Romans schwört der Weltraumheld, bei einem marsianischen Picknick, den Rest seines Lebens in Frieden und Eintracht auf dem roten Planeten zu verbringen.
Auch der inzwischen weltweit bekannt gewordene Science-fiction-Schriftsteller und Sachbuchautor Arthur C. Clarke befaßte sich eingehend mit dem Mars. In seinem ersten Roman »The Sands of Mars«, der 1952 erschien, berichtet er von einer ersten Marskolonie, die dort den Planeten bewohnbar zu machen versucht. Anfang der siebziger Jahre schrieb Arthur C. Clarke eine Mars-Geschichte mit dem Titel »The Sirenum Goddess« (»Die Sirenum-Göttin«). Interessanterweise ist diese Göttin eine auf dem Mars aufgefundene Figur – allerdings nur acht inches (20,32 cm) groß.
Die Fülle der Romane und Geschichten über den Mars und dessen vermeintliche Bewohner oder Kolonisten ist kaum überblickbar. Noch 1964 verfilmte Byron Haskin sogar einen »Robinson Crusoe auf dem Mars«, mit dem bekannten Batman-Darsteller Adam West, und 1988 kam eine Fernseh-Serie von Sam Strangis heraus, mit dem Titel »War

of the Worlds« (»Krieg der Welten«), die praktisch an den Film von Byron Haskin anschließt. Der Mars war stets ein beliebtes Ziel für phantastische Geschichten, und er wird es auch noch in absehbarer Zukunft sein. Die in den nächsten Kapiteln dieses Buches angeführten Phänomene könnten weitere Geschichten entstehen lassen. Vom Mars geht eine Faszination aus, der sich kaum ein phantasiebegabter Schriftsteller entziehen kann.

7 Sie kommen vom Mars

Die Herkunft der unbekannten Flugobjekte

Am 18. Februar 1954 sah der Ornithologe Cedric Allingham, mit Feldstecher und Kamera ausgerüstet, in Nordschottland, zwischen Lossiemouth und Buckie, ein unbekanntes fliegendes Objekt. Es war eine offenbar metallische Scheibe, mit kugelartigen Landebeinen, die in der Sonne glänzte. Das UFO setzte sogar zur Landung an, und es öffnete sich eine Luke, aus der eine etwa 1,83 Meter große, schlanke männliche Gestalt heraustrat. Allingham faßte seinen ganzen Mut zusammen und winkte dem unbekannten Wesen zu. »Wenn es ein intelligentes Wesen ist, dann würde es ihn schon verstehen«, dachte er. Er winkte noch einmal und machte sich durch Rufe bemerkbar. Da drehte sich die seltsame Gestalt um und hob die Hand. »Offenbar winkt es mir auch zu«, dachte Allingham und ging geradewegs auf das Wesen zu. Es machte keine Anstalten davonzugehen und schien ihn zu erwarten. »Jetzt bietet sich die Chance, eine Menge Fragen zu stellen«, dachte Allingham, aber er wußte in der Aufregung gar nicht, was er eigentlich fragen sollte.

Er konnte das Wesen genau sehen! Es dürfte ungefähr 32 Jahre alt sein, und es hatte ein enganliegendes Gewand an; vom Kopf bis zu den Füßen in einem Stück, sogar die Schuhe schienen zu dem Anzug zu gehören, nur die Hände waren frei. Allingham machte eine Geste zum Himmel, in der Meinung, es verstünde ihn, aber dies konnte man natürlich nicht annehmen. So nahm er seinen Notizblock, zeichnete die Sonne und die Planeten darauf und zeigte das dem Wesen. Er zeigte auf Merkur, das Wesen schüttelte den Kopf, er zeigte auf Venus, das Wesen schüttelte wieder den Kopf, er zeigte auf die Erde und tippte sich mit den Fingern auf die Brust. Das schien dem Wesen schon besser zu gefallen. Als aber Allingham auf den nächsten Planeten, dem Mars, zeigte, begann das Wesen heftig zu gestikulieren. Da das Wesen bei den anderen Planeten erneut den Kopf schüttelte, war klar – so war sich Allingham nun sicher –, daß dieses vom Mars kam. Es war also ein Marswesen, ein Marsianer.

In der Folge zeigte Allingham (auf seiner Zeichnung) auf die Marskanäle, und das Wesen nickte wieder heftig. »Die Kanäle sind also künstlich«, dachte sich Allingham, und weiter: »Es war klar, daß ich die Wahrheit herausgefunden hatte; die Marskanäle bestehen aus einem Mittelstreifen mit Wasser und dunklen Vegetationsgürteln zu beiden Seiten. So hatte Lowell doch recht gehabt. Wie so viele Pioniere litt er mehr als üblich unter der Kritik der anderen. Die Wahrheit setzt sich jedoch am Ende immer durch.«

Nun, wir wissen inzwischen mehr über Lowells Marskanäle. Tatsächlich wurden aber auf dem Mars kanalartige natürliche Flußläufe entdeckt. Allingham hatte jedenfalls – und davon war er überzeugt – eine Begegnung mit einem Wesen vom Mars, er war also – wie es in der UFO-Sprache heißt – ein echter »Kontaktler«. Für solche direkten Zusammenkünfte mit angeblich außerirdischen Wesen prägt später der bekannte UFO-Forscher J. Allen Hynek den Begriff »Begegnung der dritten Art«, entsprechend der »zweiten Art« (Landung eines Objekts) und der »ersten Art« (Sichtung eines Objekts).

Solche UFOs, wie jenes, das Allingham angeblich gesichtet

hatte, wurden damals von zahlreichen Personen beobachtet. Zum Beispiel will der bekannte »Kontaktler« Georg Adamski mit so einem Fluggerät von Außerirdischen zu den Planeten Venus und Mars mitgenommen worden sein. Der Dipl.-Ing. Leonard Cramp, Mitglied der Britischen Interplanetarischen Gesellschaft und Autor des Buches »Space, Gravity and the Flying Saucer«, hat dieses Objekt rekonstruiert. Seiner Ansicht nach hatte das UFO eine Spannweite von 15 Metern und eine Höhe von 6 Metern.

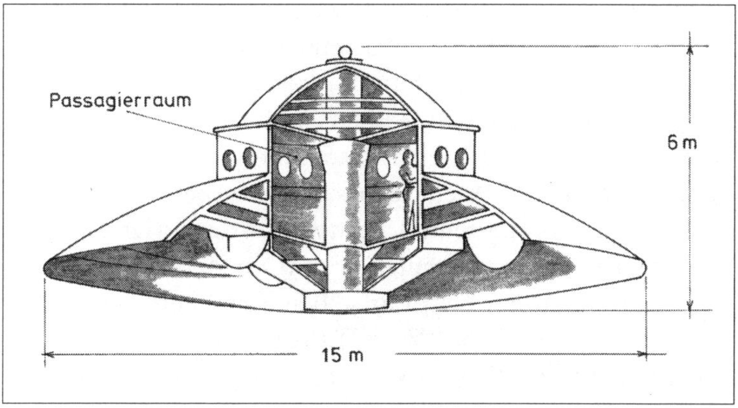

Abb. 11: Ein typisches UFO nach Leonard Cramp »Space, Gravity and the Flying Saucer«.

Schon unzählige Personen haben unbekannte oder unidentifizierbare Objekte rund um den Globus gesichtet. Hier sollen einige aufgeführt werden, die mit dem Mars zu tun haben, um die Frage zu klären: Kommen die UFOs vom Mars?

Die moderne UFO-Bewegung begann mit der Sichtung des Flugkapitäns Kenneth Arnold, der am 14. Juni 1947, in der Nähe des Mount Rainier, »eine Reihe sonderbarer Flugobjekte« beobachtete, doch gehen zahlreiche Sichtungen von unerklärlichen Luftobjekten Jahrtausende zurück. Schon auf alten Felszeichnungen finden sich seltsame kugel- und scheibenförmige Objekte. Der altägyptische Pharao Thutmosis III. (etwa 1500 v. Chr.) soll so eine UFO-Sichtung gehabt haben. Er sah ein »Objekt am Himmel, heller als die Sonne«. Selbst von den seriösesten Untersuchungen bleibt stets ein gewisser Prozentsatz von unerklärlichen Beobachtungen übrig. Das mag verschiedene Gründe haben, doch können wir heute noch nicht eindeutig sagen, in welcher Form sich uns außerirdische Intelligenzen zeigen würden.

Bereits zu Anfang des 20. Jahrhunderts behauptete das englische Medium Helene Smith (das einmal eine indische Prinzessin gewesen sein will und ein anderes Mal Marie Antoinette), eigentlich eine Raumfahrerin zu sein. Helene Smith beschrieb in einem spiritistischen Abenteuer von besonderer Bedeutung einen Besuch auf dem Mars, wo die Halb-Sterblichen versammelt waren, in deren Sprache sie sich mit ihnen unterhielt. Zur selben Zeit erschien ein Buch unter dem Titel »Other Worlds than Ours« worin es über den Mars heißt: »Sicher ist es eine voreilige Behauptung, wenn man von diesem Planeten sagt, daß es Leben auf ihm gibt – wenn wir korrekterweise davon ausgehen, was bisher von ihm zu sehen war –, aber es ist noch zehntausendmal voreiliger, angesichts so vieler Argumente, die für das Gegenteil sprechen, zu behaupten, daß der Mars eine öde Wüste und für lebende Wesen nicht bewohnbar ist, allerhöchstens noch für ganz niedrige Lebewesen.«

Die beiden Amerikaner Dick Miller und Bob Renaud wollen in den sechziger Jahren sogar Stimmen von Marsianern durch Radio- und Fernsehgeräte empfangen haben. Auf einer Schallplatte wurde angeblich die Stimme des Marsianers »Mon-Ka« aufgenommen, der in englischer Sprache und in Begleitung von sanfter Musik über das Leben auf seinem Heimatplaneten berichtete und den »Erdlingen« Anweisungen gab, wie sie ihre Probleme besser lösen könnten.

Mrs. Mary King, die Gattin des Gründers der ehemaligen »Äthergesellschaft« (die ihren Wohnsitz in London hatte und deren Mitglieder glaubten, mit einer Ladung Äther könne man die Schwerkraft überwinden), behauptete, sie habe eines Nachts ein Rendezvous mit einem Marsbewohner gehabt, welcher sie auf seine fliegende Untertasse eingeladen hatte. Er nahm sie anschließend auf einem Flug zu seinem Heimatplaneten mit. Natürlich waren alle Mitglieder dieser Gesellschaft vom Wahrheitsgehalt dieser Geschichte überzeugt.

Im April 1920 versuchte Dr. Frederick H. Miller mehrmals, mit seiner riesigen Funkstation in Omaha in Nebraska, Verbindung mit dem Mars aufzunehmen. Er glaubte aber, daß von Bewohnern anderer Planeten kein derartiger Versuch unternommen wird. Damals erschien in der Presse die Schlagzeile: »Marconi glaubt Funkbotschaften vom Mars empfangen zu haben!« Der Manager der Marconi Wireless Telegraph Company in London, J. C. MacBeth, erklärte vor mehreren hundert Gästen bei einem Diner des Rotary Clubs von New York, daß Signor Marconi glaubt, während einiger Funkexperimente auf seiner Jacht, Botschaften vom Mars empfangen zu haben. Bemerkenswert dabei ist, daß Marconi damals Signale auf der 150 000-Meter-Welle empfangen haben will, wo doch zu dieser Zeit die höchste auf der Erde erreichbare Wellenlänge lediglich 14 000 Meter betrug. Der Franzose Ch. Gros schlug vor, mit überdimensionalen Spiegeln den Marsianern Signale zu übermitteln. Schon im 19. Jahrhundert hatte der österreichische Astronom J. J. von Littrow den Vorschlag gemacht, in der Sa-

hara riesige, mit Kerosin gefüllte Kanäle als Signal an Marsbewohner anzuzünden.
Frank Halstead, Kurator des Observatoriums von Duluth (Minnesota), glaubte, daß der Mars ein Stützpunkt für interplanetarische Flugobjekte ist, welche von einem anderen, weit entfernten Sonnensystem kommen. Hierzu sei erwähnt, daß angeblich auch der Mond für derartige Zwecke verwendet wird. So glaubte 1822 der deutsche Astronom Gruithuisen, eine Ruinenstadt auf dem Mond entdeckt zu haben. Die Stelle, wo diese Stadt sein soll, heißt heute noch Gruithuisen-City. Heute wissen wir natürlich mehr über den Mond, seit der erfolgreichen Landung von irdischen Astronauten am 20. Juli 1969. Jedoch wurden von den Raumsonden dort tatsächlich einige Strukturen im »Mare Moscoviense« entdeckt, die an eine Ruinenstadt erinnern, und solche Gebilde gibt es nun auch auf dem Mars. Ähnliche Gebilde sollen übrigens auch, nach Meldung von sowjetischen Wissenschaftlern, auf dem Jupitermond Io existieren.
Es wurden auch geheimnisvolle Lichtsignale auf dem Mond entdeckt. Im Bereich des Kraters Plato treten diese Signale besonders häufig auf, immer dann, wenn sich der Mars in größter Erdnähe befindet. Die Antworten dieser Signale hat man angeblich im Jahre 1877, als der Mars der Erde besonders nahe stand, gesichtet. Während der letzten Marsopposition im Jahre 1988 sollen wieder seltsame Lichter auf dem Mars gesichtet worden sein.
In diesem Zusammenhang habe ich schon 1979 in meinem Buch »Wir, vom Mars« Überlegungen angestellt, ob nicht die rätselhaften Erscheinungen und das unerklärliche Verschwinden von Flugzeugen und Schiffen im sogenannten »Bermuda-Dreieck« etwas mit dem Mars zu tun haben.
Dabei habe ich die Häufigkeit der Vorfälle und die dadurch

verschwundenen Personen mit den Oppositionsentfernungen von Mars und Erde verglichen. Nun habe ich diese Liste erweitert. Zugrunde lag mir eine neue Aufstellung der Marsoppositionen von E. Goffin von der belgischen »Vereinigung für Sternenkunde« in Genk, veröffentlicht 1988 von Jean Meeus in »Astronomical Tables of the Sun, Moon and Planets«. Hier ist wieder zu berücksichtigen, daß wegen der Exentrizität der Marsbahn die Entfernungen zwischen etwa 56 Millionen und 101 Millionen Kilometer schwanken. Die kürzesten Entfernungen werden alle 15 bis 17 Jahre erreicht und treffen genau mit dem Marsperihel (Sonnennähe) und Erdaphel (Sonnenferne) zusammen. Der Mars steht also zu diesem Zeitpunkt der Sonne am nächsten und die Erde der Sonne am fernsten. Außerdem kann man während der kürzesten Oppositionsentfernung eine Zeitspanne von 6 Jahren annehmen, wobei einmal –3 und +2 Jahre und einmal –2 und +3 Jahre berücksichtigt werden kann. Daraus ergibt sich dann die auf den folgenden Seiten abgedruckte Liste.
Die aufgezählten Vorfälle habe ich den Büchern »Spurlos« von Charles Berlitz und »UFOs im Bermuda-Dreieck« von Jean Prachan entnommen. Berlitz gibt eine Liste von insgesamt 143 Fällen in den Jahren 1800 bis 1976 an. Daraus ergeben sich insgesamt 2011 verschwundene (bekanntgewordene) Personen. Prachan hat eine Liste von insgesamt 246 Fällen von 1800 bis 1979 angeführt, woraus sich 2494 Personen ergeben. Allein aus der Liste von Berlitz ergeben sich 1013 Personen und 66 Fälle, die dem Mars zugeschrieben werden können – das sind genau 46,1 % der Fälle und 50,3 % der verschwundenen Personen. Aus der Liste von Prachan ergeben sich 1301 Personen und 116 Fälle, die mit dem Mars in Verbindung gebracht werden können – das sind genau 47,1 % der Fälle und 52,1 %

Opposition Jahr	*Jahreszeitspanne und Entfernung in km*	*Anzahl der verschwundenen Personen und Objekte*
1798	(1795–1800) 56 Mio	340 (Segelschiff 1800)
		90 (Kriegsschiff 1800)
1813	(1811–1816) 56 Mio	3 (Schlachtschiff 1812)
		140 (Kriegsschiff 1814)
1830	(1827–1832) 57 Mio	–
1845	(1843–1848) 55 Mio	48 (Segelschiff 1843)
1860	(1857–1862) 58 Mio	? (Segelschiff 1858)
1877	(1875–1880) 56 Mio	290 (Schulschiff 1880)
1892	(1889–1894) 56 Mio	? (2 Schiffe 1890)
		? (3 Schiffe 1892)
		? (Schiff 1893)
		77 (Dampfer 1893)
		? (5 Schiffe 1893)
		? (3 Schiffe 1894)
1909	(1907–1912) 58 Mio	9 (Schiff 1908)
		7 (Schoner 1908)
		7 (Schoner 1909)
		1 (Jacht 1909)
		7 (Schoner 1909)
		8 (Schoner 1909)
		9 (Schoner 1909)
		7 (Schoner 1909)
		? (Dampfschiff 1910)
		17 (Dampfschiff 1910)
1924	(1921–1926) 55 Mio	? (Schoner 1921)
		? (Dampfschiff 1921)
		? (Tanker 1921)
		? (4 Schiffe 1921)
		? (4 Frachter 1921)
		? (2 Schiffe 1921)
		? (Dampfschiff 1921)
		? (Frachter 1921)
		6 (Schoner 1922)
		? (Frachter 1925)
		? (Schiff 1925)

Opposition Jahr	*Jahreszeitspanne und Entfernung in km*	*Anzahl der verschwundenen Personen und Objekte*
		? (Passagierschiff 1926)
		29 (Frachter 1926)
1939	(1937–1942) 58 Mio	39 (Frachter 1938)
		? (Schoner 1940)
		? (3 Frachter 1941)
		? (Passagierschiff 1942)
1956	(1953–1958) 56 Mio	42 (Marineflugzeug 1954)
		? (Flugzeug 1954)
		? (Düsenflugzeug 1954)
		23 (Tanker 1954)
		7 (Schoner 1955)
		? (Segeljacht 1955)
		3 (Frachtflugzeug 1956)
		4 (Schoner 1956)
		10 (Marineflugzeug 1956)
		5 (Segeljacht 1958)
1971	(1969–1974) 56 Mio	? (Flugzeug 1969)
		? (Bomber 1969)
		2 (Flugzeug 1969)
		? (5 Segeljachten 1969)
		2 (Leuchtturmwächter 1969)
		3 (Schiff 1969)
		? (2 Segeljachten 1969)
		30 (Frachter 1970)
		18 (Flugzeug 1970)
		? (Flugzeug 1970)
		? (Schiff 1971)
		4 (Flugzeug 1971)
		? (Düsenflugzeug 1971)
		? (Frachtflugzeug 1971)
		28 (Frachter 1971)
		10 (Fischkutter 1971)
		? (Kreuzer 1971)
		2 (Taucher 1971)
		– (Atomrakete 1971)

Opposition Jahr	*Jahreszeitspanne und Entfernung in km*	*Anzahl der verschwundenen Personen und Objekte*
		? (Tanker 1972)
		1 (Taucher 1972)
		? (Flugzeug 1972)
		3 (Taucher 1973)
		? (Schiff 1973)
		? (3 Motorboote 1973)
		32 (Frachter 1973)
		? (Schiff 1973)
		? (Helikopter 1973)
		4 (Segeljacht 1973)
		2 (Flugzeug 1973)
		45 (Flüchtlingsschiff 1973)
		4 (Flugzeug 1973)
		19 (Flugzeug 1973)
		2 (Flugzeug 1973)
		? (Flugzeug 1973)
		? (Motorjacht 1973)
		2 (2 Ballone 1974)
		4 (Segeljacht 1974)
		6 (Flugzeug 1974)
		? (Segeljacht 1974)
1988	(1985–1990) 58 Mio	?
Summe:		1451 Personen (bekannt)

der verschwundenen Personen. Teilweise ergibt sich also doch eine Signifikanz zum Mars bei über 50 Prozent der Fälle. Dabei scheint die Marsopposition von 1969 bis 1974 die stärkste Frequenz erbracht zu haben. In dieser Zeit soll sogar eine ferngelenkte Atomrakete verschwunden sein.

Fraglich bleibt in diesem Zusammenhang noch die Zeit der Marsopposition von 1988, wobei wir hier die Jahre 1985 bis 1990 berücksichtigen können. In dieser Zeit haben sich

doch wieder etliche UFO-Fälle, Schiffs- und Flugzeugunglücke ereignet. Im Jahre 1987 grassierte in den USA wieder ein derartiges »UFO-Fieber«, daß sich sogar namhafte und seriöse Nachrichtenmagazine wie der deutsche »Spiegel« damit befaßten, wobei zahlreiche Personen behaupteten, von kahlköpfigen Wesen aus dem All entführt und medizinisch untersucht worden zu sein. Die Entführten berichten von »Gewalttätern in Grau«, von »lüsternen Kahlköpfen« und sogar »Schändern aus dem All«. Die Opfer, die laut »Spiegel« Krankenschwestern, Hausfrauen, Arbeiter, Fischer, Akademiker und auch Anwälte aus allen Teilen der USA waren, berichten durchwegs von »grau-weißen Zwergen« von etwa 120 Zentimeter Größe mit birnenförmigem, kahlen Schädel und »sehr, sehr großen blanken Augen«, die sie in »seltsam geformte Raumschiffe« verschleppten. Im Oktober 1989 gingen diverse Meldungen durch die internationalen Nachrichten, die sogar von der seriösen Nachrichtenagentur TASS verbreitet wurden, wonach in der russischen Stadt Woronesch ein UFO gelandet sein soll, dem vier riesenhafte Gestalten von drei Meter Größe (Mars-Riesen?) entstiegen sind. Mehrere Fernsehanstalten fühlten sich verpflichtet, sogar in den Hauptnachrichten darüber zu berichten.
Wie die Londoner Versicherungsgesellschaft Salvage-Association bekanntgab, verschwanden vom November 1987 bis zum März 1988 im Raum Lissabon 14 Frachtschiffe spurlos, samt Ladung und Mannschaft. Im Jahre 1988 gab es auch zahlreiche spektakuläre Flugzeugabstürze mit erheblichen Personen- und Sachschäden. Gibt es also doch einen unheilvollen und direkten Bezug zum Mars? Einige Astrologen werden dem gewiß zustimmen.
Schon im Jahre 1973 machten die französischen Psychologen Michel und Françoise Gauquelin einiges Aufsehen mit

ihrem Buch »The Mars Temperament and Sports Champions«, in dem sie behaupten, unter dem Mars geborene Personen wären sportlich aktiver und erfolgreicher. Sie untersuchten Hunderte Sportler in den verschiedensten Sportarten und fanden eine relativ hohe Signifikanz zum Mars. Zahlreiche weitere Veröffentlichungen, auch von Skeptikern, waren die Folge. Egal wie man dazu stehen mag, so standen gerade die Olympischen Sommerspiele von 1988, aufgrund von spektakulären Dopingfällen, unter einem besonders »kriegerischen« Einfluß. Ohne Zweifel gab es in den Jahren 1987 bis 1989 weltweite »Umwälzungen« in bezug auf neue Krankheiten, Gefährdung der Erdatmosphäre, Abrüstungsspannungen und religiöse sowie politische Konflikte. Es ist nicht auszuschließen, daß besonders die nächste nahe Marsopposition (am Beginn des dritten Jahrtausends unserer Zeitrechnung) im Jahre 2003 – wobei wir wieder die Jahre 2001 bis 2006 einbeziehen können –, ebenfalls von großen Spannungen und Ereignissen begleitet sein wird.
Bereits 1965 verglich der Biophysiker Frank Salisbury in einer Veröffentlichung die Häufigkeit der UFO-Sichtungen mit dem jeweiligen Abstand des Mars zur Erde. Dabei ergab seine Statistik, daß immer dann, wenn der Mars der Erde relativ nahe steht, sich die Meldungen über UFOs häuften. Dies sei – so meinte Salisbury – ein sehr wichtiger Hinweis auf intelligente Marslebewesen.
In seinem Buch »The UFO Experience« von 1972 führt J. Allen Hynek 80 der bekanntesten UFO-Fälle seit 1947 an. Legt man die alle zwei Jahre stattfindenden »kleinen« Marsoppositionen zugrunde, dann können immerhin 38 dieser Fälle dem Mars zugeschrieben werden. Eine Häufung scheint sich in den Jahren 1965, 1967 und 1969 zu ergeben, in denen der Mars 100, 89 und 71 Millionen Kilo-

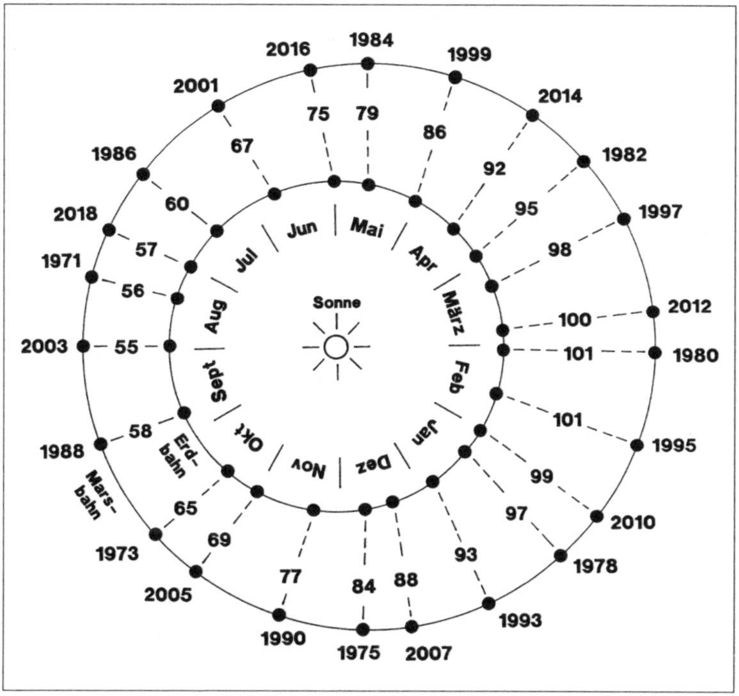

Abb. 12: Marsoppositionen von 1971 bis 2018. Entfernungen in Millionen Kilometer.

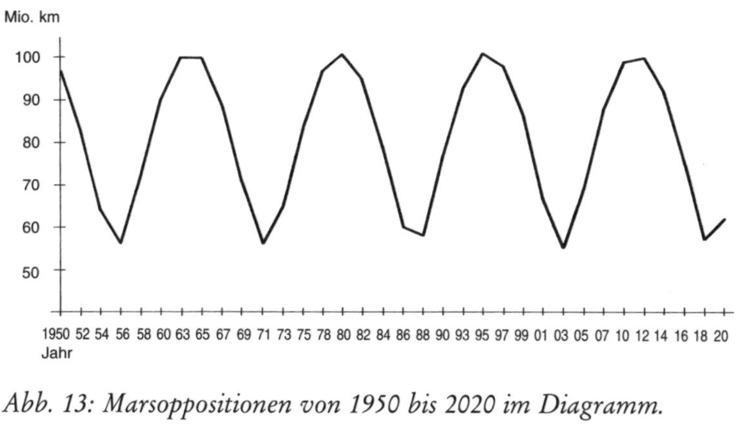

Abb. 13: Marsoppositionen von 1950 bis 2020 im Diagramm.

meter von der Erde entfernt war. Im Jahre 1971 war dann die naheste Marsopposition zu dieser Zeit, die offenbar zu einer Häufung der Bermuda-Vorfälle führte.

Während dieser Marsopposition von 1971 machte am 9. August der Amateur-Astronom Werner Klicznik aus Regensburg mehrere Aufnahmen vom Mars. Nach der Auswertung des Filmmaterials entdeckte er auf den Aufnahmen neben dem Planeten »drei gestaffelt angeordnete und seltsam gekrümmte Lichtflecke, die offenbar von realen Flugkörpern im Luftraum stammen«, wie die beiden Ingenieure Adolf Schneider und Hubert Malthaner in ihrem Buch »Das Geheimnis der unbekannten Flugobjekte« berichten. Ein Fotolaborant bestätigt nach einer Untersuchung, daß kein Filmfehler vorliegt. Klicznik ist der Meinung, es handelte sich um drei einzeln fliegende Objekte von 15 Meter Durchmesser, die etwa 180 Kilometer weit entfernt waren.

In London wurde am 26. September 1960 das Thema »Marsbewohner wünschen keine Besucher« diskutiert. Ein Sprecher einer britischen Weltraum-Gesellschaft meinte damals, daß die Sowjets oder wer auch immer versuchen wolle, einen Menschen auf einen Planeten zu entsenden, lieber vorher die Erlaubnis des betreffenden Planeten einholen sollte. »Wir sind informiert worden durch die kosmischen Lehrer«, meinte William Meyhew in einem Interview, »daß es Erdenmenschen nicht erlaubt sein wird, auf anderen Planeten zu landen.« Meyhew, ein Rechtsanwalt, und 700 Mitglieder dieser Gesellschaft nahmen teil an dem ersten britischen Weltraum-Konvent. Die Warnung kam am Tage, »nachdem Hunderte von Raumschiffen über Südengland gesichtet worden waren«, schrieb die deutsche Zeitschrift »UFO-Nachrichten« (Nr. 58 vom Juni 1961) in Wiesbaden. Tatsächlich hatten fast alle späteren Marssonden erhebliche technische Probleme.

Bereits im Jahre 1900 setzte eine Madame Guzman in Paris einen Preis von hunderttausend Francs für den ersten Kontakt mit außerirdischen Lebewesen aus. Der Mars wurde dabei vorsorglich ausgeschlossen, da damals viele glaubten, daß auf dem Mars sowieso Lebewesen existieren.
Der sowjetische Ingenieur und Schriftsteller Alexander Kasanzew kam 1946 zu der Ansicht, daß die bekannte »Tunguska-Katastrophe« im Jahre 1908 durch ein atomgetriebenes Raumschiff vom Mars verursacht wurde, das damals über der sibirischen Taiga explodierte. Seine Theorie findet insofern Unterstützung, als eine natürliche Erklärung, es sei ein Meteorit gewesen, durch das Fehlen eines Einschlagkraters in Frage gestellt wird. In einer Veröffentlichung unter dem Titel »Ein Gast aus dem Kosmos« im Jahre 1958 und später 1963 in einem gleichnamigen Buch meinte Kasanzew, Marsianer hätten den riesigen Baikal-See zur Aufnahme von Wasservorräten ausgesucht – einer Panne zufolge sei dann das Raumschiff explodiert. Verschiedene Forscher haben dort nach dem Ereignis tatsächlich Spuren von Radioaktivität festgestellt. In einem Vorwort des Buches »Wie eine zweite Sonne« der beiden Amerikaner John Baxter und Thomas Atkins aus dem Jahre 1976 schreibt der bekannte Science-fiction- und Wissenschafts-Autor Isaac Asimov zu dieser Explosion in der beinahe menschenleeren russischen Tunguska: »Unter diesem Licht betrachtet, könnte man den Absturz als ein Ereignis ansehen, das geradezu absichtlich an einer Stelle stattfand, wo es Menschen keinen Schaden zufügte, als ob jemand in humaner Weise versuchte, ihn zu vermeiden...« Interessanterweise fand auch dieses Ereignis während einer Marsopposition statt, und zwar um das Jahr 1909.
Zu erwähnen wären hier selbstverständlich noch die sogenannten und allzeit beliebten »grünen Männchen vom

Mars«. In den Comic-Magazinen und Witzspalten der Zeitschriften haben sie stets ihren festen Platz. Vermutlich stammt diese Bezeichnung aus der Zeit der ersten UFO-Sichtungen unseres Jahrhunderts, als viele annahmen, auf dem Mars gäbe es grüne Vegetationsgebiete. Daraus entstand wohl die Vorstellung daß auch intelligente Marslebewesen grün sein müßten.

Im Jahre 1967 wurden vom Mullard-Radioteleskop in Cambridge in England merkwürdige Signale aus dem Sternbild Vulpecula empfangen, die als künstlich angesehen wurden. Der Radioastronom Sir Martin Ryle taufte sie daher »Little Green Man« (LGM). Später wurden diese Signale als Radiowellen identifiziert, die von sogenannten »Pulsaren« ausgestrahlt werden.

Sollten tatsächlich UFOs, in Form von außerirdischen Raumschiffen fremder Intelligenzen, gelegentlich die Erde aufgesucht haben oder noch immer aufsuchen, dann scheint es nicht so ungewöhnlich zu sein, wenn sie vorher eine Zwischenlandung auf dem Mars vornehmen, um sich erst dann – vielleicht nach längerer Beobachtung der Erde – zu nähern. Dadurch kann aber auch der Eindruck erweckt werden, es handelt sich um Besuche von Marsbewohnern, obwohl diese eigentlich von einem anderen Sonnensystem kommen. Eine starke Beziehung zwischen den UFOs und dem Mars kann jedenfalls nicht bestritten werden.

8 Zwei künstliche Marsmonde?

Gemeinsamkeiten zwischen zwei Planeten

Schon im 8. Jahrhundert v. Chr. berichtete der griechische Geschichtsschreiber Homer von »zwei Rossen«, von zwei Begleitern des Marsgottes Ares. Sie waren damals unter den Namen Phobos (griech. Furcht) und Deimos (griech. Schrecken) bekannt. Es ist sehr merkwürdig, daß den alten Griechen damals bereits diese äußerst kleinen Marsmonde, die erst viel später mit großen Fernrohren entdeckt wurden, bekannt gewesen sein sollen. Eine alte Vorstellung besagt z. B., daß Venus anscheinend keinen Mond, die Erde einen Mond und daher der Mars zwei Monde haben müsse. Dies würde aber bedeuten, daß den alten Griechen bereits das heliozentrische Weltbild bekannt war. Hatte Homer einfach zwei Rosse, entsprechend einem griechischen Streitwagen, angenommen? Er hätte dem Ares ja auch vier Rosse geben können. Vielleicht war's nur ein Zufall, aber vielleicht wußten die Alten wirklich mehr, als wir annehmen. Auch die Griechen waren damals ja bereits hervorragende Astronomen, doch zur Beobachtung der Marsmonde sind unbedingt größere Fernrohre von mindestens 30 bis 40 cm Linsendurchmesser erforderlich. Im Britischen Museum befindet sich zwar eine geschliffene Linse, die angeblich aus einem altägyptischen Grab in Heluan aus der 1. und 2. Dynastie (2600 bis 3100 v. Chr.) stammt, sie hat jedoch nur einen Durchmesser von etwa 3,5 cm. Größere Linsen aus dem Altertum sind bisher nicht gefunden worden und natürlich auch keine Teleskope.

Unbestritten ist der Fund einer astronomischen Uhr aus dem ersten Jahrhundert v. Chr. Griechische Schwammtaucher fanden sie im Jahre 1900 bei der Felseninsel Antikythera. Sie besitzt ein feines Werk von zahlreichen Zahnrädern, mit deren Hilfe die Positionen von Sonne, Mond und den Planeten bestimmt werden konnten. Die ganze Apparatur entspricht den astronomischen Uhren des 18. Jahrhunderts unserer Zeit. Angeblich gab es bereits in der Antike hervorragende Instrumentenbauer auf der Insel Rhodos.

Seit der von uns registrierten Erfindung des Fernrohres (1609) jedenfalls wurden die beiden Marsmonde auch von Astronomen unserer Tage vermutet. Johannes Kepler war es wieder, der dazu genaue Berechnungen angestellt hatte, und der Kapuzinermönch Schyrl glaubte sie einige Jahre später sogar zu sehen. Mit den damaligen Mitteln konnten jedoch die überaus kleinen Objekte noch nicht beobachtet werden, erst viel später sollten sie gesichtet werden.

Der bekannte englische Schriftsteller und Theologe Jonathan Swift (1667–1745) beschrieb aber schon 1726 in seinem berühmten Buch »Gullivers Reisen« äußerst genau diese Marsbegleiter. Er äußerte sich in seinen Werken indirekt über die Zustände in seinem Land, und das deutete er auch an mit dem Riesen Gulliver, der trotz seines heldenhaften Einsatzes im Land der Zwerge mit Undank belohnt wird. Nach seinen Reisen zu den Zwergen und den Riesen unternimmt Gulliver eine Reise zu einer sagenhaften »fliegenden Insel« namens Laputa, östlich von Japan. Er schildert das sinnlose Treiben der Gelehrten auf dieser Insel, die sich schließlich in tödlichem Haß gegeneinander bekämpfen.

Hier sei die folgende interessante Stelle aus dem 3. Kapitel erwähnt: »Die Laputier verbringen den größten Teil ihres

Lebens in der Beobachtung der Himmelskörper, und zwar mit Hilfe von Gläsern, die die unsrigen bei weitem übertreffen. Denn obgleich ihre größten Teleskope nicht über drei Fuß lang sind, vergrößern sie dennoch mehr als unsere von hundert Fuß und zeigen die Sterne mit größerer Deutlichkeit. Dieser Vorteil hat die Laputier instand gesetzt, Entdeckungen zu machen, die wir in Europa nicht ahnen. In ihrem Katalog befinden sich dreimal so viele Fixsterne als in den unsrigen. Sie haben auch zwei Trabanten des Mars entdeckt, deren nächster vom Zentrum des Planeten dreimal so weit entfernt ist wie sein Durchmesser lang ist, und der entferntere fünfmal; ersterer dreht sich um den Mars in zehn, letzterer in einundzwanzig und einer halben Stunde, so daß die Quadrate ihrer periodischen Zeiten fast in dem gleichen Verhältnis stehen wie die Kubikzahlen ihrer Entfernungen vom Zentrum des Mars, und dies erweist, daß sie nach demselben Gravitationsgesetz regiert werden, das auch die übrigen Himmelskörper beherrscht.«
Manche haben sich schon gefragt woher Swift diese Kenntnisse über die Marsmonde hatte, da diese erst 150 Jahre später entdeckt wurden. Es ist durchaus vorstellbar, daß er als gelehrter Schriftsteller einige Werke von Kepler in die Hände bekam. Swift war ja auch Dechant am St.-Patrick-Dom zu Dublin, und es könnte sein, daß er als Theologe einiges von den »verbotenen Schriften« zu sehen bekam oder daß ihm davon berichtet wurde.
Es war dann jedenfalls der amerikanische Astronom Asaph Hall vom Marine-Observatorium in Washington, der im Jahre 1877, als der Mars diese gute Opposition zur Erde hatte und als Schiaparelli seine »Marskanäle« sah, bei guten Beobachtungsbedingungen, die beiden Marsmonde entdeckte. Damals befand sich der Mars im Sternbild Steinbock. In einem Telegramm vom 19. August 1877 meldete

das Smithsonian Institute dem damaligen Direktor der Pariser Sternwarte Leverrier die Entdeckung. Daraus geht hervor, daß Hall den äußeren Mond am 11. August und den inneren Mond am 17. August des Jahres 1877 entdeckt hatte. Die Beobachtungen wurden dann in Cambridge in Massachusetts und in Cambridgeport in Amerika und durch M. Henry am Observatorium zu Paris bestätigt. »Die beiden Trabanten sind sehr klein und haben eine sehr kurze Umlaufzeit. Ihre Lichtstärke ist die 13ter Größe. Infolgedessen sind sie nur in den kräftigsten Fernrohren neben dem Mars zu sehen, wozu in Washington noch die günstige geographische Lage der Sternwarte hinzukommt«, berichtete 1877 die »Wochenschrift für Astronomie«.

Später wurden auch Daten bekanntgegeben. Der äußere Trabant wurde damals mit einer Umlaufzeit von 30 Stunden und 14 Minuten und der innere Trabant mit einer Umlaufzeit von 7 Stunden und 38 Minuten ermittelt. Die Zeitschrift »Der Naturforscher« berichtete 1877: »Die wirklichen Abstände vom Marsmittelpunkt betragen 14 500 und 5800 engl. Meilen respective; die Bahnen liegen also sehr dicht am Planeten. Die Größe konnte nicht gemessen, sondern nur geschätzt werden: Der Durchmesser des äußeren und kleineren Trabanten kann nicht viel mehr als 10 engl. Meilen betragen.« Asaph Hall gab dann, in Anlehnung an die griechischen Begleiter des Marsgottes Ares und auf Anraten des englischen Astronomen Maden, den beiden Marsmonden die Namen Phobos und Deimos.

Dabei wurde der dem Mars näher liegende Mond »Phobos« und der dem Mars entferntere Mond »Deimos« genannt. Von den Marssonden wurde für Phobos eine Größe von 28 mal 23 mal 20 Kilometer (im Durchschnitt 23,66 km) und für Deimos eine Größe von 16 mal 12 mal 10 Kilometer (im Durchschnitt 12,66 km) ermittelt. Phobos umläuft den Mars von dessen Zentrum aus in einem mittleren Abstand von 9380 Kilometern und Deimos in einem mittleren Abstand von 23 460 Kilometern. Beobachtungen haben ergeben, daß beide Monde nahezu kreisförmige Umlaufbahnen aufweisen – exakt in der Äquatorebene des Mars (Abweichungen nur 1,8 ° bei Deimos und 1,1 ° bei Phobos). Die Bahnexzentrizität von Phobos wurde mit 0,017 ermittelt, was aufgrund der mittleren Entfernung vom Marszentrum einen Unterschied zur Kreisbahn von nur 159 km ausmacht (0,017 mal 9380 = 159,46). Für Deimos wurde eine Bahnexzentrizität von gar nur 0,003 festgestellt, was einen äußerst geringen Unterschied von nur 70 km (das ist etwa der fünffache Monddurchmesser) zu einer Kreisbahn ausmacht (0,003 mal 23 460 = 70,38).

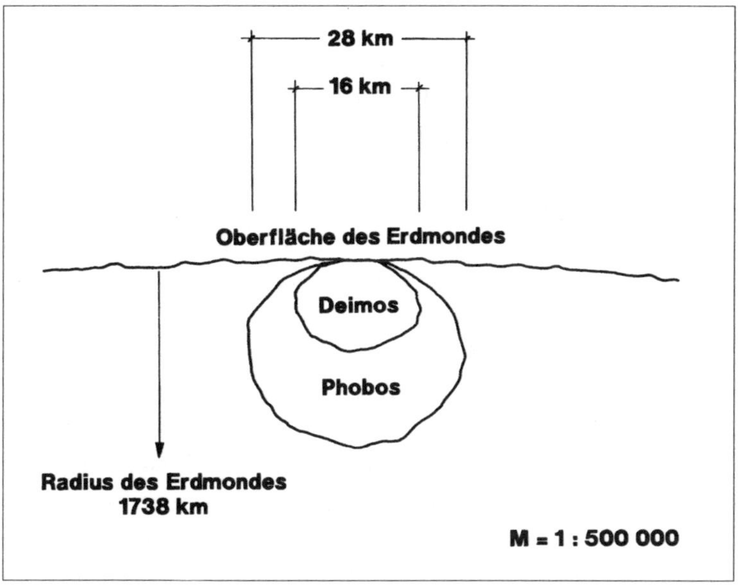

Abb. 14: Die Größe der beiden Marsmonde im Vergleich zum Erdmond.

Gerade der Marsmond Phobos zeigt dabei besondere Eigentümlichkeiten: Er umläuft den Mars in 7 Stunden, 39 Minuten und 27 Sekunden. Der Mars selbst rotiert in 24 Stunden, 37 Minuten und 22 Sekunden um seine Achse. Phobos zieht also während eines Marstages etwas mehr als dreimal um den Planeten. Das ist in unserem Sonnensystem eine einzigartige Ausnahme! Demgegenüber umläuft Deimos den Mars in einer Zeit von 30 Stunden, 18 Minuten und 16 Sekunden (alles in Erdzeit gerechnet). Durch die Gravitation des Mars wird Phobos streckenweise stärker angezogen und in seiner Umlaufbahn beschleunigt. Dieses Verhalten zeigen auch irdische Satelliten. Beide Monde müssen von äußerst leichter Beschaffenheit sein, etwa den Asteroiden oder Meteoriten entsprechend. Für Phobos wurde gegenüber Deimos etwa die sechsfache Masse ermittelt (13,4 mal 10^{15} gegenüber 2,3 mal 10^{15} kg). Das bedeutet auch, daß Phobos das sechsfache Volumen von Deimos aufweist. Das spezifische Gewicht beider Monde wurde (entsprechend asteroider Himmelskörper) mit 2 g/cm^3 festgelegt. Die Marsmonde sind also von wesentlich leichterer Beschaffenheit als das Marsgestein. Dies alles führte schließlich zu der Ansicht, daß speziell der Marsmond Phobos aus äußerst leichtem Material oder gar hohl sein müsse. Ein hohler Mond könne aber nicht natürlich sein, und so entwickelten sich die Meinungen über einen möglichen künstlichen Marssatelliten.

Der bekannte amerikanische Astronom Carl Sagan und der sowjetische Wissenschaftler Joseph Schklowskij haben schon 1966 in ihrem Buch »Intelligent Life in the Universe« aufgrund dieser Eigentümlichkeiten der beiden Marsmonde eine künstliche Anordnung in Betracht gezogen. Joseph Schklowskij meinte dazu: »Vor vielen Millionen Jahren habe eine hochzivilisierte ›Mars-Menschheit‹ begriffen, daß ihr baldiges Ende bevorsteht. In ungewöhnlich riesigen Satelliten habe man daher Dokumente ihrer Kultur verpackt und sozusagen als Museum in den Weltraum geschickt, um zukünftigen Forschern Anhaltspunkte zu liefern.«

Nun, einen Satelliten in eine exakt kreisförmige Bahn um einen Planeten zu bringen, ist tatsächlich fast unmöglich. Man kann dies für bestimmte Zwecke lediglich anstreben, dieses aber nur annähernd erreichen. Auf der Erde ist das mit dem Satelliten Syncom III, der für die Übertragung der Olympischen Spiele in Tokio 1964 verwendet wurde, am optimalsten gelungen. Dieser Satellit zieht in einer Höhe von 35 927 mal 35 641 km um die Erde – also mit einer Differenz von 140 km zur Kreisbahn, entsprechend einer Bahnexzentrizität von 0,0039. Syncom III bewegt sich damit ziemlich genau in der sogenannten »24-Stunden-Bahn«. In dieser Bahn ist der Satellit relativ zur Erde in Ruhe und steht am Himmel praktisch still, so daß eine exakte Übertragung möglich ist. So ein Satellit hat also dieselbe Umlaufzeit wie die Rotationszeit der Erde. Diese »Synchron-Bahn« befindet sich genau in 35 800 km über der Erde. Auf dem Mars liegt sie bei etwa 18 000 km von dessen Oberfläche.

Der Einschuß von irdischen Satelliten in eine kreisrunde Bahn gelingt natürlich nie auf Anhieb. Deshalb muß ein Satellit mit Steuerdüsen ausgerüstet sein, mit denen er dann per Funk in die gewünschte Bahn gebracht wird. Die natürliche Fliehkraft zwingt den Satelliten in eine Ellipsenbahn, und diese kann nur durch äußerst kunstvolles Manövrieren in eine annähernde Kreisbahn umgewandelt werden. Dadurch wären aber die beiden Marsmonde, die ja nahezu kreisförmige Bahnen aufweisen, keine eingefangenen Himmelskörper, sondern eher ursprüngliche Teile des Mars – oder eben künstliche Satelliten.

In der Satellitentechnik ist es aufgrund des 3. Keplerschen Gesetzes nicht möglich, einen Himmelskörper in beliebiger Flughöhe und mit beliebiger Geschwindigkeit laufen zu lassen. Die niedrigste Umlaufbahn liegt bei der Erde in einer Höhe von etwa 300 Kilometern, die höchste bei etwa 36 000 Kilometern – das hängt auch von der Übertragungskapazität ab, die ein Satellit hat. Auf dem Mars liegen die Umlaufbahnen für Satelliten etwas niedriger, da ja der Mars fast keine Atmosphäre besitzt und eine geringere Anziehungskraft hat. Der jeweiligen Höhe einer Umlaufbahn entspricht auch die Geschwindigkeit des Flugkörpers. So würde auf der Erde ein Satellit in 319 km Höhe mit 7,75 km/sek fliegen und für einen Umlauf 88,8 Minuten benötigen. In 1720 km Höhe befindet sich die sogenannte »2-Stunden-Bahn«, wofür eine Geschwindigkeit von 7,02 km/sek benötigt wird. Je näher ein Satellit einen Planeten umläuft, um so größer wird seine Geschwindigkeit sein, und je weiter er entfernt ist, um so geringer wird sie. Unter 600 Kilometer Höhe sollte ein Erdsatellit nicht wesentlich seine Geschwindigkeit verringern, denn dann würde er abstürzen.

Erdsatelliten, die in einer Höhe von etwa $^1/_{10}$ Mondentfernung – also in 38 000 Kilometer Höhe – um die Erde kreisen, sind praktisch für immer dorthin verpflanzt. Sie sind auch in einer Million Jahren noch in dieser Umlaufbahn, wenn sie nicht durch Meteoriten zerstört oder aus der Bahn geworfen werden. Aber selbst dann würden die Trümmer noch um die Erde kreisen. Diese Umlaufbahn wäre auch ein günstiger Platz für ein wissenschaftliches »Depot« für künftige Generationen. Eine geschätzte Lebensdauer von Satelliten wurde schon 1967 in der Zeitschrift »Sterne und

Weltraum« (Nr. 10) veröffentlicht. Danach liegt die Lebensdauer von Satelliten in einer mittleren Erdumlaufbahn von 1100 Kilometern bei 1000 Jahren, in 1400 Kilometern bei 10000 Jahren und in 35000 Kilometern bei einer Million Jahren und eventuell auch mehr. Demzufolge käme eher der Marsmond Deimos als künstlicher Satellit in Frage, und tatsächlich zieht er ja in einer äußerst exakten Kreisbahn um den Planeten.
Durch die guten Aufnahmen der Marssonden von Phobos und Deimos, wobei im Jahre 1977 die Marssonde Viking 1 dem Phobos bis auf 120 Kilometer und Viking 2 dem Deimos bis auf 30 km nahe kam, hat sich aber diese »Depot-Theorie« etwas zerschlagen. Die beiden Monde zeigen äußerlich keine Spuren künstlicher Herkunft. Phobos sieht eher einer riesigen Kartoffel oder Erdnuß gleich und Deimos einem gigantischen Hühnerei, übersät mit zahlreichen Kratern. Aufgrund der eigentümlichen und in unserem Sonnensystem bisher einzigartigen Lage, kann zumindest eine künstliche Anordnung nicht völlig ausgeschlossen werden. Die beiden Marsmonde könnten durchaus absichtlich aus dem Asteroidengürtel in die Marsumlaufbahn gebracht worden sein. Höher entwickelten Intelligenzen dürfte derartiges nicht allzu schwer fallen. Ein »Depot« könnte sich auch im Innern von natürlichen Himmelskörpern befinden.
Dazu hat schon in den siebziger Jahren der deutsche Betriebsingenieur Willy Kross bemerkenswerte Berechnungen angestellt. Die beiden Marsmonde scheinen an mathematisch logischen Punkten, die in Beziehung zu Mars und Erde stehen, angeordnet zu sein. Merkwürdig ist z. B. bereits das Durchmesserverhältnis der beiden Marsmonde zueinander. Es steht, wie Willy Kross 1983 in seinem Buch »Cheopspyramide, irdischer Schlüssel zum Marsmond-

Rätsel« gezeigt hat, im gleichen Verhältnis wie die beiden Planeten zueinander: nämlich 1 zu 1,88. »Sowohl nach der teleskopischen Methode von der Erde aus als auch nach dem neuen, von einer Mariner-Sonde in Marsnähe gemessenen Wert ergibt sich ziemlich genau in beiden Fällen das Durchmesserverhältnis von 1 zu 1,88 wie bei Mars und Erde, obwohl beide Meßmethoden erheblich voneinander abweichende Werte lieferten. Teleskopische Messung: Deimos 8 km, Phobos 15,04 km. Marinermessung: Deimos 12 km, Phobos 22,56 km.

1,88 mal 8 km ergibt 15,04 km; 1,88 mal 12 km ergibt 22,56 km. Demgegenüber entspricht der Erddurchmesser am Äquator von 12 757 km dem Marsdurchmesser am Äquator von 6788 km im Verhältnis von 1 zu 1,8793.

Nach Willy Kross ergibt sich das Verhältnis 1 zu 1,88 in größter Annäherung auch aus weiteren Daten von Mars und Erde. Erstens, wenn die Zeit eines Marsjahres durch die Zeit eines Erdjahres geteilt wird (687 geteilt durch 365,25 ergibt 1,88), dann wenn man die Entfernungsverhältniszahl des näheren Mondes Phobos zum Marsdurchmesser quadriert (9361,6 km geteilt durch 6788 km ergibt 1,379 quadriert 1,9) oder wenn aus dem Verhältnis der Entfernung des Mondes Deimos zum Marsdurchmesser die Wurzel gezogen wird (23 460 km geteilt durch 6788 km ergibt 3,456 die Wurzel daraus 1,859).

»Betrachtet man schließlich die während eines Marsjahres zurückgelegte Bahnstrecke des Mondes Deimos«, schreibt Willy Kross, »dann ergibt sich, daß die Zahl der während einer Sonnenumrundung des Mars zusammenkommenden Bahnkilometer des äußeren Satelliten angenähert der mittleren Entfernung Mars-Erde von 78,35 Millionen km entspricht.«

Rechnung: Bahndurchmesser Deimos ergibt sich aus

23 460 km mal 2 = 46 920 km. Bahnumfang dann 46 920 mal Pi (3,14159) = 147 403,4 km. 540 Umläufe ergeben also 540 mal 147 403,4 = 79,59 Millionen km (Fehler nur 1,5 %). 540 Umläufe von Deimos zu je 30,35 Stunden = 16 389 entsprechen dabei annähernd dem Marsjahr von 16 419 Erdstunden (687 Tage zu je 23,9 Stunden): Fehler nur 0,18 % (!). Während der Mars also einmal um die Sonne läuft, hat Deimos ziemlich genau 540 Marsumläufe gemacht – und das entspricht der mittleren Entfernung zwischen Erde und Mars.

Zusammengenommen entsprechen die beiden Marsmonde also in ihrer Anordnung zu ihrem Planeten und in ihrer Größe den beiden Planeten Mars und Erde zur Sonne. Volumenverhältnis Erde zu Mars 1 : 0,15, Volumenverhältnis Phobos zu Deimos 1 : 0,149 (beide etwa $^1/_6$)! Das Entfernungsverhältnis von Mars zu Phobos und Deimos verhält sich dabei annähernd so wie das Entfernungsverhältnis von Sonne zu Mars und Erde, nämlich 1 : 2! (9380 mal 2 = 18 760: annähernd 23 460; 149,5 mal 2 = 299: annähernd 227,5). Dies alles läßt den Schluß zu, daß die beiden Marsmonde ausgesuchte Himmelskörper sind, die an sinnvoll logischen Plätzen liegen und die in bezug zum System Sonne-Erde-Mars stehen!

Auf Phobos und Deimos befinden sich auch mehrere Krater. Einer davon, mit einem Durchmesser von 5 Kilometern auf Phobos, wurde nach Asaph Hall benannt und ein weiterer 10 Kilometer großer Krater nach Halls Frau Angeline Stickney. Auf Deimos sind zwei große Krater von 2 und 1,3 Kilometer Durchmesser zu sehen, die nach Voltaire und Swift benannt wurden. Phobos besitzt außerdem noch merkwürdige Rillen, Furchen, die sich über große Gebiete der Mondoberfläche erstrecken. Es gibt starke Anzeichen dafür, daß es sich dabei um Bruchlinien handelt.

Phobos ist im Begriff, sich aufzulösen, und wird vermutlich in 30 bis 70 Millionen Jahren auf den Mars stürzen. Weiters sind auf Phobos eigenartige kleine Kraterreihen zu erkennen, so als wären Meteoriten – wie ein flach geworfener Stein über dem Wasser – mehrmals aufgeschlagen.
Die beiden Marsmonde können natürlich auch keine Atmosphäre halten, und sie besitzen nur einen Bruchteil der irdischen Anziehungskraft (1 : 0,0009 auf Phobos und 1 : 0,0004 auf Deimos). Ein geübter Sportler könnte sich daher direkt von der Mondoberfläche abstoßen. Auf Phobos herrscht eine Temperatur von etwa minus 23 Grad Celsius. Die Marsmonde würde man vom Mars aus wesentlich schneller erreichen als wir unseren Erdmond. Wenn man von den Gegebenheiten der Apollo-Astronauten ausgeht, dann würden Marsastronauten schon in etwa einer Stunde auf Phobos und in etwa 4 Stunden auf Deimos sein. So werden die beiden Marsmonde einmal auch ein kurioses Ziel für künftige Raumfahrer sein.
Die Rätsel der beiden Marsmonde sind also noch lange nicht geklärt. Sind sie nun Bruchstücke vom Mars selbst oder eingefangene Himmelskörper? Sind sie Teile eines früheren größeren Marsmondes? Oder Teile eines größeren Planetoiden, der einst dem Mars zu nahe kam? Untersuchungen am Institut für Allgemeine und Angewandte Geologie in München haben ergeben, daß die beiden Marsmonde vom Mars selbst stammen. Wie ist es aber dann zu verstehen, daß die Marsmonde eine wesentlich geringere Dichte als der Mars selbst aufweisen? (0,5 bzw. 2 g/cm^3 gegenüber 3,93 g/cm^3.) Sollen die Marsmonde aber eingefangene Himmelskörper sein, so ist wieder nicht ganz klar, warum diese derart kreisförmige Umlaufbahnen haben. Dann müßte wohl auch geklärt werden, ob die Anziehungskraft des Mars ausgereicht hat, um solche Himmels-

körper an sich zu ziehen. Das wiederum würde ein stärkeres Magnetfeld des Mars bedingen. Wenn die Marsmonde aber Bruchstücke sind, die sich bei der Entstehung des Planeten abgesondert haben, dann ist es wohl äußerst merkwürdig, daß sich diese verhältnismäßig kleinen und leichten Objekte so lange in der Umlaufbahn halten konnten.
Einige dieser Fragen sollte eine weitere Marsmission klären. Die Sowjetunion entwickelte in den achtziger Jahren zwei Raumflugkörper, die speziell den Marsmond Phobos ansteuern und dort auch Geräte absetzen sollten. Wenn beide Sonden einwandfrei funktionierten, dann war auch geplant, den Marsmond Deimos anzufliegen. Der wissenschaftliche Leiter des Projekts, Dr. Roald Sagdejew, meinte dazu, daß es sich bei dieser Mission »nicht bloß um die Erforschung eines bestimmten Himmelskörpers handelt, sondern um eine strategische Aufgabe – eine kosmische Genetik«, wie die »Prawda« am 13. Juli 1988 berichtete. Verschiedene Wissenschaftler haben nämlich schon vorgeschlagen, vor einer bemannten Marslandung erst den Marsmond Phobos anzufliegen, um keine irdischen Bakterien auf dem Mars einzuschleppen. Am 7. und am 12. Juli 1988 startete vorerst erfolgreich jeweils eine dieser Sonden vom Raumfahrtzentrum Baikonur, doch später fielen beide aus (ich werde im nächsten Kapitel noch näher darauf eingehen). Die vorgesehene Absetzung von Geräten auf dem Marsmond Phobos ist jedenfalls nicht gelungen. Wir müssen weiter auf neue Forschungsergebnisse warten. Die Fragen bleiben offen.
Wird sich die Asteroiden-Hypothese bestätigen? Sind die beiden Marsmonde eingefangene Himmelskörper oder Teilstücke aus der Urmaterie des Mars? Oder sind es vielleicht doch von außerirdischen Intelligenzen künstlich plazierte Himmelskörper?

9 Mit Raumsonden zum roten Planeten

Die Marssonden und ihre Daten

Mit den Fernrohren in den vergangenen Jahrhunderten konnte man dem Mars schon einige Geheimnisse entreißen; die Riesenteleskope von heute vermitteln uns jedoch wesentlich bessere Bilder. Es ist jedoch nicht immer möglich, die Planeten zu beobachten. Das hängt vielfach von den Wetterverhältnissen ab, ob es bewölkt ist oder nicht, und auch von der Luftspiegelung, die durch die einfallenden Sonnenstrahlen in die Erdatmosphäre verursacht wird.

Erst durch die Raumfahrt im 20. Jahrhundert wurde es möglich, mit Hilfe von automatischen Raumsonden die einzelnen Planeten anzufliegen, um ihren Geheimnissen näher auf den Grund gehen zu können. Die Russen wollten hier, wie 1961 mit dem ersten bemannten Raumflug von Jurij Gagarin, wieder ganz vorne sein und versuchten bereits im Oktober 1960 mit einer automatischen Sonde den Mars zu erreichen, doch dies mißlang vorerst. Die Rakete erreichte nicht einmal den vorgesehenen Erd-Orbit. Doch dann sollte es doch soweit sein.

Die erste Marssonde *Mars 1* startete am 1. November 1962 von der ehemaligen Sowjetunion aus in Richtung zum roten Planeten. Diesmal konnte die nötige Fluchtgeschwindigkeit vom Erd-Orbit aus mit 11,2 km/sek erreicht werden, und es ging direkt zum Mars. Am 11. Juni 1963 erreichte diese Raumsonde den Planeten. Sie machte ver-

schiedene Messungen und flog in einem Abstand von 193 000 km an ihm vorbei. Nach einigen Tagen schon fiel allerdings die Datenüberwachung zur Erde aus.
Die nächste Marssonde *Mariner 3* startete am 5. November 1964 von den USA aus, doch sie versagte sofort nach dem Start.
Dann kam gleich die nächste Sonde *Mariner 4* am 28. November 1964, und diesmal ging's erstmals für die USA zum Mars. Diese Sonde war eine der erfolgreichsten Marsmissionen, und sie brachte auch die ersten Überraschungen. Mariner 4 hatte ein Startgewicht von 261 kg, vier Sonnenkollektoren mit einer Spannweite von fast 7 Metern und besaß bereits eine TV-Kamera und ein Magnetometer an Bord. Am 14. Juli 1965 gelangte Mariner 4 zum Mars und flog in einer Entfernung von 9845 km an ihm vorbei. In einem Zeitraum von 10 Tagen übermittelte die Raumsonde insgesamt 22 Aufnahmen von der Marsoberfläche zur Erde. Als Überraschung stellte sich dabei heraus, daß erstmals auf dem Mars Krater zu sehen waren. Dies wurde zwar von einigen Wissenschaftlern vermutet, doch jetzt kam die doch für viele verblüffende Bestätigung. Der Mars besaß, wie der Mond, Krater auf seiner Oberfläche.
Dann folgte mit der Sonde *Zond 2* am 30. November 1964 von der ehemaligen Sowjetunion ein weiterer Versuch, den Mars zu erreichen. Dieser Raumflugkörper sollte sogar bereits auf dem Mars landen, doch auf dem Weg dorthin, in einer Entfernung von 95 Millionen Kilometern, im April 1965, verlor die Bodenstation den Kontakt zur Sonde, und sie flog am 15. Juli 1965 schweigend am Mars vorbei.
Dann versuchte es mit *Zond 3* am 18. Juli 1965 die Sowjetunion erneut, doch auch diesmal ging der Kontakt mit der Sonde bald verloren. Zwei weitere Versuche der Sowjet-

union im Jahre 1969 schlugen ebenfalls beim Verlassen des Erd-Orbits fehl.
Inzwischen startete die Raumsonde *Mariner 6* am 24. Februar 1969 von den USA aus. Es war ein Raumflugkörper mit einem Gewicht von 413 kg, wieder mit vier Sonnenkollektoren und einer Spannweite von 6 Metern. Sie hatte eine TV-Kamera und Meßgeräte zur Untersuchung der Marsoberfläche und der Marsatmosphäre an Bord. Am 31. Juli 1969 flog Mariner 6 in einem Abstand von 3410 km am Mars vorbei und machte dabei 75 fotografische Aufnahmen.
Schon kurz nach Mariner 6 folgte die Marssonde *Mariner 7* am 27. März 1969, ebenfalls von den USA aus. Mariner 7 war gleich groß und gleich ausgerüstet wie Mariner 6. Diese Raumsonde flog am 8. August 1969 in einer Entfernung von 3535 Kilometern beim Mars vorbei und machte schon insgesamt 126 Funkbilder von dessen Oberfläche. Mariner 7 machte bereits eine Teilkartographierung vom Mars, atmosphärische Untersuchungen und nahm erstmals ganz vorsichtig den Marsmond Phobos auf.
Dann sollte *Mariner 8* am 8. Mai 1971 wieder von den USA aus den Mars erreichen, doch der Flugkörper stürzte kurz nach dem Start, durch Versagen der Raketentriebwerke, ab. Darauf sollte die Raumsonde *Kosmos 419* am 10. Mai 1971 von der Sowjetunion aus folgen, doch auch diese schlug fehl und versagte kurz nach dem Start.
Sogleich folgte aber *Mars* 2 am 19. Mai 1971, wieder von der Sowjetunion. Es war eine Raumsonde bereits mit einem Gewicht von 4650 kg. Ihre Solarsegel hatten eine Spannweite von 6 m und eine Fläche von 6 m^2. Mars 2 hatte verschiedene Meßgeräte zur Untersuchung der Marsatmosphäre an Bord, und das Besondere an dieser Sonde war, daß sie erstmals ein 1,2 m großes Landegerät mitführte.

Am 27. November 1971 schwenkte die Sonde in eine Umlaufbahn um den Mars ein, und gleich darauf folgte eine harte Landung irgendwo auf dem Mars. Der Funkkontakt war nämlich sofort abgebrochen, doch wurde angeblich ein Wimpel der sowjetischen Flagge ausgefahren, womit die Russen auf diese Weise den Mars »erobert« hatten.
Schon einige Tage später folgte *Mars 3* am 28. Mai 1971, und diesmal sollte es der Sowjetunion etwas besser gelingen. Mars 3 war gleich wie Mars 2 ausgestattet und hatte auch die gleichen Instrumente und einen Lander an Bord. Am 2. Dezember 1971 schwenkte Mars 3 in eine Umlaufbahn um den Mars ein, und am gleichen Tag noch erfolgte diesmal und auch erstmals eine weiche Landung. Diesmal brach der Kontakt nicht sofort ab, und so konnte die Sonde unterhalb des Gebietes Atlantis auf 158 Grad westlicher Länge und 45 Grad südlicher Breite, genau im Krater Ptolemaeus, lokalisiert werden. Nach 20 Sekunden war es aber auch in dieser Region wieder still, und die Übertragung war beendet.
Als nächste Marssonde folgte *Mariner 9* am 30. Mai 1971 von den USA aus, und das war wieder eine äußerst erfolgreiche und umfangreiche Marsmission. Mariner 9 schwenkte am 13. November 1971 in eine Umlaufbahn um den Mars ein und übermittelte nicht weniger als 7329 Bilder zur Erde. Die Sonde kam dabei dem Mars bis auf 1670 Kilometer nahe und erreichte eine Umlaufbahn, die sich bis auf 16 895 Kilometer erstreckte. Mariner 9 hatte ein Gewicht von 998 kg und eine Spannweite der vier Sonnensegel von fast 7 Metern. Die Sonde hatte verschiedene Instrumente zur Messung der Oberfläche und der Atmosphäre, jedoch kein Landegerät an Bord. Da jedoch Mariner 9 dem Mars besonders nahe kam und den Planeten mehrmals umrundete, konnte bereits die gesamte Oberfläche kartographiert

werden. Die Sonde lieferte bis zum 27. Oktober 1972 zahlreiche Meßdaten zur Erde und machte erstmals auch gute Aufnahmen von beiden Marsmonden Phobos und Deimos. Mariner 9 konnte erstmals auch die riesigen Marsvulkane, Spuren von Flußtälern und Oberflächendetails bis zu einer Größe von 100 Metern aufnehmen.

Die nächste Marssonde *Mars 4* am 21. Juli 1973 schickte wieder die Sowjetunion ins All. Sie war 4385 kg schwer, hatte eine Spannweite von 6 Metern und eine TV-Kamera sowie verschiedene wissenschaftliche Instrumente zur Messung der Oberfläche und der Atmosphäre des Mars an Bord. Am 10. Februar 1974 flog diese Sonde in einer Entfernung von 2200 Kilometern am Mars vorbei und übermittelte einige Fernsehbilder zur Kartographierung zur Erde.

Schon vier Tage später flog *Mars 5* am 25. Juli 1973 von der Sowjetunion aus zum Mars. Mars 5 war gleich ausgestattet wie Mars 4. Die Sonde schwenkte am 12. Februar 1974 in eine Umlaufbahn um den Mars ein und übermittelte Daten über Art, Struktur und Temperatur der Oberfläche zur Erde.

Darauf folgte *Mars 6* am 5. August 1973, wieder von der Sowjetunion aus, und diesmal war wieder, wie bei Mars 2 und Mars 3, ein Landegerät an Bord. Die gesamte Sonde war allerdings nur 3500 kg schwer, der Lander wieder 1,2 Meter groß. Sie erreichte am 12. März 1974 den Mars und flog in einer Entfernung von 50 000 Kilometern an ihm vorbei. Vorher warf die Sonde eine Landeeinheit ab, die zwar verschiedene Messungen von der Atmosphäre zur Erde funkte, jedoch noch vor der Landung ausgefallen war. Dennoch konnte der Landeplatz von 25 Grad westlicher Länge und 24 Grad südlicher Breite, im Mare Erythraeum, ermittelt werden. Das war die dritte sowjetische Sonde, die auf dem Mars landete.

Dann folgte noch *Mars 7* am 9. August 1973, die gleich wie Mars 6 mit einer Landeeinheit aufgebaut war. Sie flog am 9. März 1974 in einer Entfernung von 1300 Kilometern am Mars vorbei. Das Landegerät wurde dabei zwar ausgekoppelt, doch es verfehlte den Planeten.
Darauf flog *Viking 1* am 20. August 1975 von den USA aus zum Mars, und diesmal sollten gleich zwei Raumsonden fast gleichzeitig in verschiedenen Gegenden des Mars landen und dort jeweils eine Bodenanalyse vornehmen. Man wartete gespannt – immer in Funkkontakt mit der Sonde – auf die ersten Bilder und Daten. Diese Sonde sollte nämlich am 19. Juli 1976 – also fast genau ein Jahr später – bereits auf der Marsoberfläche weich aufsetzen.
Mittlerweile wurde jedoch schon die zweite Sonde *Viking 2* zum Start vorbereitet, denn man mußte das günstige »Startfenster« (das ist die Zeitspanne, in der man starten muß, um die beste Konstellation des Mars mit der Erde auszunutzen) bis spätestens 9. September 1975 genau einhalten. Bei einem späteren Termin wäre die gesamte Mission gefährdet gewesen. Der Start gelang aber dann auch »in letzter Sekunde«, bei *Viking 2* am 9. September 1975.
Die einzelnen Viking-Sonden wurden von einer 635 Tonnen schweren Titan-III-E-Centaur-Trägerrakete, die mit 1300 Tonnen Startschub abhob, auf den Weg zum Mars befördert. Die beiden Landegeräte mußten völlig steril verpackt werden, um auf dem Mars keine irdischen Bakterien einzuschleppen. Dieses wurde nämlich bei der Mondsonde Surveyor III verabsäumt, weshalb die Astronauten von Apollo 12 noch nach 2 1/2 Jahren auf dieser Sonde Bakterien vorfanden. Es sind jedoch schon die russischen Raumsonden auf dem Mars gelandet oder aufgeschlagen, bei denen wahrscheinlich nicht so rigorose Maßnahmen getroffen wurden. Die Viking-Sonden wurden jedenfalls in einen

»künstlichen Schlaf« versetzt, bis sie zur Marsoberfläche hinuntersanken. Sie mußten aber dennoch ständig in Funktion gehalten werden, um einen eventuellen Fehler entdecken zu können.

Schließlich kam der Tag, an dem die erste Marssonde Viking 1 in eine Umlaufbahn um den Mars einschwenkte. Dies war der 19. Juni 1976; von da an wurde alles auf die Landung vorbereitet. Man fotografierte peinlichst genau den Landeplatz, um jeden Fehler auszuschließen. Durch diese genaue Untersuchung sah man dann auch, daß sich der vorgesehene Landeplatz – auf 20 Grad nördlicher Breite und 34 Grad westlicher Länge – als zu hügelig erwies. So entschieden sich die NASA-Techniker für einen Platz 900 Kilometer westnordwestlich auf 22,27 Grad nördlicher Breite und 48,00 Grad westlicher Länge im »Land des Goldes« Chryse Planitia.

Dort gelang schließlich einen Monat später, am 20. Juli 1976, die erfolgreiche Landung von Viking 1, genau um 12.52 Uhr (MEZ) und 5.12.07 Uhr amerikanischer Zeit. Die automatischen Fernsehkameras an den Landegeräten zeigten phantastische Bilder von der Marsoberfläche, und man konnte tatsächlich einen roten Planeten sehen. Dazu wurden an den Landeeinheiten Farbmarkierungen angebracht, nach denen die Farbdichte der Kameras eingestellt werden konnte. Der Landeplatz war übersäht mit großen und kleinen Steinbrocken von bizarrem Aussehen, und auch Sanddünen, die der Marswind geformt hatte, waren zu sehen.

Die Marslandeeinheiten übermittelten in der Folge alle wichtigen Daten der Atmosphäre in der Nähe des jeweiligen Landeplatzes. Viking 1 ermittelte die in der Umgebung tiefste gemessene Temperatur von minus 86 Grad Celsius und die höchste von minus 30 Grad Celsius. Der atmosphärische Druck dort belief sich auf 7,70 mb (Millibar), die Windgeschwindigkeit wurde mit höchstens 65 km/Std und im Mittel mit 30 km/Std gemessen. Die Zusammensetzung der Marsatmosphäre sah nach den Viking-Daten so aus:

Kohlendioxid und -monoxid	CO_2	95 %
Stickstoff	N_2	2,5 % +/–0,5 %
Argon	Ar	1,5 % +/–0,5 %

Das Isotopenverhältnis war: $Ar^{36} \cdot Ar^{40}$; 1 : 2750 +/– 500; Sauerstoff: O_2 0,1 bis 0,4 %. Helium und andere Gase sind nur sehr spärlich nachgewiesen worden.
Die Zusammensetzung der Marsmaterie schließlich lautet:

Silizium	15–30 %
Eisen	12–16 %
Kalzium	3–8 %
Aluminium	2–7 %
Titan	0,25–1,5 %

Die Orbitalstation von Viking 1 zog inzwischen ihre elliptische Bahn von 1514 bis 32 000 Kilometer Entfernung um den Planeten, und von dort aus wurden ebenfalls hervorragende Bilder von der Marsoberfläche gemacht. Es wurde ein großes Sanddünenfeld in einem bestimmten Gebiet entdeckt; ein Beweis für die herrschenden Winde, die manchmal sogar den ganzen Planeten mit einer dicken Staubwolke umhüllen. Es wurden Spuren von früherer Vulkantätigkeit entdeckt. Es wurden auch die Pole, die im Winter mit Eiskappen bedeckt sind, untersucht. Diese Eiskappen bestehen vorwiegend aus gefrorenem Kohlendioxid, aber auch aus Wassereis. Kohlendioxid schmilzt bereits bei minus 125 Grad Celsius. Da in wärmeren Gebieten ebenfalls Frostschichten festgestellt wurden, kann es sich dabei nur um gefrorenes Wasser handeln.

Dieses Wassereis war wahrscheinlich ausschlaggebend für das Vorhandensein von gewaltigen Flußtälern, die bereits von Mariner 9 entdeckt wurden. Weit besser fotografiert hatten diese riesigen Flußläufe allerdings die beiden Viking-Orbiter. Es steht nun fest, daß auf dem Mars einst gigantische Wassermassen geflossen sein müssen – von kilometerbreiter Ausdehnung. Es müßten einst Flüsse existiert haben, die riesige Landstriche mit meterhohen Wassermassen bedeckten. Das Wasser ist deutlich um die Vulkane und Krater geflossen und hat tiefe Täler hinterlassen. Wenn also einmal derartige Wasservorkommen auf dem Mars vorhanden waren, dann müßte sich zwangsläufig auch irgendeine Art von Leben entwickelt haben. Dieses zu erforschen war die Hauptaufgabe der beiden Viking-Sonden.

Es wurde zu diesem Zweck erstmals ein eigens dafür konstruiertes Biolabor an den Landegeräten angebracht. Mit Hilfe eines Greifarms wurden Bodenproben in Behälter eingefüllt und diese dann entsprechend analysiert. Dieses biologische Labor setzte sich aus drei Hauptexperimenten zusammen: dem Gasaustausch-Experiment, dem Photosynthese-Experiment und dem Stoffwechsel-Experiment.

Beim Gasaustausch-Experiment wurde einmal mit und einmal ohne Zusatz einer Nährlösung die Bodenprobe untersucht, ob etwaige Lebewesen bei ihrem Stoffwechsel die Gase Kohlenstoff, Methan, Wasserstoff, Stickstoff oder Sauerstoff abgeben. Leben galt als nachgewiesen, wenn das Experiment zweimal positiv und nach Erhitzung der Bodenprobe auf 160 Grad Celsius negativ verlief.

Beim Photosynthese-Experiment wurde durch eine künstliche Beleuchtung in dem Versuchsbehälter (zur Simulation des Sonnenlichts) nach radioaktiv markiertem CO (Kohlenoxid) und CO_2 (Kohlendioxid) gesucht, die etwaige Lebewesen in die Marsatmosphäre abgeben. Dann wurde die künstliche Atmosphäre entfernt und die Bodenproben in drei Stufen auf 120, 625 und 700 Grad Celsius erhitzt. Wenn nach dieser Erhitzung noch radioaktive Kohlenstoffverbindungen auftraten, hatte das eindeutig eine biologische Ursache.

Beim Stoffwechsel-Experiment wurde der gleiche Nachweis wie vorhin – nur umgekehrt – versucht. Der Kohlenstoff in den organischen Verbindungen einer Nährlösung wurde radioaktiv markiert, und etwaige Lebewesen sollten diesen verdauen und CO_2 (Kohlendioxid) abgeben. Der Gehalt an radioaktivem Kohlenstoff in der Atmosphäre der Versuchskammern sollte am Anfang gleich Null sein. Wenn nach zwölf Tagen der Gehalt anstieg, bedeutete das biologische Aktivität.

Inzwischen war auch Viking 2 in eine Marsumlaufbahn eingeschwenkt – das war genau am 7. August 1976. Der Landeplatz lag diesmal im Gebiet Utopia Planitia, genau auf 47,89 Grad nördlicher Breite und 225,86 westlicher Länge, 7300 Kilometer nordwestlich von Viking 1. Dieses Ziel wurde am 3. September 1976 erreicht.

Viking 2 lieferte ebenfalls hervorragende Bilder von der Marsoberfläche. Zahllose Steine in einem relativ flachen Gelände waren zu sehen. Es ist stark poröses und lavahaltiges Material, und es zeigten sich Rillen und Furchen, die offenbar durch vulkanische Tätigkeit hervorgerufen wurden. Sanddünen wie bei Viking 1 zeigten diese Aufnahmen nicht, jedoch unmittelbar neben der Landeeinheit den feinen »Mars-Schnee« unter den umliegenden Gesteinsbrocken.

Die beiden Viking-Sonden begannen mit der Suche nach außerirdischen Lebensformen. Nach monatelangen Versuchen und fieberhaften Anstrengungen, bei denen sogar einmal ein Greifarm ausgefallen war, konnte kein eindeutiger

Nachweis für organisches Leben erbracht werden. Der Lander von Viking 2 übermittelte bis zum 12. April 1980 und der Lander von Viking 1 bis zum 13. November 1982 eine Fülle von Daten zur Erde. Insgesamt wurden in fast sechs Jahren mehr als 60 000 Bilder zur Erde übertragen. Es war eine äußerst erfolgreiche Marsmission, die uns weitere Überraschungen vom Mars lieferten. Mit Viking 2 befinden sich nun fünf irdische Raumsonden auf dem Mars.
Die drei Bio-Experimente brachten jedoch teils keine positiven, teils viel zu starke Ergebnisse, die nach kurzer Zeit sofort wieder verschwanden. Dies deutete eher auf anorganische Lebensformen auf dem Mars hin – also eine unbelebte, organisch tote Atmosphäre. Aber vielleicht wurde auf ungünstigen Plätzen gesucht, vielleicht gibt es an anderen Stellen des Marses bessere Bedingungen für Lebensformen? Dies herauszufinden wird vielleicht den nächsten Marssonden vorbehalten bleiben. Es wird dabei wohl auch notwendig sein, ein fahrbares, auf der Marsoberfläche bewegliches Landegerät mit einer Bio-Analyse-Station abzusetzen.
Der nächste Angriff auf den Mars, beziehungsweise auf dessen Monde, wurde mit der Mission *Phobos 1* am 7. Juli 1988 von der Sowjetunion vorgenommen. Diesmal sollte eine ganz besondere Mission erfüllt werden. Dazu entwickelten die Russen auf der Basis der Venussonden Vega 1 und Vega 2, wieder aus Sicherheitsgründen, zwei völlig gleiche 6000 kg schwere Raumsonden, mit je einer Höhe von 3,5 Metern und einer Flügelspannweite der Sonnenkollektoren von 10 Metern. Die Meßgeräte wurden diesmal in einer internationalen Zusammenarbeit von 14 Ländern beigesteuert, darunter die Bundesrepublik Deutschland, Bulgarien, die ehemalige CSSR, die ehemalige DDR, Finnland, Frankreich, Polen, Schweden, die Schweiz,

Ungarn und auch Österreich. Mit einem Gerät für das Magnetometer der Sonde, zur Messung des Magnetfeldes des Mars, war das österreichische Institut für Weltraumforschung in Graz beteiligt. In Zusammenarbeit mit der BRD waren zwei Experimente mit einem Solarwind-Spektrometer und einem Teilchenspektrometer geplant. Weiters sollte sich das Grazer Institut an dem Experiment beteiligen, bei dem der Marsmond Phobos mit einer Laserkanone beschossen wird. Aus der Fluchtgeschwindigkeit der austretenden Teilchen aus dem Mondboden sollte die Beschaffenheit der Materie bestimmt werden. Die Vereinigten österreichischen Stahlwerke (VOEST) ließen für 300 000 Schilling sogar eine Firmenplakette als Werbefläche an Phobos 1 anbringen. Des weiteren schlossen sich noch Irland, die Europäische Weltraumagentur (ESA) und auch die USA dem Unternehmen an. Die Phobos-Sonden hatten auch je eine TV-Kamera und zwei Landebojen an Bord, die auf Phobos niedergehen sollten.
Nach dem erfolgreichen Start von Phobos 1 folgte sogleich *Phobos 2* am 12. Juli 1988.
Bis zum 2. September 1988 hatten die beiden Geräte 75 Funkübertragungen zur Erde übermittelt, doch dann kam kurzfristig die Verbindung nicht zustande. Zu dieser Zeit hatte sich Phobos 1 bereits 17 Millionen Kilometer von der Erde entfernt. Dem Flugkontrollzentrum in Moskau gelang es dann nicht mehr, den Kontakt mit Phobos 1 herzustellen, womit die Sonde aufgegeben werden mußte.
Phobos 2 funktionierte aber bis dahin einwandfrei, und die Sonde befand sich am 9. September 1988 bereits in einer Entfernung von 19 Millionen Kilometern zur Erde.
Die beiden Phobos-Sonden konnten mit einer Geschwindigkeit von 3,5 bis 4 km/sek im Monat etwa 10 Millionen Kilometer zurücklegen, weshalb sie Ende Januar 1989 beim

Mars eintreffen sollten. Beim Start der beiden Sonden stand der Mars nämlich gerade in größter Erdnähe, in 58 Millionen Kilometer Entfernung. Vom Mai 1988 bis Januar 1989 befand sich der Mars relativ zur Erde innerhalb einer Astronomischen Einheit (AE = mittlere Entfernung Erde-Sonne) im Sternzeichen Fische. Zahlreiche Observatorien veranstalteten zu dieser Zeit »Mars-Shows«, besondere Führungen und Besichtigungstermine. Mit guten Fernrohren konnten die Hell- und Dunkelgebiete Hellas Planitia, Syrtes Major und Hesperia Planum auf der Marsoberfläche und sogar der weiße Südpol gesehen werden. Die russischen Wissenschaftler hofften jetzt aber ganz auf die Sonde Phobos 2.

Nach einigen Monaten spannender Erwartungen ging im Dezember 1988 die Meldung durch die internationalen Nachrichten: »Phobos 1 ausgefallen, auf Phobos 2 ein Brand ausgebrochen!« Mit einem Schlag schien das ganze Unternehmen gefährdet, doch die UdSSR meldete kurz darauf, daß die erste Sonde ausgefallen ist (und zwar schon am 2. September 1988), doch Phobos 2 weiter programmgemäß unterwegs sei. Am 29. Januar 1989 hieß es dann in den Nachrichten, daß Phobos 2 in eine Marsumlaufbahn einschwenken wird, was ein äußerst heikles Manöver sei, dann war jedoch über das Gelingen nichts weiter bekanntgeworden. Erst am 24. Februar 1989 meldete die Associated Press (AP), daß sich Phobos 2 bereits dem Marsmond Phobos nähert, und es wurde auch das erste Foto dieser Mission veröffentlicht.

Phobos 2 schwenkte in eine elliptische Umlaufbahn zwischen 800 und 75 600 km um den Mars ein. Es wurden verschiedene Messungen des Magnetfeldes und der Atmosphäre des Planeten vorgenommen. Danach wurde die Umlaufbahn auf 6300 bis 75 600 km Marsabstand geändert und

weitere Untersuchungen vorgenommen, wobei Hinweise auf wasserkristallhaltige Mineralien entdeckt wurden und eine Wärmekarte eines Teils der Marsoberfläche erstellt werden konnte. Anschließend näherte sich die Sonde von außen her mehr und mehr dem Orbit des Marsmondes Phobos, 6050 km vom Mars entfernt.
Es war vorgesehen, daß Phobos 2 Anfang April 1989 langsam, in einem sehr vorsichtigen Manöver, bis auf 50 Meter an die Mondoberfläche herangehen sollte. Eine Boje und ein bewegliches Gerät sollten dabei abgeworfen werden. Die Boje ist nur 80 cm groß und mit verschiedenen Geräten, wie zur Messung von Mondbeben und mit kleinen Sonnenkollektoren ausgerüstet. Sie sollte im Mondboden fest verankert werden, da der Marsmond Phobos nur eine äußerst geringe Anziehungskraft besitzt. Mit Hilfe dieser Boje sollte auch exakt die Entfernung zwischen Erde und dem Marsmond bis auf 5 Meter genau gemessen werden. Das bewegliche Gerät, der sogenannte »Hüpfer«, sollte an mehreren Stellen des Marsmondes Messungen vornehmen. Es sollte tatsächlich eine der aufregendsten Marsmissionen werden, doch es war bereits Mitte April 1989 geworden, und von sowjetischer Seite war noch immer keine Erfolgsmeldung bezüglich dieses Unternehmens zu vernehmen. Was war geschehen? Hatte die Marssonde doch einen größeren Schaden abbekommen?
Einige Tage später landete eine Nachricht der ehemaligen Presseagentur Nowosti (APN) vom 24. April 1989 auf meinem Schreibtisch, und es war Gewißheit geworden: auch Phobos 2 war kurz vor dem schwierigen Manöver beim Marsmond Phobos am 27. März 1989 ausgefallen – der Bordsender reagierte nicht mehr.
Merkwürdige Ereignisse spielten sich kurz zuvor aber beim Mars ab, wie die Zeitschrift »Iswestija« vom 16. April 1989

berichtete: »Drei Tage vor der Havarie registrierte der Sternensensor der Phobos-2-Sonde in seinem Beobachtungsfeld ein unbekanntes Objekt beträchtlichen Ausmaßes.« Eine wärmeempfindliche Fernsehkamera, genannt »Thermoscan«, registrierte auf der Marsoberfläche »rätselhafte Streifen«, die wie »fliegende Untertassen« aussahen. Die sowjetische Mitteilung erwähnte jedoch, daß es sich dabei um den Schatten des Marsmondes Phobos gehandelt habe, der durch das Sonnenlicht auf die Planetenoberfläche projiziert wurde. Abschließend bemerkte Roald Kremnew, ein Leiter des Phobos-Projekts: »Wir können bisweilen den Ausfall der Phobos-2-Sonde nicht eindeutig erklären. Nach letzten telemetrischen Angaben zu urteilen, büßte die Sonde die Orientierung ein und begann vermutlich zu rotieren. Soll das bedeuten, daß ein, zwei oder drei Systeme ausgefallen sind? Oder wurde die Sonde durch äußere Einwirkung, durch zahlreiche Kleinkörper um den Phobos herum, außer Betrieb gesetzt? Der Sternfühler zeigte einen Fremdkörper. War das ein losgelöstes Bauteil der Sonde oder ein asteroidenartiges Stück? Im Moment können wir nur Hypothesen aufstellen.«
Dieses sowjetische Phobos-Projekt, das eigentlich auch den Marsmond Deimos ansteuern sollte, war also nicht ganz erfolgreich. Die Klärung der Herkunft der beiden Marsmonde läßt also noch auf sich warten. Gerade das spektakulärste Manöver war nicht erfüllt worden, dennoch sollen die Instrumente bis dahin einwandfrei gearbeitet und auch Daten zur Erde übermittelt haben. Die ganze Mission kostete 272 Millionen Rubel, wobei die bodenunterstützten Arbeiten mitgerechnet wurden. Die Sonden allein samt Trägerraketen, Startvorbereitung und Flugkontrolle kosteten insgesamt 51 Millionen Rubel. Es ist zu begrüßen, daß diesmal – durch die »Perestroika«-Bemühungen der So-

wjets in den letzten Jahren – diese doch nicht geringe Katastrophe der russischen Raumfahrt der Presse bekanntgegeben wurde. Der führende Leiter des Phobos-Projekts, Dr. Roald Sagdejew, meinte nach dieser Enttäuschung aber: »Wir brauchen den Weltraum für Ökologie, Wissenschaft und Volkswirtschaft. Anders haben wir keine Zukunft. Die Arbeitsweise muß in diesem Bereich jedoch verändert werden.«

Es ging nun weiter mit dem Start des *Mars Observer* am 25. September 1992, der auch erfolgreich gelang und in den die USA wieder eine Menge investierte. Hatten sie doch seit 16 Jahren keine Raumsonde mehr zum Mars geschickt. Der Mars sollte mit dem Observer völlig neu kartografiert werden. Die Raumsonde sollte dem Planeten in einer Umlaufbahn bis auf 378 km nahe kommen; so nahe wie noch kein Mars-Orbiter. Daher sollte es auch die besten Bilder von der Planetenoberfläche geben, mit einer Auflösung bis zu drei Metern. Die Bilder sollten später sogar auf normalen Computerdisketten dem Publikum zur Verfügung gestellt werden. Der Mars Observer hat dazu eine (allerdings nicht bewegliche) Kamera an Bord. Weitere sechs Instrumente sollten die Beschaffenheit der Marsoberfläche, die Atmosphäre, Wasservorkommen und ein etwaiges Magnetfeld auskundschaften. Das Magnetometer stellte wieder das österreichische Institut für Weltraumforschung in Graz zur Verfügung. Ein weiteres Experiment sollte Voruntersuchungen für einen Marsballon machen, der mit einer nächsten Raumsonde zum Mars geschickt werden soll. Zu all dem sollte natürlich auch ein geeigneter Landeplatz für eine spätere bemannte Mission gesucht werden. Der Mars Observer selbst ist 1,1 bis 2,2 Meter groß und wiegt 2573 Kilogramm. Er wurde mit einer Titan-III-Trägerrakete, wie schon die Viking-Sonden, ins

Weltall geschossen. Alles wartete nun gespannt auf die ersten Bilder vom Mars.
Am 21. August 1993, als die Raumsonde bereits 700 Millionen Kilometer zurückgelegt hatte, sollte sie in ihrer Geschwindigkeit von 25 km/sek auf 5,28 km/sek mittels Steuerdüsen abgebremst werden. Die Techniker vom Jet Propulsion Laboratory (JPL) in Pasadena übertrugen den nötigen Befehl zur Sonde, doch es kam keine Bestätigung zurück. Die Techniker versuchten es erneut, doch Mars Observer blieb stumm. Bis Mittwoch, dem 25. August 1993, sollte sich ein Reservesender automatisch melden, doch die Bildschirme in Pasadena zeigten kein Lebenszeichen von der Sonde. Am 9. August 1993 war ich persönlich in Pasadena, da war noch alles in Ordnung. Jetzt meldete die internationale Ausgabe der Zeitschrift »USA Today«: »NASA-Mars-Mission in der Krise« und »Marssonde in lauter kleinen Stücken?« Am 31. August 1993 teilte mir der Projektmanager Glenn Cunningham in einem Telefongespräch mit, daß die Sonde in den nächsten Wochen weiterhin gesucht wird. Am 1. September 1993 stellte die NASA die aktive Suche nach dem Mars Observer ein. »Es werden nur noch routinemäßig Signale gesendet«, hieß es in einer Presseaussendung.
Was war geschehen? Was ist los auf dem Mars? Wieso haben dort die Raumsonden solche Schwierigkeiten? – Ich werde noch später darauf zurückkommen. Die NASA-Techniker haben dazu jedenfalls mehrere Vermutungen:
– Es war nur ein Transistor in der Kommunikation defekt, und der Mars Observer ist im vorgesehenen Orbit.
– Die Bremsraketen haben nicht gezündet, und der Observer flog am Mars vorbei.
– Oder es gab beim Zünden der Bremsraketen eine Explosion, und die Sonde ist in tausend Trümmer zerfallen.

Da der Observer aber bereits im Anziehungsbereich des Mars war, vermute ich, daß er sich im Mars-Orbit befindet. Sollte die Sonde aber am Mars vorbeigeflogen sein, wäre sie in einer Sonnenumlaufbahn etwa im Februar 1995 zurückgekommen und beim Mars wieder aufgetaucht. Die NASA-Techniker versuchten erneut ihr Glück, doch Mars Observer blieb verschollen.

Durch die sowjetischen und amerikanischen Marssonden wurden aber insgesamt eine Vielzahl von neuen Erkenntnissen erbracht, und es wurden zahlreiche Daten über den roten Planeten eingeholt; doch wie so oft in der Wissenschaft und Forschung hat das zugleich wieder neue Rätsel aufgeworfen: Am merkwürdigsten zeigte sich dabei eine Entdeckung der Marssonde Viking 1 in der nördlichen Region des Mars.

10 Die Entdeckung des Marsgesichts

Eine neue Weltraum-Odyssee?

Das Objekt, dem der Vermessungsingenieur gegenüberstand, war ein kohlschwarzer Quader, etwa drei Meter hoch und eineinhalb Meter breit. Er erinnerte Floyd an einen großen Grabstein. Er war scharfkantig und symmetrisch und vollkommen glatt – wie poliert. Er war so schwarz, daß er das auf ihn fallende Licht zu absorbieren schien. Man konnte nicht sagen, ob er aus Stein, Metall oder Kunststoff oder aus irgendeinem unbekannten Material bestand… ›Sehen Sie, es ist etwa drei Millionen Jahre alt. Das, worauf Sie jetzt blicken, ist der erste handgreifliche Beweis für die Existenz außerirdischer Intelligenz‹, erklärte Dr. Michaels.«

So schildert Arthur C. Clarke in seinem weltberühmten, 1968 erschienenen Roman »2001 – Odyssee im Weltraum« die Entdeckung eines Artefakts von außerirdischen Intelligenzen auf dem Erdtrabanten. Der Roman, wie auch der Film, sind inzwischen zu Science-fiction-Klassikern geworden. Doch was geschieht, wenn derartiges wirklich gefunden wird – vielleicht nicht auf dem Erdmond, dafür aber auf dem Mars?

Am 20. August und am 9. September 1975 startete, wie bereits erwähnt, jeweils eine Raumsonde der amerikanischen Weltraumbehörde NASA zum roten Planeten. Es war ein ehrgeiziges Projekt, das endlich den Nachweis von Leben auf dem Mars erbringen sollte. Für einige war es sicherlich auch ein weiterer Schritt, um mit den Legenden von ehemaligen Marsbewohnern endgültig aufzuräumen. Kaum jemand hatte damals geahnt, was sich aus dieser Mission noch entwickeln würde. Das Projekt lief unter der Bezeichnung »Viking«, und dabei sollte jede Raumsonde eine Landeeinheit auf dem Marsboden absetzen und dann Proben zu einer automatischen Analyse an Ort und Stelle einsammeln.

Eine fieberhafte, jahrelange Arbeit, mit peinlichst genauen Untersuchungen ging dem Projekt voraus. Zahlreiche Techniker und Wissenschaftler setzten ihre ganze Kraft für das Gelingen dieser Mission ein. Die Firma Martin Marietta in Denver war für den Bau und die Tests der Marslander verantwortlich, und im Jet Propulsion Laboratory (JPL) in Pasadena, Kalifornien, besorgte man die nötigen Aufgaben zum Bau der Orbiter. Die gesamte Betreuung und das Management lag in den Händen des NASA-Zentrums in Langley, Hampton, in Virginia.

Am 19. Juni 1976 kam Viking 1 beim Mars an, und am 20. Juli 1976 gelang dann, exakt auf 22,27 Grad nördlicher Breite und 48,00 Grad westlicher Länge, um 12.52 Uhr (MEZ) die erfolgreiche Landung im »Land des Goldes«, Chryse Planitia. Gleich nach der Landung ertönte die Stimme des damaligen Präsidenten Gerald Ford im Kontrollzentrum in Pasadena. Mit freudigen Worten gratulierte er dem Administrator der NASA, James Fletcher, dem Projekt-Manager James S. Martin und allen, die an diesem Projekt mitgearbeitet hatten. Der Präsident erklärte sofort den 20. Juli zum »Tag der Raumfahrt«, denn genau an diesem Tag, sieben Jahre zuvor, landeten die beiden Astronauten Neil Armstrong und Edwin »Buzz« Aldrin (Michael Collins blieb im Mutterschiff) erfolgreich auf unserem Erdtrabanten.

Sofort wurden an dem Lander die automatischen Kameras eingeschaltet, und sie zeigten phantastische Bilder von der Marsoberfläche bis hin zum Horizont. Die Kameras konnten im Umkreis von 300 Grad geschwenkt werden, und es war tatsächlich eine rote Planetenlandschaft zu sehen, übersät mit großen Gesteinsbrocken und kleinen Dünen, die der Marswind geformt hatte.
Während der nächsten Tage machte der Lander von Viking 1 zahlreiche Aufnahmen von der Umgebung des Landeplatzes. Dabei stieß man auf einen großen Gesteinsbrocken in etwa neun Meter Entfernung, ungefähr zwei Meter breit und einen Meter hoch, der von den NASA-Technikern gleich liebevoll »Big Joe« genannt wurde. Fünf Tage später ging dann ein Raunen durch das Kontrollzentrum, denn da schienen sie zu sein, die Zeichen der Marsbewohner. Auf einem Stein zeigte sich die Ziffer 8 oder der Buchstabe B, und etwas rechts davon spiegelte sich auf einem Stein ein verkehrter Dreier, den Buchstaben E oder Omega aus dem griechischen Alphabet ähnlich. Die NASA-Wissenschaftler entschieden sich für zufällige Lichtspiegelungen.
Inzwischen suchte der Orbiter von Viking 1 einen geeigneten Landeplatz für Viking 2. Man schrieb den 25. Juli 1976, vorerst irgendein Tag dieser Marsmission, doch sollte dieser Tag noch in die Geschichte der Marsforschung eingehen. Viking 1 war zu diesem Zeitpunkt dem Mars bis auf 1873 km nahegekommen und befand sich über der Region Cydonia. Dabei nahm der Orbiter mehrere merkwürdige Strukturen von der Marsoberfläche auf, darunter auch eine gar erstaunliche Formation. Der Sonde entgegen, als wolle es ihr etwas mitteilen, blickte ein riesiges menschliches Antlitz, von so ebenmäßiger Schönheit, als wäre es von einem Bildhauer aus dem Marsboden gemeißelt worden. Auf der Stirne war eine Art Krone oder Band von regel-

mäßigen Punkten zu erkennen, ein Haaransatz bis zum Kinn, ein Auge, eine Nase und sogar ein Mund; die eine Gesichtshälfte spiegelte im Sonnenlicht, die andere lag in tiefem Schatten.

Dieses Gebilde wurde von den NASA-Technikern jedoch nicht sofort registriert; die Übertragung zur Erde dauerte einige Zeit, und die Aufnahmen mußten erst genauer angesehen werden. Damit beauftragt war der NASA-Mitarbeiter Toby Owen. An einem der nächsten Sonntage nachmittags dieses heißen Sommers 1976 saß er mit einem Vergrößerungsglas über einigen NASA-Bildern. Unter den zahlreichen abgebildeten Felsbrocken stach ein Gebilde besonders hervor: Es war dieses merkwürdige menschliche Gesicht. Toby Owen zeigte die Aufnahme dem Viking-Wissenschaftler Gerry Soffen, der damals die ersten Marsbilder der Presse präsentierte, mit den Worten: »O mein Gott, sieh dir das an! Ist das nicht sonderbar!«

Im Nebenraum waren inzwischen zahlreiche Journalisten und Presseleute versammelt, um die ersten »Lebensdaten« vom Mars zu bekommen. Es waren Leute aus aller Herren Länder, vom italienischen Fernsehen, von der britischen BBC, die Kanadier, die Japaner und auch die Russen. Alle warteten gespannt auf den ersten Hinweis auf außerirdische Lebensformen. Der damals anwesende Wissenschaftsjournalist Richard C. Hoagland berichtet später darüber: »Jeder war verrückt nach Daten – ich meine Leben auf dem Mars. Die Suche, das tägliche Drama, die Pressekonferenzen, die Berichte und die Experimente: Es war ein wunderbarer dreifacher Zirkus, wie solche Dinge gewöhnlich sind. Dieser hatte aber eine besondere Note, weil die NASA verkündete, das ist *die Suche nach Leben auf dem Mars.*«

Gerry Soffen trat vor die Presseleute und präsentierte diese merkwürdige Gesichtsstruktur auf der Viking-Aufnahme mit den Worten: »Ist es nicht seltsam, was das Spiel von Licht und Schatten hervorbringt? Wenn wir einige Stunden später eine weitere Aufnahme machen werden, ist es bestimmt weg – es ist bloß der besondere Lichteinfall.« Irgend jemand machte noch Witze, wie: »Der Kopf sagt uns wo wir landen sollen«, und alle anwesenden Reporter akzeptierten die Meinung des Viking-Experten, berichtet Richard Hoagland, und weiter: »Ich meine, Gerry Soffen war ein sehr offener, sehr vorsichtiger und sehr engagierter Wissenschaftler, der den typischen Geist der Viking-Mission verkörperte. Er war ein multidisziplinärer, aufgeschlossener Amerikaner, der versuchte, in das Unbekannte vorzudringen. So glaubten wir ihm, und das Gesicht war bald vergessen.« Dr. Harold Masursky vom US Geological Survey Center in Flagstaff, Arizona, machte in der Zeitschrift »Science News« vom 7. August 1976 noch die scherzhafte Bemerkung: »Das ist der Kerl, der Lowells Marskanäle baute«, und das war in diesen Wochen und Monaten auch schon alles. Kein Reporter, keine Zeitschrift berichteten mehr über diese merkwürdige Entdeckung auf dem Mars.

Am 15. Dezember 1976 saß ich vor den Spätnachrichten des österreichischen Fernsehens (ORF), und da wurde plötzlich ein angeblicher NASA-Film gezeigt. Der Kommentator, der damalige Wissenschaftsjournalist Peter Kaiser, präsentierte den Film, der von Viking 1 aufgenommen worden sein soll, auf der Suche nach einem Landeplatz für Viking 2. Zu dieser Zeit befand sich der Mars gerade in Konjunktion mit der Erde, und die Sonde verschwand hinter dem Planeten, so daß die Übertragung für einige Zeit unterbrochen wurde. Als die Sonde wieder hervorkam, soll sie damals dieses Gesicht aufgenommen haben.

Nun muß ich heute dazu sagen, daß die Viking-Sonden

keine herkömmlichen Filmkameras an Bord hatten. Die Bilder wurden in Streifen mit einzelnen Bildpunkten digital zur Erde übertragen, wovon dann Fotos angefertigt wurden. Aus diesen Fotos muß der damalige Film zustandegekommen sein, und vermutlich auch schon vor dem Dezember 1976. Bis heute weiß ich nicht, wer diesen Film an den ORF geschickt hatte. Auch Peter Kaiser konnte mir diesbezüglich nicht weiterhelfen.

Jedenfalls hatte ich an jenem Dezemberabend dieses Gesicht auf dem Mars zum ersten Mal gesehen, und ich war sofort davon beeindruckt. Ich hatte schon einige Zeit zuvor den Film »Erinnerungen an die Zukunft« von Harald Reinl gesehen, der nach den damaligen Büchern Erich von Dänikens gedreht wurde. Wie inzwischen bekannt ist, vertritt der ehemalige Schweizer Hotelier Erich von Däniken schon seit den sechziger Jahren die Meinung, daß die Götter eigentlich Astronauten waren und daß es dafür auf der Erde zahlreiche Indizien gibt. In mehreren Büchern hat er dies ausführlich dokumentiert. So weckte dieses seltsame Gebilde in mir sogleich den Gedanken eines möglichen Hinweises auf außerirdische Besucher in der Vorzeit. Wenn all die angeblichen Indizien für diese Theorie auf der Erde nicht stichhaltig genug sein sollten, dann müßte ein künstliches Gebilde auf einem unserer Nachbarplaneten wohl endgültig den Beweis liefern.

So schrieb ich als erstes an die Fernsehanstalt, um Näheres in Erfahrung zu bringen, und bat auch um einen Fotoabzug von diesem Film. Dann wendete ich mich an verschiedene Stellen der NASA, wie das Space Flight Center in Huntsville, Alabama, an die Martin Marietta Denver Division in Colorado und an das Jet Propulsion Laboratory in Pasadena.

Am 27. Mai 1977 erhielt ich vorerst den gewünschten Fotoabzug von dem Fernsehfilm. Es war natürlich keine sehr gute Aufnahme, da diese aus einem 16-mm-Film herausvergrößert werden mußte, doch hatte ich zumindest einen gewissen Anhaltspunkt, wie dieses Gebilde auf dem Mars aussehen könnte. Damals vermutete ich, es müßte 20 bis 30 km groß sein, und ich teilte dies in einem Schreiben vom 4. Juni 1977 Erich von Däniken mit, der mir jedoch am 26. Oktober 1977 schrieb: »Für das ›Marsgesicht‹ haben wir leider keine Verwendung.«

Damals kannte ich auch bereits die Arbeiten des ehemaligen NASA-Mitarbeiters und gebürtigen Österreichers Joseph F. Blumrich, der aus dem biblischen Ezechiel-Bericht die technische Beschreibung eines Raumschiffes rekonstruierte (»Da tat sich der Himmel auf«, Verlag Ullstein, Berlin). Ich ersuchte ihn ebenfalls um Informationen bezüglich dieses Gesichtes auf dem Mars. In einem Schreiben vom 21. Oktober 1977 teilte er mir mit, daß er mir leider diesbezüglich nicht weiterhelfen kann, doch hätte ich schon den richtigen Weg, mich an das JPL zu wenden, beschritten.

Während sich die anderen Stellen der NASA nicht meldeten, erhielt ich dann tatsächlich vom JPL am 31. Oktober 1977 einige Fotos von der Viking-Mission, doch über ein Gesicht auf dem Mars wußte man dort offenbar nichts. Don Bane vom Public Information Office schrieb mir: »Diese Kosenamen, die Du den Marsfotos gibst, wie ›Marsgesicht‹, sagen mir gar nichts – das sind Deine Kosenamen, nicht meine.« Und weiter: »Ich versende jeden Monat Tausende Fotos zu Hunderten von Leuten, ich kann mir nicht merken, wem ich was geschickt habe«, meinte Don. Ich müßte ihm unbedingt die Archivnummern der Fotos mitteilen, sonst könne er mir nicht weiterhelfen.

Dazu muß ich sagen, daß damals von den publizierten NASA-Aufnahmen kaum jemand die Fotonummern be-

kanntgab und daß dieses überhaupt nicht üblich ist und sogar heute nicht anders praktiziert wird. Fotos von der NASA oder anderen offiziellen Stellen zu bekommen, ist meistens nur speziellen Fachleuten und solchen, die sich persönlich besonders darum bemühen, möglich. Erst wenn eine Aufnahme hundert-, ja tausendmal publiziert wurde, können sich offizielle Stellen auch an gewisse Bezeichnungen halten. Ich habe dann deshalb in meinen späteren Publikationen die genauen Fotonummern angegeben, doch so etwas kann sich auch als Fehler herausstellen.
Ich ließ aber nicht locker. Wenn schon ein NASA-Film über dieses Gesicht existieren soll, dann wird es doch wohl auch möglich sein, auf irgendeine Art und Weise ein Original-Foto davon zu bekommen. Ich war mir sicher, daß beim JPL eine derartige Aufnahme existieren muß, denn dort wurden damals sämtliche Viking-Aufnahmen ausgewertet, und so schrieb ich erneut an Don Bane.
Am 2. März 1978 kam dann wieder ein Brief von ihm, und diesmal schrieb er mir: »Nun weiß ich, was Du meinst, wenn Du auf ein ›Marsgesicht‹-Foto hinweist!« Ich war wahrscheinlich genauso erleichtert wie Don, denn nun hatte ich »mein Marsgesicht«, und es war ein phantastisches Bild, eine Vergrößerung, die sehr gute Details zeigte. Das Gesicht lag zwar immer noch zur einen Hälfte im Schatten, doch zeigten sich einige »Lichtpunkte«, um nähere Untersuchungen anstellen zu können. Don teilte mir in diesem Schreiben auch gleich die genauen Koordinaten dieses Gebildes auf dem Mars mit: 40,89 Grad nördliche Breite und 9,55 Grad westliche Länge. Auf der Rückseite der Aufnahme war auch die Größe von »one mile (1500 m)« und der Einfallswinkel des Sonnenlichts von 20 Grad angegeben. Dadurch konnte ich sogleich dieses »Marsgesicht« in der Region Cydonia lokalisieren. Als letztes meinte Don

schon in diesem Schreiben auf meine Anfrage nach besseren und weiteren Aufnahmen von diesem Gebilde, daß es davon kein anderes Bild gibt.
So blieb mir vorerst nichts anderes übrig, als eigene Experimente anzustellen, und ich entwarf ein Modell, eine Rekonstruktion von diesem »Marsgesicht«. Ich fertigte aus einer Knetmasse ein Gesicht an, das dem auf dem Mars möglichst ähnlich sein sollte, und beleuchtete es mit einer elektrischen Lampe genau so, wie auf der NASA-Aufnahme beschrieben. Ich machte davon Fotos und konnte dann feststellen, daß auch in der Schattenseite etwas von dem Gesicht zu sehen war. So kam ich zu dem Schluß, daß auch auf den Original-Aufnahmen etwas von der im Schatten liegenden Gesichtshälfte zu sehen sein müßte.
Schon im Januar 1978 kaufte ich mir das Buch »Das Abenteuer Universum« von Luis E. Navia, Astronom und damals Professor am New York Institute of Technology, erschienen 1977 im Econ-Verlag. Darin war ein Foto vom »Marsgesicht« mit ruinen- und pyramidenartigen Gebilden abgebildet. Luis Navia schrieb aber lediglich dazu: »Bis auf den seltsam gesichtsähnlichen Felsen, den der Orbiter von Viking 1 bereits früher fotografiert hatte, war hier nichts künstlich Geschaffenes, kein ›Gebilde von Menschenhand‹ zu erkennen.« Er stellte über den Mars die Frage: »Haben auf seiner jetzt toten Oberfläche einst intelligente Lebewesen existiert?« und meinte einige Zeilen später aber, »weder die intelligenten Marsianer der Science-fiction-Romane noch ihre Bauwerke waren irgendwo sichtbar.«
Inzwischen informierte ich, genau am 5. Juni 1978, auch die Zentrale der »Ancient Astronaut Society«, (AAS), in Illinois, Chicago, und den Rechtsanwalt und Gründer dieser Gesellschaft, Dr. Gene M. Phillips. Ich wartete gespannt, was er dazu zu sagen hatte. Ich schrieb, daß dort auf dem

Mars ein merkwürdiges menschliches Gesicht existiere, das möglicherweise den Beweis für »prähistorische Astronauten« darstellen könnte. Am 22. Oktober 1978 erhielt ich von Gene Phillips aber einen eher abschlägigen Bescheid; das »Marsgesicht« sei zwar interessant, doch nicht ausgeprägt genug für eine Veröffentlichung.
Mittlerweile arbeitete ich an meinem Manuskript »Wir, vom Mars« und gab dazu, um einen geeigneten Verleger zu finden, am 4. Juli 1978 im »Börsenblatt des deutschen Buchhandels« eine Anzeige auf, in der es unter anderem hieß: »Spuren außerirdischer Intelligenzen auf dem Mars? Kamen unsere Vorfahren vom roten Planeten? Intelligentes Marsleben vor 2 Millionen Jahren?« Darauf meldete sich als einziger der Kölner Ellenberg-Verlag, bei dem dann (allerdings nur mit einem erheblichen Druckkostenzuschuß von mir) mein Buch erscheinen sollte.
Nachdem ich nun wußte, daß mein Manuskript als Buch herauskommen wird, war ich dann doch noch etwas lästig, um vielleicht noch andere und bessere NASA-Fotos vom »Marsgesicht« bekommen zu können, und schrieb nochmals an Don nach Pasadena. Ich teilte ihm mit, daß ich auf dem Foto in Luis Navias Buch so etwas wie ruinenartige Strukturen gesehen habe und daß diese in der Nähe des »Marsgesichts« zu finden sind; ich also gerne Fotos hätte aus einer größeren Höhe, worauf dann diese Gebilde zu sehen sein müßten, also eine Aufnahme welche die komplette Region um dieses »Marsgesicht« zeigt.
Ich weiß nicht, ob ich mich damals schlecht ausgedrückt hatte oder ob Don Bane Probleme bei der Suche hatte, er dürfte jedenfalls dann etwas ungehalten gewesen sein, als er mir am 12. September 1978 schrieb: »Du hast bereits Fotos von diesem ›Gesicht‹. Ich sehe keinen Grund Dir noch weitere zu senden. Wir haben kein Foto, das diese Region aus

einer anderen Perspektive oder einer näheren Umlaufbahn zeigt.« Don kannte auch nicht Luis Navia und dessen Buch. Er teilte mir in diesem Schreiben mit, daß kein Wissenschaftler im JPL auf irgendeinem Viking-Foto so etwas wie »Ruinen« auf dem Mars vermute. Das Gesicht sei durch eine Kombination von Winderosion und Sonnenlicht entstanden. Er gratulierte mir zur Komplettierung meines Manuskriptes und ersuchte mich, ihm ein Belegexemplar meines künftigen Buches zukommen zu lassen – was ich dann 1979 auch tat.
Damit war die Suche nach besseren Details von diesem Gebilde auf dem Mars und meine Korrespondenz mit dem JPL vorläufig beendet, denn ich mußte in Köln das Manuskript abliefern, das im Oktober 1978 in Druck gehen sollte.

11 Vergessen und vergeben

Die verschlungenen Wege einer aufregenden Entdeckung

Im Februar 1979 ist mein Buch »Wir, vom Mars« erschienen, und ich versuchte natürlich alles, um dieses bekanntzumachen. Mein Verleger schickte damals etwa 56 Rezensionsexemplare an die bekanntesten Redaktionen der Fernseh- und Rundfunkanstalten und Zeitschriften in der Schweiz, in Deutschland und in Österreich. Ich selbst hatte dann noch einigen speziellen Redaktionen jeweils ein Exemplar zugesandt.

Als erstes erschien ein Bericht über mein Buch in der bekannten Wiener Wochenzeitschrift »Samstag« vom 16. Juni 1979 unter dem Titel »Was steckt hinter dem Marsgesicht? – Computerfachmann aus Wien ist dem Rätsel des ›Roten Planeten‹ auf der Spur.« In dieser Zeitschrift wurde damals ein Bild von meinem Marsgesicht-Modell veröffentlicht und auch als solches bezeichnet. Auf diesen Bericht meldete sich bei mir eine Dame, die mein Buch gekauft hatte und die mir anschließend, bei einem Besuch bei ihr, einen Artikel aus der Zeitschrift »National Enquirer« vom 25. Oktober 1977 zeigte, der die Überschrift trug: »Did NASA Photograph Ruins Of an Ancient City on Mars?« (»Fotografierte die NASA Ruinen einer alten Stadt auf dem Mars?«) Am 24. Oktober 1979 erhielt ich dann von Ann Bell vom Reader Service des »National Enquirer« eine Kopie des Artikels. Darin wurde von rechteckigen Strukturen berichtet, die an die gewaltigen Steinmauern der Inkas erinnern. In der November/Dezember-Ausgabe von 1979 erschien dann im »Magazin 2000« und am 6. Dezember 1979 in der Zeitschrift »Das Neue Zeitalter« jeweils eine kurze Rezension meines Buches. Im »Lexikon der Prä-Astronautik«, zusammengestellt von dem Bibliothekar Ulrich Dopatka und herausgegeben von Erich von Däniken wird im Literaturverzeichnis mein Buch »Wir, vom Mars« angeführt.

Danach folgte am 15. Februar 1980 in der zuletzt genannten Zeitschrift auch ein längerer Artikel von mir unter dem Titel »Gab es einst doch Marsbewohner?«, zu dem meine Zeichnung vom Marsgesicht veröffentlicht wurde und in dem ich bereits auf diese ruinen- und pyramidenartigen Strukturen in der Nähe des Marsgesichtes aufmerksam machte. Im April 1980 erschien dann dieser Artikel auch mit Fotos (erstmals in einer deutschen Zeitschrift) in der privaten Fachschrift »Mysteria« der beiden Prä-Astronautik-Forscher Axel Ertelt und Hans-Werner Sachmann. Im August 1980 erschien dann ein entsprechender Artikel von mir, unter dem selben Titel, im damals gut bekannten »Perry Rhodan-Magazin«. Direkt neben meinem Bericht in dieser Ausgabe hatte Erich von Däniken einen Bericht über das südamerikanische Ruinenfeld Puma Punku veröffentlicht. Inzwischen hatte ich auch ihm ein Exemplar meines Buches zugesandt.

Nachdem Erich von Däniken anfangs nicht an dem Marsgesicht interessiert war (ich hätte schon im Juni 1979, während der 6. Weltkonferenz der »Ancient Astronaut Society«, AAS, in München, darüber berichten und mein Buch präsentieren können), zeigte er nun doch ein Interesse daran, nachdem er das Buch erhalten hatte. Im Jahre 1980 wurde jeweils in vier von sechs Ausgaben der deutschen Fassung der Zeitschrift »Ancient Skies« der »Ancient Astronaut Society« auf meine Arbeit hingewiesen und auch ein Vortrag von mir zum One-Day-Meeting der AAS in Fulda, für Oktober 1980, angekündigt. In der Ausgabe Juli/August 1980 erschien ein Foto vom Marsgesicht, und meine Rekonstruktions-Zeichnung davon, unter dem Titel »Kamen die Götter doch vom Mars?« Auf diesen Bericht meldete sich am 22. August 1980 ein Herr Vladimir Rubtsov aus der damaligen Sowjetunion, der näheres über das Marsgesicht erfahren wollte. Ich gab ihm die Fotonummern bekannt und verwies ihn, mit Angabe der Adresse, an die NASA, an das JPL.

Am 25. Oktober 1980 hielt ich dann diesen Vortrag in Fulda, bei dem ich das Marsgesicht zeigte, eine Aufnahme von meiner Modell-Rekonstruktion, die hypothetische Zeichnung (welche die erstaunliche Symmetrie dieses Gebildes zeigen soll) und auch bereits Dias von den »Ruinen« und »Pyramiden« sowie von der sogenannten »Inca City« auf dem Mars. Als Referenten waren bekannte Vertreter der AAS anwesend wie Peter Krassa, Johannes Fiebag, Walter-Jörg Langbein, Prof. Dr. Harry O. Ruppe und natürlich auch Erich von Däniken. Nach dieser Veranstaltung meinte Prof. Ruppe (der an der Technischen Universität München einen Lehrstuhl für Raumfahrttechnik betreibt), er werde in der Sache Marsgesicht intervenieren. Schon 1977 schrieb er im »Ancient Skies«, Nr. 6 (allerdings ohne Bezug auf diese Marsstrukturen): »Was ich mit Sicherheit als ›Beweis‹ bezeichnen möchte, wäre ein künstlicher Gegenstand, welchen ich – wenn dann schon! – außerhalb der Erde suchen würde. Der Weltraum und die Oberfläche einiger Himmelskörper innerhalb unseres Sonnensystems bieten eine derart günstige Umgebung, daß die Erhaltung von künstlich geschaffenen Werken sehr wohl möglich scheint.«

Während dieses Treffens in Fulda las ich zufällig in der Illustrierten »Stern« vom 23. Oktober 1980 von zwei Amerikanern namens Vincent DiPietro und Gregory Molenaar, die Posters und Dias vom Marsgesicht angefertigt hatten und die Meinung von Kontakten der alten Ägypter mit Marsbewohnern vertraten. Da nichts von neuen Ergebnissen über das Marsgesicht berichtet und nur das mir schon bekannte Bild gezeigt wurde, fand ich es damals nicht für notwendig, mich mit den beiden Amerikanern in Verbindung zu setzen. Heute weiß ich, daß dies ein Fehler war – ich hätte mir manches erspart. Aber vielleicht hatte das auch seine gute Seite.

Damals informierte ich auch die Wissenschafts-Zeitung »Bild der Wissenschaft«, nachdem diese im Oktober 1980 einen Bericht über »Lebensdaten des Mars« gebracht hatte. In diesem Bericht heißt es, daß nun wohl die Spekulationen über Marsbewohner vorbei seien und es bestimmt keine »gefährdete Mars-Hochkultur« gegeben hat. Ich hatte jedoch in einem Brief an die Redaktion vor vorschnellen Schlüssen »gewarnt« und berichtet, daß die Viking-Sonden ein merkwürdiges menschliches Gesicht auf dem Mars und auch ruinen- und pyramidenartige Strukturen entdeckt haben.

Einen entsprechenden Bericht von mir wollte man damals nicht bringen, doch ist im Januar 1981 wenigstens dieser Leserbrief erschienen, in dem ich schrieb: »Aus Ihrem Artikel konnte ich entnehmen, daß es die ›Marskanäle‹ von Schiaparelli nicht gab und ebensowenig eine ›gefährdete Mars-Hochkultur‹. Wenn auch tatsächlich bisher nichts für diese früheren Spekulationen spricht, so ist es dennoch nicht so, daß nach der neuesten Marsforschung keine derartigen Theorien mehr auftauchen – im Gegenteil!« Ich wies dann auf das Marsgesicht und die »Ruinen« hin und

gab die Archivnummern der betreffenden Fotos und die Adresse vom JPL bekannt. Auf diesen Leserbrief erhielt ich dann einige Anfragen, doch sonst hat sich damals weiter nichts ergeben.
Etwas verspätet ist dann im September/Oktober 1981 ein ausführlicher Artikel von mir, ebenfalls unter dem Titel »Gab es einst doch Marsbewohner?«, im »Magazin 2000« erschienen. Darin hatte ich (erstmals in einer größeren deutschen Zeitschrift) die Fotos von den »Ruinen« und »Pyramiden« in der Nähe des Marsgesichtes und auch die »Inca City« veröffentlicht. Diese Zeitschrift war damals in den meisten Zeitungsläden und Kiosken in Belgien, in Luxemburg, in der Schweiz, in Österreich und natürlich auch in Deutschland erhältlich. Danach ist die ganze Marssache so ziemlich im Sand verlaufen. Es glaubten doch zu viele, daß da nicht viel mehr dahinterstecken könne, und auch den beiden Amerikanern Vincent DiPietro und Gregory Molenaar, die inzwischen phantastische Computer-Aufnahmen vom Marsgesicht machen konnten, sollte es zu dieser Zeit nicht viel besser gehen.
Am 10. Januar 1983 besuchte mich überraschend der Ingenieur Philip J. Klass, Mitarbeiter der Zeitschrift »Aviation Week & Space Technology« und Autor des vielbeachteten Buches »UFOs Explained«. Ich machte mit ihm ein Interview über die Glaubwürdigkeit von UFO-Sichtungen und zeigte ihm dabei auch mein Buch. Er war von dem Marsgesicht jedoch nicht sonderlich beeindruckt. Es dauerte dann noch weitere vier Jahre, bis ich mehr über dieses seltsame Gebilde in Erfahrung bringen konnte. Ich hatte in der Zwischenzeit schon fast resigniert und mich mit dem Gedanken abgefunden, daß darin wohl doch nicht mehr zu erreichen sein wird. Ich hatte der NASA einfach geglaubt, ja glauben müssen, daß es keine weiteren Aufnahmen

davon gibt, doch sollte ich noch einige Überraschungen erleben.

Am 4. April 1987 sah ich mir im Fernsehen die »Unglaublichen Geschichten« des Luxemburger Senders RTL-plus an. Da berichtete der bekannte Sachbuchautor Johannes von Buttlar über ein Gebäude in der Mojave-Wüste, das nach Angaben von Außerirdischen errichtet worden sein soll. Dann präsentierte er ein neues Buch mit dem Titel »Leben auf dem Mars« und erstaunlicherweise auch einige Aufnahmen vom Marsgesicht und den »Ruinen«, die ich bereits vor Jahren publiziert hatte.

Durch diese Aktivitäten aufgescheucht, setzte ich mich wieder mit allen möglichen Stellen und Personen in Verbindung, mit denen ich in diesem Zusammenhang zu tun hatte. Dabei stellte sich heraus, daß es in Amerika inzwischen schon drei Bücher und in Australien ein Buch über dieses Gesicht und die weiteren Strukturen auf dem Mars gibt. In den amerikanischen Büchern heißt es, im Herbst des Jahres 1979 habe Vincent DiPietro das Marsgesicht im NASA-Archiv des Goddard Space Flight Centers in Maryland entdeckt und von den Original-Datenbändern Computer-Aufnahmen gemacht. Schon 1977 hatte DiPietro zwar in einem prä-astronautischen Magazin ein Foto vom Marsgesicht gesehen, dieses jedoch für einen Scherz gehalten. Aus seinen Untersuchungen kam nun aber hervor, daß dieses Gebilde auf dem Mars nicht bloß ein Spiel von Licht und Schatten ist. Am 1. Mai 1980 präsentierte DiPietro mit seinem Partner Gregory Molenaar in einem Informationsblatt mit dem Titel »Unusual Martian Surface Features« dieses Ergebnis bei einer Pressekonferenz in Maryland und am 16. Juni 1980 bei einem Treffen der »Amerikanischen Astronomischen Gesellschaft«. Dadurch kam damals vermutlich der Bericht im »Stern« zustande, nachdem die beiden Amerikaner ihre Arbeit auch in mehreren Zeitschriften (z. B. »Washington Post« vom 28. Mai 1980 und »Omni« vom Oktober 1980) veröffentlichten. Es wundert mich heute jedoch, daß der »Stern« damals nichts von DiPietros neuen und durchaus sensationellen Ergebnissen bekanntgab.

Wie schon gesagt, auch Vincent DiPietro sollte es nicht so leicht haben. Erst im Jahre 1984 entschloß sich ein Team von Experten und Wissenschaftlern, diese Marsphänomene genauer unter die Lupe zu nehmen, um Anhaltspunkte zu sammeln, ob es nicht doch schon auf dem Mars eine höher entwickelte Zivilisation gegeben haben könnte. Auf Initiative von Richard C. Hoagland, ehemaliger Pressereporter und später wissenschaftlicher Autor (der schon 1976 im JPL anwesend war, der aber das Marsgesicht zunächst auch nicht für interessant genug hielt), formierte sich nun ein »Independent Mars Investigation Team«, das vom kalifornischen Stanford Research Institute finanziert wurde. Vom Dezember 1983 bis zum Juli 1984 sammelte dieses Team aus 40 Wissenschaftlern, zwölf Instituten und sechs Computerexperten alle erreichbaren Daten aus diesen NASA-Entdeckungen. Das Team kam schließlich zu dem Schluß, daß diese Gebilde bei weiteren Marsmissionen unbedingt näher untersucht werden sollten. Möglicherweise befinden sich auf dem Mars die größten Rätsel unseres Sonnensystems. Im Jahre 1986 formierte sich eine neue »Mars Investigation Group«, kurz MIG genannt, an der Universität von Kalifornien in Berkeley, der sich auch der ehemalige Apollo-Astronaut Dr. Brian O'Leary und der vormalige Raumfahrtberater des amerikanischen Präsidenten, Dr. David Webb, anschlossen. Auch dieses Team kam erneut zu dem Ergebnis, daß diese Dinge auf dem Mars offensichtlich eine Botschaft enthalten, eine Botschaft wie: »Sieh es

dir näher an und finde mehr heraus!« Die Objekte sollen uns zu weiteren Nachforschungen anregen.
Natürlich hat mich das alles ungemein befriedigt. Ich war nicht mehr allein mit meinen Entdeckungen, es gab noch andere, die (unabhängig voneinander) zu den gleichen Ergebnissen kamen. Selbstverständlich besorgte ich mir gleich die amerikanischen Publikationen, um all dem näher auf den Grund gehen zu können und um zu sehen, was wirklich aus diesem Marsgesicht geworden ist. Mit Hilfe dieser Bücher konnte ich dann erst den wirklichen Hergang der Entdeckungen all dieser Gebilde auf dem Mars rekonstruieren. Ich konnte dabei erfahren, daß selbst die NASA das Marsgesicht nicht näher untersucht hatte und es nach der ersten Veröffentlichung kurzerhand zu den Akten legte. Seit damals (von 1976 bis 1979) soll sich niemand näher mit diesem Gebilde befaßt haben, wie es in den amerikanischen Publikationen heißt. Natürlich mußte ich sofort den Amerikanern klarmachen, daß ich in dieser Zeit bereits Untersuchungen und Nachforschungen angestellt hatte. Da mein Buch »Wir, vom Mars« damals nicht ins Englische übersetzt wurde, hatten die amerikanischen Autoren davon nichts erfahren, weshalb meine Forschungen in deren Büchern nicht erwähnt werden. Auch meine Korrespondenz mit Don Bane und die Zusendung meines Buches an ihn im Jahre 1979 konnten daran nichts ändern. Das hier nun vorliegende Buch wird hoffentlich einiges klarstellen.
Dies vielleicht auch deshalb, da in dem erstmals 1987 erschienenen Buch »The Monuments of Mars« (deutscher Titel »Die Mars-Connection«) von Richard Hoagland meine Marsgesicht-Rekonstruktionszeichnung abgebildet ist. Hoagland hatte jedoch keine Ahnung davon, daß diese von mir stammt, da sie in einer russischen Zeitschrift abge-

bildet ist, wo weder mein Name noch mein Buch erwähnt wird. Leider wußte auch ich nichts von dieser Publikation bis zum September 1988, als ich Hoaglands Buch in den Händen hielt.

Schon im August 1985 erschien in der deutschen Ausgabe von »Penthouse« unter dem Titel »Monument auf dem Mars« ein Bericht von Prof. Dr. Harry O. Ruppe, der sich (wie berichtet) 1980 in Fulda an dem Marsgesicht interessiert zeigte, damals offenbar doch nicht so recht daran glaubte. Prof. Ruppe schreibt aber nun: »Die Untersuchungen werden ergeben, daß die Gesichtsstrukturen künstlich sein könnten...« Er meint damit die Untersuchungen der Amerikaner; er erwähnt dabei zwar die Arbeit von Vincent DiPietro, jedoch leider nicht meine Veröffentlichungen. Dasselbe machte Johannes von Buttlar in einem Bericht im deutschen »Playboy« vom April 1988 unter dem Titel »Der Mann vom Mars – wie er entdeckt wurde«. Auch er erwähnt meine Veröffentlichungen nicht, jedoch die von Vincent DiPietro. Es haben eben einige meine – vielleicht für sie zu früh geäußerten – Vermutungen vergessen. Es sei ihnen vergeben. Das alles zeigt aber das plötzlich erweckte Interesse an diesen Gebilden.

Ich selbst hatte aber auch, aus einer gesunden Selbstkritik heraus, das Marsgesicht ad acta gelegt, da ich außerdem von der NASA keine weiteren Informationen erhalten hatte. Wäre ich allerdings bei der NASA im JPL gewesen, wäre ich sicher hartnäckiger geblieben. So hatte ich aber jahrelang, durch eine Reihe unglücklicher Umstände, nichts von weiteren Untersuchungen erfahren. Dadurch war es möglich, daß mein Marsgesichtmodell-Foto ohne mein Wissen (vielleicht von irgendeiner Zeitschrift publiziert) bei RTL-plus landete und dort fälschlich dargestellt wurde und daß meine Marsgesicht-Rekonstruktionszeichnung sogar in einer Zeitschrift der russischen Botschaft in Washington auftauchte. Es handelte sich damals nicht um irgendeine Zeitschrift, sondern um die Zeitschrift »Soviet Life«, die als das »Fenster zum Westen« galt und die auch mit dem russischen Geheimdienst KGB verbunden war. Wie konnte es dazu kommen?

Im Jahre 1980 erkundigte sich ja, wie ich bereits schrieb, ein Herr Vladimir Rubtsov aus der Sowjetunion über dieses Marsgesicht. Dann hörte ich nichts mehr von ihm. Im Jahre 1987 las ich dann in dem 1986 erschienen Buch »Planetary Mysteries« von Richard Grossinger über einen Artikel unter dem Titel »Pyramids on Mars?«, den ein gewisser Dr. Vladimir Avinsky in der Zeitschrift »Soviet Life« im August 1984 veröffentlicht haben soll. Ich hatte dann ein Jahr lang vergeblich versucht, einen Abzug von diesem Artikel zu bekommen, bis ich ein Foto davon in Richard Hoaglands Buch sah und darauf meine Zeichnung wiedererkannte.

Das ganze klärt sich nun insofern, als sowohl Dr. Vladimir Rubtsov wie auch Dr. Vladimir Avinsky seit Jahren Mitglieder der »Ancient Astronaut Society« sind und wohl meinen Artikel »Kamen die Götter doch vom Mars?« im »Ancient Skies« vom Juli/August 1980 gelesen haben. Darin war meine Zeichnung und ein Foto vom Marsgesicht abgebildet, und ich gab dort bereits auch Hinweise auf diese »Marspyramiden« und »Marsruinen«. Avinsky hat sich nie bei mir gemeldet, und es wurde auch kein Hinweis auf meine Arbeit in seinem Artikel untergebracht, weshalb sich nun Hoagland auf fast 20 Seiten seines Buches fragt, wie die Russen 1983 zu diesen Informationen kommen konnten. Der Artikel wurde angeblich Avinskys Buch »On Land and at Sea« von 1983 entnommen, und 1983 soll ein entsprechender Artikel auch in der Zeitschrift »Moscow News« erschienen sein. Hoagland vermutet jedenfalls, daß dieser Artikel von den Russen lanciert wurde, die es nicht zulassen wollten, daß die Amerikaner möglicherweise den ersten Beweis für die Existenz von außerirdischen Intelligenzen entdeckt haben. So steht in dem Artikel (unter Benutzung meiner Arbeit), Avinsky habe erstmals diese Gebilde auf dem Mars als künstlich beschrieben. Hoagland ist auch deshalb über diesen Artikel so erstaunt, als darin seine Arbeit praktisch vorweggenommen wird.

Man muß dazu wissen, daß sich Hoagland in den letzten Jahren in der Marssache sehr engagiert hat. Er war es auch, der den Präsidenten des Stanford Research Institute, Dr. William Miller, angeregt hatte, das nötige Geld für die Untersuchung der Marsphänomene im Jahre 1984 zur Verfügung zu stellen. Von da an hat Hoagland selbst gründliche Untersuchungen und Messungen an den Aufnahmen der seltsamen Objekte in der Cydonia-Region vorgenommen. Seiner Ansicht nach haben diese Gebilde einen intelligenten Ursprung. Am 7. Juli 1988 gab Hoagland (anläßlich des Starts der sowjetischen Marssonden Phobos) im National Press Club in Washington eine vielbeachtete Pressekonferenz, bei der er seine Entdeckungen bekanntgab. Gemeinsam mit Brian O'Leary gründete er nun ein »Mars Project« zur weiteren Popularisierung und Untersuchung dieser seltsamen Objekte. Vom Dezember 1986 bis zum Februar 1987 fand in Scottsdale, Arizona, gemeinsam mit dem NASA-Projekt SETI (Search for Extraterrestrial Intelligence), eine öffentliche Ausstellung dieser Marsphänomene statt.

Von Hoaglands Pressekonferenz berichteten schlagzeilenartig mehrere amerikanische und deutsche Zeitschriften, darunter auch die »Washington Post« vom 8. Juli 1988.

Brian O'Leary gab während dieser Konferenz bekannt: »Ich habe das starke Gefühl, daß wir in den nächsten zehn Jahren außerirdische Intelligenzen entdecken werden!« Auch im amerikanischen Fernsehen wurde von dieser Pressekonferenz berichtet. Eine entsprechende Mitteilung von mir, mit dem Hinweis auf meine Veröffentlichungen, an die bekanntesten Presseagenturen UPI, DPA, APA usw. schon im April 1988 (ich hatte derartiges von Hoagland vermutet), blieb unbeachtet. Auch eine persönliche Vorsprache bei der Austria Presseagentur (APA) am 20. Juli 1988 blieb diesbezüglich ohne Erfolg. Der Wiener »Kurier«, die zweitgrößte österreichische Tageszeitung, brachte am 16. Juli 1988 eine ausführliche Meldung mit einem Bild von Hoagland. Obwohl ich dort sofort persönlich vorsprach, dann noch einige Briefe mit entsprechenden Belegen hinschickte und dieser Zeitschrift seit 1979 ein Exemplar meines Marsbuches vorliegt, war man dort nicht bereit, nachträglich einen Hinweis auf meine Arbeit zu veröffentlichen.
Ich setzte mich, auch wegen Informationen über die sowjetische Marsmission Phobos, mit der Nachrichtenagentur Nowosti (APN) in Verbindung und ließ einen Brief an Dr. Roald Sagdejew, den Leiter dieses Projektes, an die Sowjetische Akademie der Wissenschaften in Moskau senden. Ich informierte Dr. Sagdejew über diese unkorrekte Publikation der Zeitschrift »Soviet Life«. Man muß dazu wissen, daß Dr. Sagdejew bereits am 12. Januar 1985 in Amerika mit Hoagland, während eines Meetings der National Academy of Science (die teilweise von Carl Sagans »Planetary Society« gesponsert wird), zusammengekommen ist. Dr. Sagdejew erhielt bereits auch den Untersuchungsbericht über diese Marsphänomene und zeigte sich daran interessiert. Möglicherweise könnte dieses Marsge-

sicht einen wesentlichen Beitrag zu einer gemeinsamen russisch-amerikanisch bemannten Marsmission liefern. Ich hatte jedenfalls veranlaßt, Dr. Sagdejew zu ersuchen, wenn irgendwie möglich, das Marsgesicht von einer der Phobos-Sonden nochmals fotografieren zu lassen. Leider ist das dann durch den Ausfall der beiden Marssonden nicht möglich gewesen.

Nun hat sich Gene Phillips, der Gründer der »Ancient Astronaut Society«, doch näher interessiert gezeigt und einen Bericht von mir mit dem Titel »Real Evidence for the Face on Mars?« in der März/April-Ausgabe 1988 von »Ancient Skies« veröffentlicht. Auf diesen Bericht reagierte Vincent DiPietro etwas kritisch und wies auf die eigentliche Entdeckung des Marsgesichtes durch den NASA-Mitarbeiter Dr. Tobias Owen hin. Im Juni 1988 erschien diese Stellungnahme in »Ancient Skies«. Selbstverständlich stelle ich das gar nicht in Abrede und ich will nochmals die großartige Arbeit der NASA erwähnen. Es ist aber leider so, daß die Personen, die erstmals 1976 dieses Marsgesicht bei der NASA sahen, ganz offensichtlich keinen Grund fanden, sich näher damit zu beschäftigen. So hat auch Tobias Owen, mittlerweile Professor für Astronomie an der State University von New York, in dem gemeinsam mit Donald Goldsmith verfaßten Buch »Auf der Suche nach Leben im Weltall« (erstmals 1980 unter dem Titel »The Search for Life in the Universe« erschienen) mit keinem Wort das Marsgesicht erwähnt, obwohl darin über Leben auf dem Mars, UFO-Phänomene und Erich von Däniken geschrieben wird.

Nun da dieses Gebilde aber etwas populärer geworden ist, hat es die bekannte deutsche Illustrierte »Stern« in einer Serie über »Leben im All«, die vom 24. November bis 22. Dezember 1988 lief, mehrmals im Großformat abgebil-

det. In der Ausgabe Nr. 50 vom 8. Dezember 1988 hat der Autor Jörn Voss auch kurz aus meinem Buch »Wir, vom Mars« zitiert und meinen Namen erwähnt. Lieber wäre es mir jedoch gewesen, dies wäre schon 1980 geschehen. Aber damals, noch 1976, suchte auch der bekannte Astronom und Sachbuchautor Dr. Carl Sagan (Professor für Astronomie und Weltraumwissenschaft an der Cornell-Universität) mit einigen Studenten zahlreiche Marsaufnahmen der Mariner- und Viking-Sonden nach »Zeichen« von außerirdischen Intelligenzen ab; sie konnten jedoch nichts Merkwürdiges entdecken. Noch im Juni 1985 bemerkte Carl Sagan in einem Artikel im »Parade Magazine« (nachdem er die Arbeiten von DiPietro, Molenaar und Hoagland gesehen hatte), er »unterstütze nicht die Theorie, daß das Gesicht in Cydonia künstlich errichtet wurde, er habe jedoch nicht genug Beweise dagegen«. So kann es durchaus auch als Fehler der NASA angesehen werden, daß sie auf der Suche nach außerirdischen Lebensformen das so interessant wirkende Marsgesicht völlig ignorierte.
Inzwischen hat auch der australische Autor Brian Crowley, der zusammen mit Prof. James J. Hurtak das erste englischsprachige Buch über das Marsgesicht mit dem Titel »The Face on Mars« im Jahre 1986 veröffentlichte, in seinem nächsten Buch »Return to Mars« von 1989 (nachdem ich mit ihm korrespondierte) meine Arbeit freundlicherweise erwähnt.
Gene Phillips teilte mir später mit, daß er Vincent DiPietro und Gregory Molenaar zur 12. Weltkonferenz der »Ancient Astronaut Society« in Chicago vom 25. bis 27. August 1989 eingeladen habe. Falls es die Zeit zuläßt, könne auch ich in einem kurzen Referat über meine Marsforschungen berichten. Diese Gelegenheit konnte ich natürlich nicht an mir vorübergehen lassen, und so flog ich am

24. August 1989 nach Chicago. Wenn es die Möglichkeit zuläßt, würde ich auch gleich beim Goddard Space Flight Center in Washington vorbeischauen.
Zurückblickend war diese Entscheidung für mich sehr positiv ausgefallen. Ich konnte nicht nur DiPietro und Molenaar in Chicago treffen, ich konnte auch einen kurzen Vortrag halten und meine Angelegenheit gegenüber den Amerikanern zur Sprache bringen, und ich traf am 29. August 1989 Vincent DiPietro auch in Washington bei der NASA, wo er arbeitet. Es war eine für mich unvergeßliche und freundschaftliche Begegnung. Bei dieser Gelegenheit besorgte ich mir auch gleich weiteres Fotomaterial vom Leiter des NASA-Archivs, Jim Riordan. Während dieser Konferenz konnte ich auch ein klärendes Gespräch mit Rubtsov und Avinsky führen. Der Fehler lag bei der Zeitschrift »Soviet Life«, Avinsky hat in seinem Buch »At Land and at Sea (Na sushe i na more)« von 1983 meine Zeichnung mit meinem vollen Namen veröffentlicht.
Inzwischen hat sich auch Erich von Däniken wieder interessiert gezeigt und einen Bericht von mir unter dem Titel »Das Marsgesicht – doch ein Beweis?« im deutschen »Ancient Skies« vom November 1989 veröffentlicht. In einer beigefügten Anmerkung weist er auf die diesbezüglichen Berichte in dieser Zeitschrift hin und meint dazu: »Die Ancient Astronaut Society war stets ›am Ball‹, und genaugenommen verdanken verschiedene Medien und auch Autoren ihre Storys über das Marsgesicht ›Ancient Skies‹.«
So konnte ich nun in der Zeitschrift »Das Neue Zeitalter« (Nr. 51 und 52 vom 13. und 20. Dezember 1989) wieder einen längeren Artikel unter dem Titel »Die Rätsel des Mars« bringen, in dem ich erstmals eine 1987 an der Technischen Universität in Wien angefertigte Falschfarben-

Computeranalyse vom Marsgesicht veröffentlichte – ich komme darauf noch später zurück. Daraus resultierend erschien in der selben Zeitschrift (in der Nr. 15 vom 4. April 1990) ein weiterer Artikel von mir, in dem ich eine durch diese Computeranalyse entstandene sensationelle Ähnlichkeit des Marsgesichts mit dem Christusgesicht auf dem weltbekannten Turiner Leinentuch beschreibe – die Entdeckungen gehen also weiter (siehe Kapitel 16)!
Nicht nur das! Immer mehr Autoren, die jahrelang nicht an die Marsstrukturen »glaubten«, befassen sich nun damit. So auch Zecharia Sitchin in seinem 1990 erschienenen Buch »Genesis Revisited« (deutscher Titel: »Am Anfang war der Fortschritt«). Auch er geht leider nicht auf meine Forschungen ein und auch nicht auf den ihm sicher bekannten Artikel »Real Evidence for the Face on Mars« von mir in »Ancient Skies« von 1988. Am 26. September 1991 präsentierte ich (erstmalig in Europa), in einem Wiener Hotel, auf großen Schautafeln, diese Marsphänomene, und ich lud auch die Presse ein. Das Interesse war jedoch nicht sehr groß.
Am 3. August 1993 hatte ich dann wieder einen Vortrag bei einer Weltkonferenz der »Ancient Astronaut Society« – diesmal war es in Las Vegas. Da ich den Flug dorthin sowieso in Los Angeles unterbrechen mußte, nützte ich die Gelegenheit (schon wegen dem Mars Observer), beim JPL vorbeizuschauen. Dort teilte man mir (wie schon beschrieben) am 9. August 1993 mit, daß mit der Sonde alles in Ordnung sei. Als ich dann in Wien vom Ausfall der Sonde hörte, erfuhr ich auch, daß Richard Hoagland wieder eine Pressekonferenz im »National Press Club« in Washington gehalten hat. Am 24. August verkündete er, daß die NASA »Leben auf dem Mars gefunden hat«, sie würde es jedoch verheimlichen, und sie habe deshalb den

Observer »stillgelegt«. Eine Behauptung, die ich nicht teile. Hätte die NASA sonst fast eine Milliarde Dollar in das Unternehmen investiert? Besonders das Mars-Observer-Team war ausgesprochen publikumsfreundlich. Die Ergebnisse sollten allen Interessenten auf Computer-Disketten zur Verfügung gestellt werden. In einigen Presseaussendungen (die dann auch im Rundfunk und in einigen Zeitschriften veröffentlicht wurden) nahm ich dazu Stellung und meinte eher, daß eine unbekannte Energiequelle (vielleicht von Außerirdischen vor Jahrtausenden auf dem Mars hinterlassen) oder eine »fremde Macht« z. B. UFOs unsere Marssonden stören könnte. Mittlerweile hatte ich am 16. September 1994 auch einen Vortrag in Sydney, den Garry Wiseman für mich organisierte. Ich konnte dort mit Brian Crowley leider nur telefonieren, doch anschließend besuchte ich in Melbourne Michael Krochmal, der freundlicherweise mein Buch »Wir, vom Mars« ins Englische übersetzt hat.

Diese Strukturen auf dem Mars hatte ich jedenfalls, wie beschrieben, bereits ab Dezember 1976 als mögliche künstliche Gebilde angesehen; Hoaglands Verdienst ist es, die nötigen Untersuchungen eingeleitet und das entsprechend publik gemacht zu haben. Ohne die Arbeiten von Vincent DiPietro, Gregory Molenaar und der weiteren in der Folge noch zu nennenden Personen, würde dieses vorliegende Buch aber wahrscheinlich nicht zustandegekommen sein, und wir würden nicht derart erstaunliche Ergebnisse der Marsforschung besitzen.

Nachdem nun der Hergang der Entdeckung dieser Marsphänomene einigermaßen geklärt sein dürfte, möchte ich auf die Objekte an sich und die daraus folgenden Überlegungen eingehen: Existierte auf dem Mars einst tatsächlich eine alte Kultur? Gibt es auf dem Mars nun den Beweis für prähistorische Astronautenbesuche? Haben auf dem Planeten Mars außerirdische Intelligenzen Botschaften an die Erdenmenschen hinterlassen? Werden wir doch noch Leben auf dem Mars finden? Das sind Fragen, die sicher in der nächsten Zukunft immer mehr an Bedeutung gewinnen werden. Kein Gebilde, kein Gegenstand außerhalb der Erde wurde so eingehend im Hinblick auf Artefakte von Außerirdischen untersucht wie das Marsgesicht in der Cydonia-Region. Es werden sicherlich weitere Untersuchungen notwendig sein, vor allem aber müssen wir weitere Bilder vom Mars bekommen. Doch schon jetzt können wir eine Fülle von Daten zusammentragen, die uns weitere Aufschlüsse geben können über diese vielleicht verblüffendste Entdeckung in unserem Sonnensystem.

12 Das Marsgesicht im Detail

Daten, Fakten, Analysen

Hier möchte ich nun all die bisher bekannten Details des Marsgesichts in der Cydonia-Region beschreiben, um feststellen zu können, wieweit dieses Objekt künstlich entstanden sein kann. Ich möchte in diesem Kapitel aber keine Entscheidung in der einen oder anderen Richtung treffen, sondern lediglich auf die Einzelheiten eingehen. Da von den späteren Marssonden Phobos 1, Phobos 2 und Mars Observer keine weiteren Aufnahmen von der Cydonia-Region gemacht werden konnten, müssen wir weiterhin mit dem Bildmaterial der Viking-Sonden arbeiten. Dabei lag mir vorerst die Aufnahme P-17384 zugrunde, die bereits eine Vergrößerung von der eigentlichen Aufnahme 35A72 ist. Die Aufnahme hat Viking 1 am 25. Juli 1976 gemacht, und sie wurde am 31. Juli 1976 von der NASA registriert. Die Nummer 35A72 hat natürlich eine besondere Bedeutung. Die erste Zahl 35 gibt den entsprechenden Marsumlauf der Raumsonde an, »A« bedeutet Orbiter A also Viking 1 und 72 die Folgezahl der Aufnahmen. Dieses Foto wurde aus einer Höhe von 1873 Kilometern um 18.33 Uhr lokale Marszeit gemacht, als die Sonne im Westen unterging.
Wie ich bereits berichtete, sind bis 1987 vier Bücher in Amerika und ein Buch in Australien über dieses Marsgesicht erschienen. Im Jahre 1988 kam bereits die vierte Auflage von Vincent DiPietros und Gregory Molenaars »Un-

usual Martian (Mars) Surface Features« von 1980 heraus, und 1989 folgte in Australien das Buch »Return to Mars« von Brian Crowley und Anthony Pollock. Von Brian Crowley erschien ja bereits 1986 gemeinsam mit James J. Hurtak das Buch »The Face on Mars« in Australien, und mit Hoaglands Buch »The Monuments of Mars« von 1987, mit Richard Grossingers Buch »Planetary Mysteries« von 1986, mit Randolfo Rafael Pozos' Buch »The Face on Mars« von 1986, mit meinem Buch »Wir, vom Mars« von 1979 und dem vorliegenden Buch gibt es nun acht Bücher, die sich speziell mit dem Marsgesicht beschäftigen. Auch in einigen anderen Büchern wird inzwischen das Marsgesicht am Rande erwähnt. Besonders den vier amerikanischen Publikationen konnte ich Informationen entnehmen, die für meine weiteren Forschungen wichtig waren. Kommen wir nun also zu den Details dieses seltsamen Gebildes.

Zunächst möchte ich hier die genaue Lage beschreiben. In der Erläuterung durch das JPL auf dem mir 1978 zugesandten Foto stand lediglich: »in der nördlichen Region des Mars«. Don Bane teilte mir, auf meine Anfrage, die Koordinaten von 40,89 Grad nördlicher Breite und 9,55 Grad westlicher Länge mit. Dadurch konnte ich erstmals das Marsgesicht in der Cydonia-Region lokalisieren. »Cydonia« ist ein alter poetischer Name für die griechische Insel Kreta. Viele Namen auf dem Mars sind (speziell durch Schiaparelli) nach Gebieten auf der Erde aus dem Altertum, aus der Bibel oder aus der Mythologie benannt worden. Diese Koordinaten hatte ich vorerst als die genaue Lage des Gesichtes selbst angesehen, doch handelt es sich um die Koordinaten des Mittelpunkts der Aufnahme 35A72 – das Marsgesicht liegt jedoch etwas östlich davon. Mittlerweile gibt es genauere Messungen, wodurch dieses

Gebilde exakter lokalisiert werden kann. Daraus ergeben sich geringfügig andere Werte.
Merton E. Davies, ein Kartograph von der Rand Corporation in Südkalifornien, hat von der betreffenden Region die genauen Längen- und Breitengrade ermittelt. Das Marsgesicht ist auch nicht exakt in Nord-Süd-Richtung ausgerichtet, sondern es weicht etwas davon ab. Nach den von Davies angeführten Koordinaten ist das Marsgesicht nordnordwestlich ausgerichtet. Danach befindet sich dieses Gebilde, entsprechend dem Mittelpunkt der »Nase«, exakt auf 40,98 Grad Nord und 9,48 Grad West.
Dann wäre die genaue Größe (Basisdurchmesser) und Höhe zu ermitteln. Das ist aufgrund der doch noch zu geringen Auflösungsmöglichkeit der Viking-Kameras und der relativ großen Entfernung zwischen Marsgesicht und Oribter während der Aufnahme entsprechend schwierig. Vom JPL der NASA wurde die Größe, mit »1.5 kilometers (one mile)« angegeben (eine englische Meile ist 1609 Meter). Einige Autoren haben die Größe mit 2,5 bis 2,6 km angegeben.
Die Aufnahme 35A72 zeigt den Bereich von 40,28 bis 41,51 Grad Nord und 8,79 bis 10,30 Grad West – das ist ein Bereich innerhalb 1,23 bzw. 1,51 Grad. Ein Grad auf dem Mars am Äquator entspricht 59,3 km. Im nördlichen Bereich, in der Cydonia-Region, sind es etwa 30 km. Die Größe des Marsgesichts, vom Kinn bis zum Scheitel, entspricht auf der Aufnahme 35A72 einem halben Zehntelgrad – also einem zwanzigstel Grad. Das sind dann eben etwa 1,5 km bzw. 1500 m. Durch die vorhin genannte Schwierigkeit kann diese Angabe um einige Meter abweichen. Legt man aber dieses Maß zugrunde, dann müßte dieses Gebilde eine Breite von etwa 1300 Metern haben – woraus sich ein Umfang von etwa 5600 Metern ergibt.

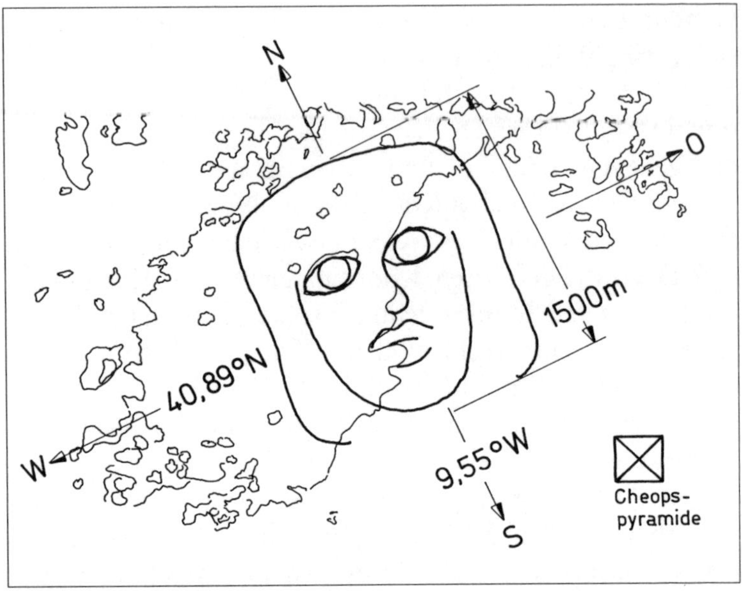

Abb. 15: Hypothetische Zeichnung vom Marsgesicht im Größenvergleich mit der Cheopspyramide, angefertigt 1977 vom Autor.

Anhand des Einfallswinkels des Sonnenlichts kann nun die Höhe ermittelt werden. Wenn wir annehmen, daß der höchste Punkt die »Nasenspitze« ist (was aufgrund des Schattens möglich scheint), müssen wir nur die gesamte Länge dieses Schattens abmessen und diese mit dem entsprechenden Winkel aufzeichnen. Vorerst wurde vom JPL ein Winkel von 20 Grad angeführt, doch später mit 10 Grad korrigiert. Aufgrund des Fotos mit dem langen Schatten 35A72 können wir dessen Länge mit etwa 1800 Metern ermitteln. Legen wir nun das Marsgesicht auf dieser Markierung exakt mit der Nasenspitze darunter, dann müßte dieses etwa 350 Meter hoch sein.

Nun sehen wir uns die weiteren Details genauer an, und

dabei gehen wir noch immer von der ersten von der NASA publizierten Aufnahme 35A72 mit dem langen Schatten aus. Dabei stoßen wir auf diesen »Haaransatz« auf der linken Seite der Aufnahme. Dieses Gebilde geht fast über die gesamte Gesichtslänge und ist deutlich als Erhebung zu erkennen und dürfte gut 200 Meter breit sein. Es stellt sich natürlich die Frage, wie hoch dieser »Haaransatz« ist; er scheint aber niedriger als die Gesamthöhe des Gebildes selbst zu sein. Es könnte auch sein, daß er von der Stirn weg schräg nach unten verläuft.

Als nächstes auffallendes Detail ist das »Auge« auf der von der Sonne beschienenen Seite zu erkennen. Auf einigen Fotos ist hier lediglich ein linsenförmiges dunkles Gebilde zu sehen, doch lassen sich auf anderen Aufnahmen weitere Einzelheiten herausholen. Vermutlich befindet sich in dem »Auge« ein tieferer Teil, der ziemlich kreisförmig ausgebildet ist. Jedenfalls hebt sich dieser Teil deutlich vom übrigen »Auge« ab und kann daher als »Augapfel« angesehen werden. Oberhalb dieses dunklen kreisförmigen Gebildes ist ein – wiederum dunkler – Teil zu erkennen, der wie eine

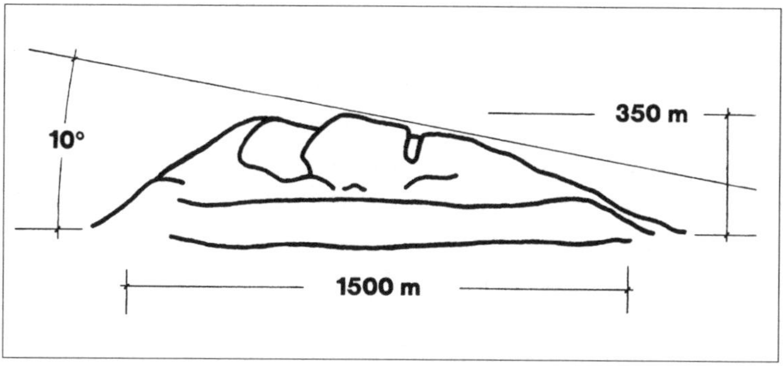

Abb. 16: Seitenansicht vom Marsgesicht nach Computeranalysen und Modellstudien, angefertigt vom Autor.

»Augenbraue« aussieht. Es kann hier vorerst nicht ganz geklärt werden, ob dieses »Gesicht« ein zweites Auge hat, da die gewöhnlichen NASA-Aufnahmen die zur rechten Hand liegende »Gesichtshälfte« fast völlig im Schatten zeigen. Es sind in diesem Bereich lediglich einige hellere Flecken zu erkennen, die auf die mögliche Form des gesamten Gebildes schließen lassen.

Des weiteren sehen wir in der Mitte deutlich eine Erhebung, die einer Nase, wie in einem menschlichen Gesicht, entspricht. Sie erscheint einerseits langgezogen, andererseits auch knollenartig und dürfte etwa 200 Meter lang sein. Auf jeden Fall ist das ein weiteres Detail, das Rückschlüsse auf eine durchaus ebenmäßige Gesichtsstruktur zuläßt.

Dann sehen wir auf dieser Aufnahme ganz deutlich eine Vertiefung, die durchaus als »Mund« identifiziert werden kann. Wir sehen hier vorerst nur die linke Hälfte davon, da die rechte im Schatten liegt. In diesem »Mund« sind nun, bei genauerer Betrachtung, zwei helle schräge Streifen zu erkennen, die diesen zackenförmig erscheinen lassen. Dabei könnte es sich um so etwas wie »Zähne« handeln.

Um nun feststellen zu können, ob sich aus dieser Aufnahme noch weitere Details herausholen lassen, fertigte ich schon 1977 ein 55 mal 35 cm großes Modell an. Aus einer Knetmasse modellierte ich eine Gesichtsstruktur, die etwa der Aufnahme entspricht und beleuchtete dieses Modell entsprechend dem zuvor von der NASA angegebenen Lichteinfallswinkel von 20 Grad. Danach fertigte ich davon Fotos an und konnte dabei feststellen, daß unter diesem Lichtwinkel auch auf der Schattenseite bei meinem Modell etwas von dem zweiten Auge und der rechten Wange zu sehen war. Daraus schloß ich, daß auch auf den

NASA-Fotos etwas von der im Schatten liegenden Gesichtshälfte des Marsgesichts zu sehen sein müßte.
Anhand dieser Erkenntnis machte ich dann die auf Seite 172 abgebildete hypothetische Zeichnung, bei der ich die zweite Gesichtshälfte entsprechend ergänzte – mit zwei Augen, mit Augäpfeln, der rechten Hälfte des Mundes und dem rechten Haaransatz. Dies war auch eine gute Möglichkeit, die Symmetrie dieses Gebildes darzustellen. Alle Einzelheiten, das Auge, die Nase und der Mund, sowie natürlich das lange Haar, schienen mir ziemlich exakt so angeordnet wie bei einem menschlichen Gesicht. Als Größenvergleich stellte ich den Grundriß der Cheops-Pyramide dazu.
Mittlerweile haben auch andere Forscher Modellstudien vom Marsgesicht angefertigt: Peter Ritz und Roland Göttert aus Deutschland, Albert Prather und Kynthia Lynne aus den USA und Tom Stanton aus Australien. Vladimir Avinsky aus Rußland hat Modelle von den »Pyramiden« in der Cydonia-Region angefertigt, ebenso Harry Jordan, aus Nebraska, USA. Nach dem Modell von Kynthia Lynne, die bei Hoaglands »Mars Project« mitgearbeitet hat, habe ich das in diesem Buch abgebildete Gemälde vom Marsgesicht angefertigt.
Nach meinen Modellstudien war es aber notwendig, weitere NASA-Aufnahmen zu bekommen, um all dem genauer auf den Grund gehen zu können. Während mir, auf meine diesbezüglichen Anfragen, vom JPL mehrmals mitgeteilt wurde, daß vom Marsgesicht keine weiteren Aufnahmen existieren, war Vincent DiPietro in Amerika erfolgreicher. Der Computerspezialist hatte schon 1979 bei der Durchsicht der Original-Datenbänder im Goddard Space Flight Center eine zweite gute Aufnahme vom Marsgesicht entdeckt. Diese wurde unter der Nummer

70A13 katalogisiert; es war also das dreizehnte Foto des siebzigsten Marsumlaufs von Viking 1. Diese Aufnahme vom Marsgesicht wurde demnach 35 Tage nach der ersten gemacht: am 29. August 1976. Das Bild wurde an diesem Tag um 16.50 Uhr Marszeit aus einer Höhe von 1725 Kilometern aufgenommen. Die Sonne lag zu diesem Zeitpunkt 27 Grad über dem Horizont im Westen. Das Marsgesicht wirft darauf also einen wesentlich kürzeren Schatten. Der Mittelpunkt dieser Aufnahme liegt auf 40,61 Grad Nord und 9,27 Grad West. Zumindest nach dieser Aufnahme war klar, daß dieses Gebilde tatsächlich eine gesichtsähnliche Struktur ist und nicht bloß ein Spiel von Licht und Schatten, wie dies von den Viking-Wissenschaftlern angenommen wurde.

Gerry Soffen hat z. B. damals verlautbart, daß einige Stunden nach der ersten Aufnahme 35A72 diese Gesichtsstruktur nicht mehr zu erkennen sein wird, und tatsächlich hatten das dann einige Autoren berichtet. So schrieb z. B. David L. Chandler 1979 in seinem Buch »Life on Mars«: »Einige Stunden später, als sich der Sonnenwinkel und auch das Schattenspiel änderte, zeigte diese Region eine ganz gewöhnliche Struktur, eine flüchtige Illusion.« Einige Stunden später, nach der Aufnahme 35A72 – Vincent DiPietro hat diesbezüglich im NASA-Archiv nachgesehen – kann das Marsgesicht gar nicht mehr aufgenommen worden sein, denn dann (nach 18.33 Uhr Marszeit) war es in dieser Region bereits finstere Nacht. Auch James Oberg schrieb noch 1982 in seinem Buch »Mission to Mars«, daß »diese Illusion von Augenbrauen, Nase und Mund« nur »unter einem (und nur unter einem) Sonnenwinkel« zustandekam. Auch Prof. Dr. Rudolf Kippenhahn, Astronom und Direktor des Instituts für Astrophysik am Max-Planck-Institut bei München, schreibt noch 1990 in der

Taschenbuch-Ausgabe seines 1987 erschienenen Buches »Unheimliche Welten«, daß »das Sonnenlicht gerade so auf einen 500 m breiten und 750 m langen Berg fällt, daß der Eindruck eines menschlichen Gesichts entsteht. Zu diesem Eindruck trägt allerdings wesentlich ein schwarzer Punkt bei, der ein Nasenloch liefert...« Wie gesagt, das hat sich alles längst durch die von DiPietro entdeckte zweite Aufnahme, die 35 Tage nach der ersten gemacht wurde, als Irrtum herausgestellt. Das Marsgesicht war auch unter einem wesentlich steileren Sonnenwinkel deutlich sichtbar – ja es zeigte auf Vergrößerungen sogar noch bessere Einzelheiten.

Auch auf dieser zweiten Aufnahme sehen wir all die Details der vorhergehenden Aufnahme: das lange Haar, die Stirn, die Nase, den Mund und bei genauerer Betrachtung sogar ein zweites Auge auf der Schattenseite. Vincent DiPietro hat dann, durch eine eigene Computer-Methode, die er »Starburst Pixel Interleaving Technique« (SPIT) nennt, verblüffende Details aus dem Marsgesicht herausgeholt. Dabei zerlegte er die einzelnen Originalpixels (Originalbildpunkte) in neun weitere Teile, so daß Einzelheiten deutlicher hervorkommen. Andererseits machte er eine sogenannte »Falschfarben-Analyse«, bei der die Grauwerte auf einem Bild in »falsche Farben«, also in selbsterstellte Komplementärfarben wie z. B. Rot, Grün, Blau und Gelb, umgewandelt werden. Die einzelnen Farben können dann entsprechend aufgehellt oder abgedunkelt werden, so daß Einzelheiten hervortreten die mit dem freien Auge nicht oder nur schwer zu erkennen sind.

Dadurch konnte DiPietro erstmals deutlich eine Schattierung innerhalb des linken Auges vom Marsgesicht wahrnehmen, die wie eine Pupille aussieht. Seiner Meinung nach könnte es sich um ein kuppelartiges Gebilde handeln, da die Computerbilder immer eine helle Stelle in der Mitte des Auges zeigen – es scheint also zu funkeln. Des weiteren hatte er auch erstmals Einzelheiten von der im Schatten liegenden »Gesichtshälfte« hervorbringen können. So begann sich deutlich der Schatten aufzulösen, und er teilte sich zwischen dem »Mund« und der »Stirn« zu einer zweiten »Augenhöhle«. Es kam auch so etwas wie ein zweiter »Haaransatz« zum Vorschein, so wie ich das bereits 1977 vermutete. Leider befindet sich bei dieser Aufnahme aber gerade ein Kamera-Markierungspunkt in den Viking-Aufnahmen rechts an der »Wange« des »Gesichts«, so daß keine weiteren Details von dem unteren rechten »Haaransatz« gesehen werden können. DiPietro entdeckte auch einen kleinen dunklen Schatten an der im Sonnenlicht liegenden »Wange«, der wie eine »Träne« aussieht. Alles in allem waren das aber bereits verblüffende Details, die diese Struktur deutlich als ein ebenmäßig symmetrisches, menschliches Antlitz zeigen. Man muß dabei bedenken, daß diese Details aus Vergrößerungen von Bildern zustandekamen, die aus 80 Millionen Kilometer Entfernung zur Erde übermittelt wurden. Allein das ist eine gewaltige Leistung irdischer Technik – in diesem Fall speziell der NASA-Technik.

Daraufhin haben sich weitere Forscher mit dem Marsgesicht beschäftigt. Während der Untersuchungen in den Jahren 1983/1984 machte der Physiker Lambert Dolphin am Stanford Research Institute (SRI) mittels Computer phantastische Vergrößerungen von der Aufnahme 70A13, woraus das Marsgesicht völlig symmetrisch und eindeutig mit zwei Augen zum Vorschein kommt. Dr. Mark Carlotto von der Analytical Science Corporation (TASC), in Reading, Massachusetts, nahm sich im Februar 1986 die Original-Datenbänder vor und entwickelte dabei ebenfalls

eine eigene Technik. Er versuchte die Schattierungen soweit wie möglich wegzubringen und die Aufnahmen mehr aufzuhellen und kam dabei auf weitere verblüffende Details. Durch die schon bei der ersten Aufnahme vom Marsgesicht vorhandenen hellen Streifen im Mund konnte Dr. Carlotto sogar perlenförmige »Zähne« herausholen, was den Eindruck eines geöffneten Mundes erweckt. Im weiteren kam auch aus seinen Vergrößerungen diese »Träne« zum Vorschein, die dann auch Richard Hoagland aufgefallen ist. Seiner Meinung nach könnte es sich aber um ein heruntergefallenes Stück von der Spitze der »Nase« handeln.
Dr. Carlotto machte anhand der NASA-Fotos auch computerunterstützte dreidimensionale Untersuchungen. Selbst bei Drehungen der Bilder um die eigene Achse zeigt diese Struktur immer ein menschenähnliches Gesicht. Es erweckt sogar auf einigen Bildern den Eindruck eines »frühmenschlichen Antlitzes«. Dies führte wahrscheinlich

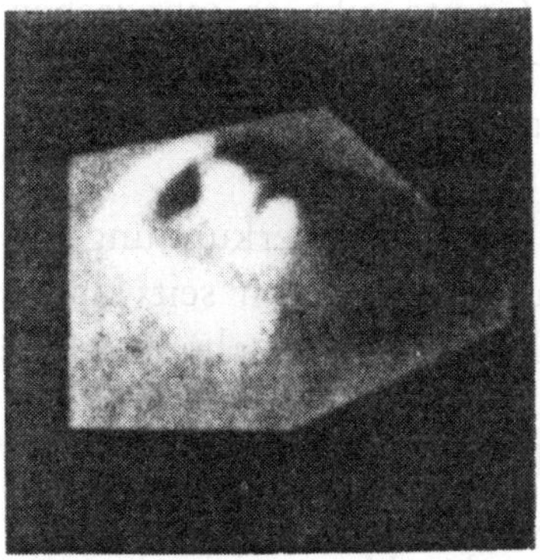

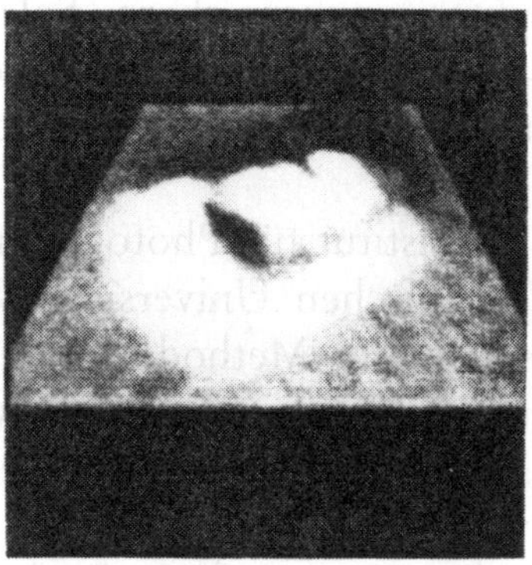

Abb. 17, 18: Zwei 3D-Bilder vom Marsgesicht, angefertigt mittels Computer von Dr. Mark Carlotto.

zu der Bemerkung des Jungen David Gardner in dem Film »Invasion vom Mars« von Tobe Hooper. Auch einige kritische Journalisten ließen sich bereits in Zeitungsartikeln zu entsprechend abschätzigen Schlagzeilen wie »Riesiger Affenkopf auf dem Mars!« hinreißen. Das Kinn sieht zwar bei der Aufnahme vom SRI etwas geschwollen aus, doch sonst hat das Gesicht keine Ähnlichkeit mit einem Affenkopf, bei dem das Gebiß z. B. viel stärker hervortritt. Durch die großen Augenhöhlen handelt es sich eher um ein totenkopfähnliches Gebilde.

Nachdem ich von all diesen Untersuchungen gelesen hatte, versuchte ich das nachzuprüfen, um vielleicht auch noch weitere Einzelheiten aus den NASA-Fotos herausholen zu können. Mir liegt, wie gesagt, seit 1978 eine gute Vergrößerung des Fotos 35A72 vor, und darauf sind auch schon unter einem Vergrößerungsglas so etwas wie ein »Augapfel« und »Zähne« zu erkennen. Ich wollte nun davon ebenfalls eine Falschfarben-Computeranalyse erstellen. Seit einigen Jahren gibt es bekanntlich die Möglichkeit, mit Hilfe von Scannern Fotografien in einen Computer einzuspeichern. Solche Geräte gibt es inzwischen auch schon für Heimcomputer. Ich ließ mir diese Analyse aber von einer unabhängigen und offiziellen Stelle anfertigen.

Im Institut für Photogrammetrie und Fernerkundung der Technischen Universität Wien werden schon seit Jahren mit dieser Methode topographische Untersuchungen gemacht. Ich ging also im Juni 1987 mit meiner Original-NASA-Aufnahme zu diesem Institut, und Dr. Josef Jansa war bereit, mir davon eine entsprechende Computer-Aufnahme zu machen. Er kannte das Marsgesicht bis dahin nicht, und so konnte ich ein unabhängiges Ergebnis erwarten.

Nach einigen Tagen verständigte mich Dr. Jansa, und ich holte mir das Ergebnis ab. Es waren zwei Dias im Format 11 mal 12 cm mit verschiedenen Kontraststufen: das eine schattenverstärkt und das andere aufgehellt. Dr. Jansa teilte dazu die Grauwerte in einem sogenannten »Histogramm« von 0 bis 255 Zeilen auf, und dieses dann in elf Farben, entsprechend: Schwarz, Schwarz/Blau, Blau, Blau/Magenta, Magenta, Magenta/Rot, Rot, Rot/Gelb, Gelb, Gelb/Weiß und Weiß. Auf diesen Aufnahmen kamen immerhin schon einige Aufhellungen im Schatten zutage, die auf die Weiterführung des Gesichts schließen lassen. Ganz schwach war auch eine mögliche zweite »Augenhöhle« zu erkennen, aber ziemlich deutlich ein rundliches Gebilde im linken »Auge«, das einer »Pupille« entspricht. Die »Zähne« kamen hier nur sehr undeutlich zum Vorschein. Wir hatten dann am Bildschirm noch verschiedene Experimente gemacht, wo auch diese »Träne« zu sehen war, doch das war so ziemlich das Beste, was aus diesem NASA-Foto herauszuholen war. Vincent DiPietro hatte es in Maryland doch etwas leichter, da er beim Goddard Space Flight Center direkt die Original-Datenbänder zur Verfügung hatte. Auch mir würden nun, nach meinem Besuch beim Goddard Space Flight Center im August 1989, Original-Datenbänder zur Verfügung gestellt werden, doch Vincent DiPietro, Dr. Mark Carlotto und Lambert Dolphin haben schon sehr gute Details herausgeholt, die vermutlich nicht mehr zu überbieten sind. Ich würde heute sagen, daß ich schon vorher gewisse Vermutungen hatte, Vincent DiPietro jedoch erstmals die Beweise dazu liefern konnte.

Ich habe mir natürlich inzwischen all die in den amerikanischen Büchern beschriebenen NASA-Fotos direkt vom Goddard Space Flight Center für weitere Untersuchungen besorgt, um Bestätigungen für die angeführten Ergebnisse zu finden. Auf diesen Fotos und jenen in den Büchern sind mir dann zusätzliche Details aufgefallen. Auf der »Stirn« des Marsgesichts sind nun bei der ersten ursprünglichen Aufnahme 35A72 einige schwarze Punkte zu sehen, die ich bereits in meinem ersten Buch als »Krone« oder »Stirnband« bezeichnete. Diese dunklen Punkte finden sich auch sonst auf dieser und auf anderen NASA-Aufnahmen der Viking-Sonden. Sie sind, wie die NASA mitgeteilt hat, auf die Übertragung zur Erde zurückzuführen; es sind eigent-

Abb. 19: Das Marsgesicht in der Cydonia-Region mit all seinen bisher bekannten Details.

lich Fehlerpixels, die durch Unregelmäßigkeiten von weiß auf schwarz »umgesprungen« sind. Es handelt sich also nicht um Punkte auf der Marsoberfläche, sondern um Punkte in den Bildern. Sie sind an und für sich auf den Aufnahmen vorhanden, aber eben nicht als schwarze, sondern als weiße Bildpunkte.

Löscht man nun diese Punkte weg (was später auf einigen Aufnahmen geschehen ist), dann zeigen sich dennoch auf der Stirn des Marsgesichts merkwürdige Details. Es sind eigenartige Linien, die quer über die Stirn verlaufen. Eine relativ markante Linie führt schräg über die Stirn – von rechts unten nach links oben. Eine weitere Linie führt schräg nach oben – vom linken Auge zur oberen rechten Seite der Stirn. Ganz schwach ist parallel von dieser Linie eine weitere auf der linken oberen Stirn zu erkennen. Der rechte markantere Teil dieser Liniengebilde wurde auch schon von anderen Forschern wie Richard C. Hoagland und Jim Channon (Illustrator, Designer und ehemaliger Oberst der U.S. Army) als »Krone« gedeutet. Besonders Jim Channon machte 1984 vom Marsgesicht einige bemerkenswerte Rekonstruktions-Zeichnungen, die ähnlich meiner Zeichnung von 1977 sind. Seiner Ansicht nach hat dieses Gebilde eindeutig »anthropometrische, gesichtsförmige Proportionen, eine architektonische Symmetrie und einen künstlerischen Ausdruck«. Jim Channon rekonstruierte auch eine architektonisch gestaltete viereckige Gesichtsformation mit Augen, Nase, Mund, einer Träne, einer Art Krone und sogar mit einem Kinnbart. Deutlich sind auch auf der Aufnahme vom SRI drei bis vier wellenartige Schattierungen am Kinn zu sehen. Jim Channon fand in dieser Struktur ägyptische Züge und versah diese mit einer Rampe, wie sie angeblich beim Bau der Pyramiden verwendet wurden.

Mittlerweile wurde das Marsgesicht auch schon als »marsianische Sphinx« angesehen. Auf Computeraufnahmen von Dr. Carlotto sind sogar regelmäßige Unterbrechungen quer über dem langen Haaransatz zu sehen, die den Streifen auf den Kopftüchern der ägyptischen Pharaonen entsprechen.
Um den kritischen Stimmen, die meinen, das Marsgesicht sei bloß ein Spiel von Licht und Schatten, zu begegnen, suchten DiPietro und sein Mitarbeiter Gregory Molenaar schon andere Bilder von der betreffenden Marsregion. Bilder die vielleicht später gemacht wurden, als die Sonne im Osten stand, um vielleicht etwas mehr von der rechts liegenden Schattenseite zu erkennen. Tatsächlich fanden die beiden weitere Aufnahmen im NASA-Archiv. Es handelt sich um die vier Bilder 673B54, 673B56, 753A33 und 753A34. Zwei auf denen das Marsgesicht von links, also von Westen her, und zwei, auf denen das Marsgesicht von rechts, also von Osten her, beleuchtet wird, wobei die Bilder mit »B« von Viking 2 gemacht wurden. Diese vier Aufnahmen sind aber aus etwa 8500 Kilometern aufgenommen worden, weshalb das Gesicht natürlich darauf entsprechend klein ist, so daß kaum besondere Einzelheiten erkennbar sind. Durch entsprechende Vergrößerungen der beiden Aufnahmen, auf denen das Marsgesicht von Osten beleuchtet wird, ist aber ganz schwach ebenfalls ein zweites »Auge« zu erkennen, so daß es sehr wahrscheinlich ist, daß dieses Gebilde auch bei näherer Betrachtung einer späteren Marsmission so zu sehen sein wird, wie es sich bereits heute zeigt.
Verschiedene Berichte von einem »sprechenden Marsgesicht« (speziell durch die amerikanische Zeitschrift »Weekly World News« vom 19. Februar 1991), das von einer russischen Raumsonde »Mars 23« im Januar 1991

aufgenommen worden sein soll, können nicht ernstgenommen werden – sie haben sich als Zeitungsente herausgestellt. Bei Betrachtungen der betreffenden Bilder war mir sofort klar, daß es sich dabei um keine Original-Aufnahmen handelt, sondern um Kopien eines von Dr. Carlotto angefertigten Bildes, worauf der Mund entsprechend präpariert wurde. Außerdem gibt es keine Mars-23-Mission der Russen.

Auch ein Bild, das angeblich der Mars Observer am 20. August 1993 zur Erde gefunkt haben soll, bevor er ausgefallen ist, ist eine geschickte Manipulation – es sieht eindeutig nach einem Modell aus. Angeblich soll ein gewisser Dr. Benjamin Frania das Bild aus NASA-Quellen erhalten haben.

Schon 1988 wurde in der Zeitschrift »Neues Deutschland« vom 17. Juli der Schattenwurf vom Marsgesicht auf einer schlechten Kopie mit dem Profil des berühmten amerikanischen Regisseurs Alfred Hitchcock verglichen. Verschiedene Gazetten versuchen jetzt eben, ihren Spaß an der Sache zu haben, was der seriösen Forschung natürlich nicht dient. Das ist wohl auch die normale menschliche Reaktion vor dem Unbekannten, das zunächst einmal abgelehnt wird, weil niemand gerne die alten Gewohnheiten aufgeben will. Es ist einfach für viele zu unglaublich, daß auf dem Planeten Mars ein riesiges, künstlich geschaffenes menschliches Gesicht existieren soll.

13 Weitere Steingesichter

Und andere seltsame Strukturen auf der Marsoberfläche

Durch dieses verblüffend gesichtsähnliche Gebilde in der Cydonia-Region des Mars angeregt, durchsuchten nun weitere Forscher in Amerika die NASA-Aufnahmen nach ähnlichen Gebilden. Es wäre ja wesentlich vielversprechender, wenn eine exakt gleiche Struktur in einer anderen Region des Mars existieren würde. Es sind auch schon Stimmen laut geworden, wonach es angeblich zwölf solcher Marsgesichter geben soll, und ein gewisser Dr. D. Nummedal will sogar auf NASA-Aufnahmen ein ganzes »Feld von Marsgesichtern« entdeckt haben.

Ich selbst habe bereits eine Anzahl von NASA-Aufnahmen, speziell die von der Cydonia-Region, entsprechend untersucht, und da ist mir eine weitere Struktur aufgefallen, die relativ gesichtsähnlich aussieht. Unterhalb des Marsgesichts, in exakt südlicher Richtung, befindet sich eine Bodenerhebung, die wie ein Plateau aussieht, auf dem sich eine weitere Erhebung befindet. Diese Erhebung ist etwa so groß wie das Marsgesicht selbst. Sie führt steil nach oben und endet in einer Art »Nase«. Diese Struktur liegt, wie das Marsgesicht, teils im Schatten und teils im Sonnenlicht. Die im Schatten liegende Hälfte dieses Gebildes zeigt auf der Aufnahme 70A13 deutlich eine Vertiefung wie eine Augenhöhle. Links davon, auf der von der Sonne beschienenen Seite, ist ein dunkler Punkt zu erkennen, der etwas irreführend den Eindruck eines zweiten Auges erweckt. Es

handelt sich jedoch bei diesem Punkt wieder um einen Markierungspunkt für die Kamera, die in regelmäßigen Abständen über die NASA-Aufnahmen verteilt sind. Dieser Punkt ist also kein zweites Auge auf dieser Struktur.
Auf der zweiten Aufnahme 35A72 allerdings ist knapp rechts von diesem Markierungspunkt doch eine zweite Vertiefung zu sehen, die einem zweiten »Auge« entsprechen könnte. In der Mitte davon befindet sich dann eine durchaus nasenförmige Erhebung. Einen Mund scheint diese Struktur nicht zu besitzen. Dr. Carlotto hat mit Hilfe seiner Vergrößerungstechnik, wie bereits erwähnt, phantastische Details aus den NASA-Aufnahmen herausholen können. So kommt auch aus seiner Aufnahme des Fotos 35A72 diese zweite Gesichtsstruktur sehr gut zum Vorschein. Danach scheint dieses Gebilde sogar einen ähnlichen »Haaransatz« auf der Schattenseite zu besitzen wie das große Marsgesicht. Es könnte sich bei dieser Struktur um ein Vorläufermodell des Marsgesichts handeln.
Ich möchte hier keineswegs den Fehler begehen, in allen möglichen Strukturen auf dem Mars Gesichter zu sehen. Das fällt bei entsprechender Phantasie auch gar nicht schwer. Die bizarren Bodenstrukturen des Mars lassen wirklich alle möglichen Gesichter erkennen, und nicht nur menschliche. Wir kennen das ja bereits von irdischen Strukturen, in denen alle möglichen Gesichter gesehen werden, obwohl es sich um natürliche Formationen handelt. Andererseits können wir nicht wissen, wie z. B. der Mount Rushmore, auf dem die Köpfe der amerikanischen Präsidenten Washington, Jefferson, Roosevelt und Lincoln in gigantischen Dimensionen eingemeißelt wurden, in einigen Jahrtausenden oder gar Jahrmillionen aussehen wird – und tatsächlich gibt es dazu einen kuriosen Zusammenhang mit dem Mars, wie ich gleich zeigen werde.

Prof. Ruppe hat 1985 einige Fotonummern von anderen NASA-Aufnahmen veröffentlicht, auf denen sich weitere Gesichtsstrukturen befinden sollen. Nach Durchsicht dieser Aufnahmen scheint es sich jedoch eher um kleine Einschlagskrater zu handeln, die wie Gesichter aussehen. Auf einem weiteren NASA-Foto ist z. B. ein sehr ähnliches »Gesicht«, wie das in der Nähe des Marsgesichts, inmitten des Kraters Yuti zu sehen. Vincent DiPietro hat so ein »Gesicht« im Schatten eines anderen Kraters durch starke Vergrößerung herausgeholt.
Der Plasmaphysiker Dr. John Brandenburg hat sich 1984 zahlreiche NASA-Aufnahmen vorgenommen und ging auf »Bilderjagd«. Dabei konnte er in der Utopia-Region zwei weitere Gesichtsformationen entdecken. Die Aufnahme wurde von Viking 1 aus einer Höhe von 1576 Kilometer gemacht und mit der Nummer 86A10 registriert. Das betreffende Gebiet liegt auf 34,57 Grad Nord und 212,22 Grad West in der nördlichen Hemisphäre des Mars, fast genau gegenüber dem Cydonia-Gebiet. Eines dieser Utopia-»Gesichter« ist relativ gut ausgeprägt und dem in der Cydonia-Gegend verblüffend ähnlich. Das andere ist eher ein Teil einer Gruppe von mehreren Erhebungen. Dr. Brandenburg nannte das eine »Comedy« und das andere »Tragedy«. Vincent DiPietro hat beide »Gesichter« mit dem Marsgesicht in der Cydonia-Region verglichen. Nach seiner Meinung haben alle die gleichen Merkmale wie: Einkerbungen an der »Wange«, Vertiefungen über dem rechten »Auge« und eine Art »Helm« oder »Frisur« (»Haartracht«). Angesichts dieser Übereinstimmungen fragt man sich, ob in den Marsgesichtern nicht ein bestimmter Typ dargestellt ist. Besonders das eine, etwas nördlicher liegende Gesicht zeigt recht typische Eigenschaften:
Bei entsprechender Vergrößerung sind zwei »Augen« er-

kennbar, eine Art »Frisur« mit langem »Haar« auf beiden Seiten, eine »Knollennase« und ein »Mund«. Sogar eine Art »Augenbraue« und ein »Augapfel« in dem rechts liegenden »Auge« sind zu erkennen. Die »Nase« und der »Mund« zeigen sich nicht so gut ausgeprägt und etwas zerklüftet. Vielleicht war dieser Teil einer Zerstörung ausgesetzt. Recht gut ist auch ein schmales »Kinn« zu erkennen, und im gesamten zeigt diese Struktur doch ein relativ ebenmäßiges menschliches Gesicht. Aufgrund der Angaben auf dem NASA-Foto dürfte dieses Utopia-Gesicht etwas kleiner als das Cydonia-Gesicht sein – vermutlich 1300 Meter vom »Scheitel« bis zum »Kinn«. Auch von diesem Gesicht ließ ich von Dr. Jansa an der Technischen Universität in Wien eine Computeranalyse anfertigen sowie ein Falschfarbenbild erstellen, woraus die Details recht gut hervorkommen.

Schon 1990 fertigte ich nach Vergrößerungen der Schwarzweiß-Aufnahme, zur besseren Erläuterung eine Skizze vom Utopia-Gesicht an, und meine Frau entdeckte darin eine gewisse Ähnlichkeit mit dem Konterfei des ersten amerikanischen Präsidenten George Washington auf der US-Dollar-Banknote. Ich hielt das natürlich vorerst für ein Kuriosum und behielt mir die Veröffentlichung vor, doch dann bekam ich einen Bericht der englischen Zeitschrift »The Sun« vom 23. April 1991 in die Hände, der den Titel »Face found on Mars is George Washington« trägt. Einem Dr. John Best vom Londoner Astronomischen Observatorium soll diese Ähnlichkeit aufgefallen sein. Die Zeitschrift bildete jedoch das Cydonia-Gesicht ab und nicht das aus der Utopia-Region. Wie auch immer, wenn Außerirdische allgegenwärtig sind, warum sollten sie nicht vor 200 Jahren das Porträt einer bedeutenden Persönlichkeit einer irdischen Großmacht auf dem Mars verewigt haben – aus wel-

Abb. 20: Das »Marsgesicht« in der Utopia-Region im Vergleich mit dem Kopfprofil des amerikanischen Präsidenten George Washington.

chem Grund auch immer. In diesem Fall kann nämlich nicht von einer Manipulation gesprochen werden, und die Bilder sind nachprüfbar. Interessanterweise fällt das Todesjahr 1799 des Präsidenten in die Marsopposition von 1798...

Im April 1994 berichtete die französische Zeitschrift »Ciel et Espace« von einem weiteren Marsgesicht, das erst kürzlich nach Durchsicht der Viking-Aufnahmen von amerikanischen Forschern des Planetary and Geology Laboratory in Phoenix, Arizona, gefunden wurde. Die Zeitschrift veröffentlichte ein Bild von dem Gesicht, das zwei Augen, eine Nase und auch einen schmalen Mund besitzt. Es soll sich in der Region Pavonis Lacus befinden, doch bisher konnte ich noch keine Bestätigung für die Echtheit des Bildes finden.

Mir ist aufgefallen, daß sich gewisse Strukturen auf dem Mars zu wiederholen scheinen, ja fast identisch sind, so als hätte dort ein geologisches Genie seine Lehrlingsarbeit geleistet. So finden sich in verschiedenen Gegenden weitere Gebilde, die einem früheren Stadium des Marsgesichts in Cydonia zu entsprechen scheinen. Es zeigen sich Plateaus, auf denen sich Erhebungen mit eigenartigen »Augen« und »Nasen« herausbilden. Aus irgendwelchen geologischen Vorgängen entstanden auf dem Mars gesichtsähnliche »Rohlinge«, die dann (durch welche Kräfte auch immer) noch verfeinert wurden. Dies läßt den Schluß zu, daß besonders dieses verblüffend menschenähnliche Gesicht in der Cydonia-Region entweder eine meisterhafte Laune der Marslandschaft darstellt oder dieses durch künstliche Bearbeitung aus einem bereits vorhandenen Berg herausgearbeitet wurde.
Eine derartig künstliche Bearbeitung scheint von vornherein nicht gänzlich ausgeschlossen, obwohl dieses Gebilde riesige Ausmaße hat. Es sei dazu erwähnt, daß der Mars nur ein Drittel der Anziehungskraft der Erde besitzt, daß also alles, was auf der Erde ein bestimmtes Gewicht hat, auf dem Mars nur etwa ein Drittel davon wiegt und daß daher die Arbeiten entsprechend leichter zu bewältigen wären. Demzufolge könnte die berühmte Cheops-Pyramide, auf dem Mars, bei gleichem irdischen Arbeitsaufwand, das dreifache Volumen aufweisen: sie könnte sogar eine Grundkante von gut 700 Metern und einen Umfang von annähernd 2800 Metern haben, ja sie könnte auch die dreifache Höhe, nämlich 450 Meter, aufweisen.
In den Reisemagazinen über Australien findet man häufig eine Aufnahme vom Ayers-Rock. Das ist der wahrscheinlich größte Felsen der Erde. Er ragt weit sichtbar aus der zentralaustralischen Wüste, wo sich heute ein Nationalpark

befindet. Die dort ansässigen Ureinwohner, die Aborigines, nennen den Felsen »Uluru«, und danach ist auch der Nationalpark benannt. Er wird als eine Gottheit verehrt und strahlt abends in einem marsianischen Rot wie der gesichtsähnliche Felsen in der Cydonia-Region. Der Ayers-Rock ist praktisch ein Spiegelbild vom Marsgesicht, er hat ungefähr die gleichen Ausmaße, er ist ebenfalls etwa 350 Meter hoch, und er hat einen Umfang von annähernd sieben Kilometern. Der Felsen ist heute stark verwittert, doch sollte er ursprünglich ebenfalls ein menschliches Gesicht darstellen, wäre das sensationell. Wenn man eine Aufnahme davon unter einem bestimmten Winkel betrachtet, scheint es tatsächlich so zu sein! Die australischen Ureinwohner berichten ja ebenfalls von »Göttern«, die einst vom Himmel kamen. Sie gravierten schon vor Jahrtausenden seltsame »Planetensysteme« in die Felswände, und wie es scheint, haben diese sogar einen Bezug zum Mars.
Bezüglich der Künstlichkeit dieser Marsgesichter und der Fragwürdigkeit in dieser Richtung seien noch andere Umstände erwähnt: Auf der Erde gibt es jahrhundertealte merkwürdige Hügel, die von Pflanzenwuchs umgeben waren. Sie wurden lange Zeit als natürliche Gebilde angesehen, bis man entdeckte, daß diese (z. B. von den Moundbilderkulturen) künstlich errichtet wurden und Grabhügel darstellen, in denen sich sogar wertvolle Schätze befanden. Ich möchte hier auch an die zahlreichen unterirdischen Grundmauern von prähistorischen Städten und Gebäuden erinnern, über die hinweg jahrhundertelang Ackerbau betrieben wurde und die erst durch die moderne Luftbildarchäologie entdeckt werden konnten.
In diesem Zusammenhang sei auch die Chinesische Mauer erwähnt. Eine Wehranlage, die sich, 16 Meter hoch und bis zu acht Meter breit, etwa 2450 Kilometer um die Grenze

Chinas erstreckt. Sie paßt sich der Landschaft an und ist auf Satellitenfotos fast nicht als künstliches Gebilde zu erkennen.
In China, in der Provinz Shensi (»Land inmitten der Pässe«), in der Nähe von Sian, liegt außerdem (von der Öffentlichkeit kaum beachtet) die wahrscheinlich größte Pyramide der Erde. Bereits 1912 sahen zwei Handelsreisende, Fred Meyer Schroder und Oscar Maman, dieses gewaltige Bauwerk, und sie berichten später: »Es war viel unheimlicher, als wenn wir es in der Wildnis gefunden hätten. Dieses hier lag unter der Nase der Welt, aber den westlichen Ländern völlig unbekannt.« Während des Zweiten Weltkriegs überflog James Gaussman, Pilot der amerikanischen Luftwaffe, notgedrungen mehrmals das Gebiet, da seine Maschine einen Defekt hatte. Er berichtet später: »Ich flog um einen Berg, und wir kamen über ein ebenes Tal. Direkt unter uns lag eine gigantische weiße Pyramide. Es sah aus wie in einem Märchen. Die Pyramide war umhüllt von schimmerndem Weiß. Es hätte auch Metall sein können oder irgendeine Art von Stein. Sie war reinweiß an allen Seiten. Das Bemerkenswerteste daran war die Spitze: ein großes Stück aus edelsteinähnlichem Material, es hätte auch Kristall sein können. Es war uns unmöglich zu landen, obwohl wir es wollten. Wir waren tief beeindruckt von der immensen Größe dieses Dings.«
Im Jahre 1978 bemühte sich der neuseeländische Forscher Kapitän Bruce L. Cathie um die Klärung dieses Rätsels. Nach Korrespondenz mit der chinesischen Botschaft und anderen Recherchen konnte er eine Luftaufnahme von dieser Pyramide ausfindig machen, welche die US Air Force im Jahre 1947 machte, und auch eine Karte, worauf die genaue Lage eingezeichnet ist. Danach befindet sich diese »weiße Pyramide« nördlich der heutigen Stadt Hsi-king

(Sian) am Fuße des Flusses Wei-ho, exakt auf 34,26 Grad nördlicher Breite und 108,52 Grad östlicher Länge. In unmittelbarer Nähe liegt die kleine Ortschaft Pai-miao-ts'un. Die Größe der Pyramide haben bereits die beiden Handelsreisenden Schroder und Maman auf eine Höhe von 1000 Fuß und eine Basislänge von 1500 Fuß geschätzt – das ist eine Höhe von etwa 300 Meter und eine Basislänge von zirka 450 Meter. Somit stellt diese Pyramide jede andere rund um den Globus weit in den Schatten. Sie hat eine quadratische Grundfläche mit vier Seiten und ein quadratisches Plateau an der Spitze – wie die ägyptischen Pyramiden. Ihre Seitenflächen haben – ebenfalls wie die Pyramiden der Ägypter (vermutlich zu astronomischen Zwecken) – Einbuchtungen. Ein besonderer Unterschied zu den Pyramiden in Giseh ist bei der Shensi-Pyramide der Umstand, daß diese aus einem vorhandenen Berg herausgearbeitet wurde. So könnten auch die Marspyramiden entstanden sein. Die Shensi-Pyramide soll lange vor der Han-Zeit zur Erinnerung an den »Besuch der Götter« erbaut worden sein, und in unmittelbarer Nähe sollen sich, nach den Aufzeichnungen, noch weitere 15 Pyramiden dieser Art und Größe befinden. Wäre es nicht endlich Zeit, dort nähere Forschungen anzustellen?
Der deutsche Reiseleiter Hartwig Hausdorf hat es vor kurzem gewagt. Er begab sich mit einigen Freunden auf die Spur der »weißen Pyramide«. Er veröffentlichte 1994 auch ein gleichnamiges Buch darüber. Die »weiße Pyramide« hat er bislang nicht gefunden, doch zahlreiche andere ähnliche Pyramiden in der Umgebung der Stadt Sian, über die er zusammen mit Koautor Peter Krassa in seinem Buch »Satelliten der Götter« (Langen Müller Verlag, München) berichtet. Es ist ihm erstmals gelungen, der westlichen Welt Fotos davon zu liefern, und er erbrachte damit eindeutig den Be-

weis für Pyramiden in China. Nach einer weiteren Reise in die Volksrepublik meint Hausdorf, dort in der Shensi-Provinz müssen an die hundert Pyramiden existieren. Wer hat dort seine Zeugnisse hinterlassen? Waren es die Götter vom Mars? Findet sich in China der Schlüssel zum Marsrätsel?
Noch eine bemerkenswerte Struktur östlich vom Marsgesicht, in der Cydonia-Region, zeigt ein rundes »untertassenförmiges« Gebilde – im Durchmesser etwa dem Marsgesicht entsprechend – von 1400 bis 1500 Metern. Es scheint eine Struktur zu sein, die aus zwei Teilen besteht. Der obere Teil ist kegelförmig ausgebildet, und gegen Süden zu dürfte sich eine runde Vertiefung als Markierung befinden. Dieses Gebilde zeigt eine verblüffende Ähnlichkeit mit dem Erdwall von Silbury Hill in England, der wie andere solche Hügel zur Berechnung der Jahreslänge diente. Ein Mast, an der Spitze angebracht, zeigte mit seinem Schattenwurf den jeweiligen Sonnenstand an. Sollten die Gebilde auf dem Mars, speziell jene in der Cydonia-Region, gar astronomisch ausgerichtet sein und solchen Zwecken gedient haben?
In Frankreich, in der Bretagne, gibt es bekanntlich eine Anzahl von riesigen Menhiren (Steinsäulen), die ebenfalls astronomisch ausgerichtet sind. Dort setzte eine intelligente Steinzeitkultur ein dauerhaftes Zeichen für ihr gewaltiges Wissen über Sonne, Mond und Sterne. Ganz in der Nähe liegt die kleine Insel Gavrinis, und dort befindet sich ein rätselhaftes steinernes Ganggrab, das an den Wänden mit merkwürdigen Gravuren versehen ist, die wie riesige Fingerabdrücke aussehen. Insgesamt wurden für das Ganggrab 52 Steinsäulen verwendet, wovon 26 mit diesen Zeichen versehen sind. Niemand weiß bisher, was sie bedeuten sollen. Der sechste Stein vom Eingang fällt besonders auf; er ist der einzige mit nur einer Gravur. Sollte hiermit auf den

sechsten Planeten, den Mars, hingewiesen werden? Die ganze Kammer ist auch mit sechs riesigen Platten bedeckt! Angeblich tauchen auf den Steinwänden jeweils drei, vier, fünf oder sechs Gravuren auf, und auf dem 21. Stein alle zusammen. Der Franzose Gwenc'hlan Le Scouezec, der die Anlage erforscht hat, ist der Meinung, es handelt sich dabei um eine mathematische Botschaft. Doch welche? Er setzte die Ziffern 3, 4, 5 und 6 zusammen, also 3456, und dividierte diese durch 21, woraus sich die Zahl 164,57 ergibt. Das ist der Umfang eines Kreises mit dem Durchmesser von 52,38. Hat diese Zahl eine besondere Bedeutung? Der Franzose stellte fest, daß 146,57 geteilt durch 52,38 die Zahl *Pi,* also 3,14 ergibt. Doch soll das alles sein? Interessanterweise beträgt das tägliche mittlere Bahnstück des Mars 0,5240 Grad = 360 : 686,980 Erdtage, also ziemlich exakt ein Hundertstel von 52,38.
Auf diese Gavrinis-Gravuren bin ich durch den Beitrag »Botschaft aus der Vergangenheit« von Erich von Däniken in seinem Buch »Neue kosmische Spuren« gestoßen, und das Erstaunliche daran ist, daß gleiche Strukturen auch auf der Marsoberfläche existieren – nur in wesentlich größeren Dimensionen. Sie sehen aus wie riesige Ackerfurchen oder eben wie Fingerabdrücke, genauso in Halbkreisen angeordnet wie im Gavrinis-Grab. Sie erinnern entfernt auch an die Bodenmarkierungen in der Ebene von Nazca in Peru. Besonders auf der Aufnahme 43A02 von Viking 1 sind diese Furchen recht gut zu sehen. Haben nach Gavrinis verschlagene Marsianer, als Erinnerung an ihre Heimat, diese Furchen in Stein verewigt?
Das ist jedoch noch nicht alles! Die Aufnahme 43A02 zeigt das Gebiet Deuteronilus auf dem Mars, von 352,96 bis 355,20 Grad West und von 45,13 bis 46,61 Grad Nord. Der Mittelpunkt der Aufnahme liegt auf 354,10 Grad West und

45,86 Grad Nord. Die Furchen befinden sich im rechten oberen Bildteil, also zum Längengrad 352,96 zu. Die Ziffern 3456 und 21 aus Gavrinis können auch miteinander multipliziert werden – das ergibt dann die Zahl 72 576. Wenn man nun den Längengrad 354,89 auf dem Mars durch den Breitengrad 48,9 dividiert, dann ergibt das die Zahl 7,25746 – also ein Zehntausendstel der Zahl aus Gavrinis: Das entspricht genau den Koordinaten der Furchen auf dem Mars.

Es wird aufgrund dieser merkwürdigen Strukturen auf dem Mars notwendig sein, durch weitere Raumsonden nähere Erkundungen anzustellen, um die Frage endgültig zu klären: Sind diese Gebilde durch natürliche Kräfte entstanden oder tatsächlich künstlich errichtet worden? Es wäre schon sehr seltsam, wenn die Natur allein für uns so verblüffende Strukturen entstehen läßt. Es müßte dann wohl die weitere Frage geklärt werden, ob nicht die Natur selbst eine Art Intelligenz besitzt.

14 Ruinen und Pyramiden

Die Bauwerke der Marsbewohner?

Nicht nur diese merkwürdigen Steingesichter geben Anlaß zur Vermutung von künstlichen Objekten auf dem Mars, sondern auch seltsame ruinen- und pyramidenartige Strukturen.

In dem Bericht »Did NASA Photograph Ruins of an Ancient City on Mars?« im »National Enquirer« vom 25. Oktober 1977 heißt es: »Mysteriöse Rechtecke am Südpol des Mars, fotografiert von Mariner 9. Jede dieser präzisen rechtwinkeligen Strukturen ist 2,5 bis 3 Meilen breit.« Umgerechnet in Meter ergibt das Größenordnungen von 4000 bis 5000 Metern im Durchmesser jedes dieser Gebilde. Es sind etwa zehn bis zwölf relativ regelmäßig aneinandergereihte Strukturen, die sich deutlich von der übrigen Landschaft abheben. Mariner 9 machte diese Aufnahme am 12. Februar 1972 aus einer Höhe von 2937 Kilometer. Die Sonne lag zu diesem Zeitpunkt 15 Grad über dem Horizont, und die genaue Lage wurde von der NASA mit 80,82 Grad West und 64,43 Grad Süd ermittelt, womit diese Formation im Gebiet Mare Australe liegt. Der Geologe John McCauley vom Mariner 9-Team war über diese Struktur der Ansicht: »Die Bergkämme sind durchgehend, sie zeigen keine Brüche und ragen heraus inmitten des umliegenden Flachlandes und kleiner Hügel wie Mauern von einer alten Ruine. Der Ursprung des netzartigen Musters ist problematisch.«

Did NASA Photograph Ruins Of an Ancient City on Mars?

A fantastic photo of Mars' south pole region reveals a series of mysterious rectangular formations resembling ancient ruins on earth.

Astonished space scientists say the eerie, precisely angled structures, which they've nicknamed "Inca City," might possibly be an incredible monument left by Martian men.

By DAN SCHWARTZ

More than five years after a Mariner 9 satellite took the eye-popping photo while orbiting the planet Mars, government scientists are still baffled.

Dr. Harold Masursky, a top scientist at the U.S. Geological Survey Center in Flagstaff, Ariz., told The ENQUIRER:

"From our view in space, the 'Inca City' is so geometric and precise it could just as easily be interpreted as a sign of intelligent life or a unique geological formation. The 90-degree angles are rare."

National Aeronautics and Space Administration (NASA) scientists are now calling for close-up exploration of the site by a rover mission to determine if the structures are man-made or strange geological formations.

"A rover mission — where a machine might scrutinize the unusual feature directly — would almost certainly answer the question: Was the 'Inca City' made by nature or intelligent beings?" said Dr. Masursky.

"If the Inca City is a man-made structure I would place it in the last 200 million years," he added.

Dr. Jim Cutts, a planetary scientist and a team member of NASA's Viking project, which is now providing additional photos of Mars, told The ENQUIRER: "Dr. Larry Soderblom of the U.S. Geological Survey and I coined the term 'Inca City' because the picture was evocative of the pattern one might see in a kind of decayed and deteriorated metropolis.

"It has the look about it of an ancient structure ... the Inca City, and a series of equally spaced terraces in the area have a rather eerie regularity and precision about them.

"Most geological features have a capricious character to them. But these features have a sort of order to them. And while there are other features in the immediate vicinity that look a little bit like the Inca City, they are not as geometric and perfect."

If life did exist on Mars, Dr. Cutts added, it would probably have been located in the polar regions because those are the only known areas of "the red planet" with water. A rover — a computer-controlled robot vehicle that gathers and analyzes soil samples and other scientific data — is scheduled to land on Mars in the mid-1980s, Dr. Cutts said. That could resolve the mystery of the geometric formations, each of which is 2½ to three miles wide.

"A direct rover probe on Inca City would be all or nothing," Dr. Cutts said. "Either it would turn up evidence that it was 'man-made,' or it would probably go down as a unique geological feature."

MYSTERIOUS rectangles in Mars' south polar region, photographed by Mariner 9. Each of the precisely angled structures is 2½ to 3 miles across.

Abb. 21: Der Bericht des »National Enquirer« vom 25. Oktober 1977 über »Ruinen einer alten Stadt auf dem Mars«.

Erstaunen hat diese Struktur vor allem bei dem Geologen Dr. Harold Masursky vom US Geological Survey Center ausgelöst. Seiner Ansicht nach sind diese Gebilde so geometrisch und präzise, daß man sie leicht als ein Zeichen intelligenter Lebewesen interpretieren könnte. Jedoch könnte es auch eine äußerst ungewöhnliche geologische Struktur sein. »Die 90-Grad-Winkel sind jedenfalls sehr eigenartig«, meint Dr. Masursky.

Dr. Jim Cutts, Astronom und Mitarbeiter des Viking-Projekts, und Dr. Larry Soderblom, ebenfalls vom US Geological Survey, gaben dieser Formation im Jahre 1977 den Namen »Inca City«, da sie den Mauern der Inkas ähnlich sieht. Dr. Cutts meinte dazu: »Viele geologische Formationen haben einen launischen Charakter in sich, doch diese Figuren enthalten eine gewisse Ordnung«, und weiter: »Wenn auf dem Mars tatsächlich Leben existiert, dann wäre es wahrscheinlich am ehesten in den polaren Gebieten zu lokalisieren.« Dr. Masursky meinte dazu noch: »Wenn die ›Inka-Stadt‹ von Lebewesen gebaut wurde, dann würde ich sie in die letzten 200 Millionen Jahre datieren.«

Tatsächlich haben alle Marssonden gezeigt, daß es auf dem Mars die ungewöhnlichsten Strukturen gibt. Da der Planet von keiner Vegetation bedeckt ist und uns praktisch »nackt« gegenübersteht, erscheinen die bizarrsten Gebilde. Ungewöhnlich daran ist, daß sich manche Formationen so deutlich von der übrigen Landschaft abheben, als hätten sie mit den gegebenen Verhältnissen der Region, in der sie sich befinden, nichts zu tun.

Für einige Aufregung sorgten auch die »Pyramiden« in der Elysium-Region, die ebenfalls 1972 von Mariner 9 aufgenommen wurden. Es handelt sich um dreikantige Gebilde, die nach oben hin spitz zulaufen. Sie haben gewaltige Ausmaße: Grundkanten von etwa 3000 Meter und Höhen von bis zu 1000 Meter. James J. Hurtak, ehemals Professor an der California State University von Northridge und Executive Director der Academy for Future Science in Kalifornien, machte 1977 in seinem Buch »The Book of Knowledge: The Keys of Enoch« darauf aufmerksam. Als er diese »Pyramiden« sah, meinte er: »Wenn auf dem Mars Pyramiden sind, dann müßte dort auch eine Sphinx sein.« Dies ist durch die Entdeckung des Marsgesichts praktisch bestätigt worden. Auch David Chandler erwähnt diese Gebilde in seinem Buch »Life on Mars« von 1979. Er vergleicht diese »Pyramiden« mit dem World Trade Center in New York, das mit seiner Höhe von 411 Metern nicht einmal halb so hoch ist wie die Objekte in der Elysium-Gegend. Selbst der als kritisch bekannte Astronom Carl Sagan bezeichnete diese Strukturen in seiner Fernsehreihe

»Kosmos« und in seinem gleichnamigen Buch als »unerklärliche Gebilde«.
Weitere Formationen, ähnlich der »Inca City«, gibt es in der äquatorialen Region Margaritifer Sinus. Während Viking 1 im Oktober 1977, aus einer Höhe von 13 700 Kilometer, den Marsmond Phobos über diesem Gebiet fotografierte, waren auf dieser Aufnahme merkwürdige Strukturen zu erkennen. Es sind teilweise geradlinig verzweigte, auch rechtwinkelig und dreieckig angeordnete mauerartige Gebilde vom Charakter einer prähistorischen Siedlung. Teilweise fügen sich diese »Mauern« in die Umgebung ein, teilweise sind sie aber auch völlig verschieden davon. Wie riesige Adern scheinen sie aus dem Marsboden zu quellen.
Auf einer ähnlichen Aufnahme von Viking 1 vom 11. Oktober 1977, wo der Schatten von Phobos exakt über der Landeeinheit von Viking 1 zu liegen kam, konnte ich eine weitere seltsame rechteckige Struktur erkennen, die sich in unmittelbarer Nähe des Kraters Sharonov befindet. Es scheint auf dieser Aufnahme, bei näherer Betrachtung, eine fast quadratische Struktur zu sein, und sie erweckt sogar den Eindruck einer Stufenpyramide ähnlich der von Sakkara in Ägypten. Direkt daneben scheint sich eine größere Grube zu befinden, die sich terrassenförmig emporhebt, ähnlich den irdischen Bergwerken und Abbaugebieten. Dieses Gebiet, daß sich auf 58,5 Grad West und 27 Grad Nord befindet, ist auf dieser Aufnahme von zahlreichen dünnen Permafrostwolken umgeben. Der Krater Sharonov (der nach einem russischen Astronomen benannt wurde) hat einen Durchmesser von 150 Kilometer. Ähnliche Ausmaße müßte auch dieses viereckige Gebilde haben.
Die wohl verblüffendsten Ruinen- und Pyramiden-Strukturen befinden sich jedoch merkwürdigerweise gerade in

der Cydonia-Region, in der Nähe des so erstaunlich menschenähnlichen Antlitzes. Mir sind diese Gebilde bereits 1979 auf NASA-Aufnahmen aufgefallen, kurz nachdem mein Buch »Wir, vom Mars« erschienen ist. Selbstverständlich habe ich diese Gebilde sofort in meine späteren Publikationen eingebaut und darauf hingewiesen. Mir schien besonders eine Formation von Bedeutung zu sein, die sich rechteckig emporhebt und anscheinend den Einblick in einen quadratischen Innenraum zuläßt. Es scheint sich um vier nach oben zulaufende »Mauern« zu handeln, wobei eine etwas »eingestürzt« sein dürfte, da sie etwas schräg liegt. Diese Struktur erinnert stark an die sumerischen Stufenpyramiden, den sogenannten »Zikkurats«. Die Größe dieses Gebildes ist wieder enorm. Die Grundkante dürfte an die 1000 Meter messen und die Höhe bei etwa 500 Meter liegen. Daraus resultiert eine »Mauerstärke« von gut 200 Meter. Von den amerikanischen Forschern wurde diese Struktur nun ganz richtig »Fort« (Festung) genannt.
Unmittelbar neben dieser »Festung« liegt wieder eine bemerkenswerte pyramidenartige Struktur von ähnlichen Ausmaßen. Auch diese habe ich bereits 1980 publiziert. Es könnte sich hier eher um eine fünfseitige »Pyramide« handeln. Ihrer Größe entsprechend wird sie nun von den amerikanischen Autoren »Main Pyramid« (Hauptpyramide) genannt. Zumindest vier weitere solcher Pyramidengebilde ergeben, in pentagonartiger Anordnung, eine Art »Pyramidenstadt« – was ich ebenfalls bereits früher erwähnte.
Schon 1980 hat Vincent DiPietro, auf der Aufnahme 70A13, die wohl verblüffendste Pyramidenstruktur in dieser Gegend entdeckt. Er machte davon Vergrößerungen anhand der Original-Datenbänder. Dabei stellte sich heraus, daß diese »Pyramide« fünf Grundkanten hat – also ebenfalls eine Pentagonform aufweist. Eine Seitenfläche zeigt

sich auf den NASA-Aufnahmen dabei besonders dreieckförmig: exakt wie bei den Pyramiden in Ägypten. Die Basislänge beträgt an dieser Stelle etwa 1500 Meter (one mile). Die weiteren Längen an der Basis ergeben etwa 1800 und 1100 Meter. Daraus resultiert eine Höhe von 800 bis 1000 Meter. Diese Struktur wurde von den amerikanischen Autoren, entsprechend dem Entdecker und seinem Mitarbeiter Gregory Molenaar, »D & M-Pyramide« genannt.

Die auf der NASA-Aufnahme deutlich sichtbare dreieckförmige Fläche weist mit ihrer Spitze exakt zum heutigen Nordpol. Der Böschungswinkel erscheint auf dieser Aufnahme mit ziemlich genau 54 Grad – und zwar bei beiden Seiten. Ziemlich genau 90 Grad davon befinden sich die beiden nächsten Endpunkte dieser fünfseitigen »Pyramide«. Die beiden anderen Flächen ergeben wieder einen Winkel von 54 Grad.

Auch die erste stufenlos geplante Pyramide der Ägypter, die berühmte Pyramide von Meidum, wurde von dem Pharao Huni (etwa 2600 v. Chr.) mit einem Böschungswinkel von 54 Grad konzipiert. Doch noch vor der Fertigstellung krachte sie in sich zusammen. Hatten sich die Ägypter verschätzt? Während dieser Zeit baute der Sohn von Huni, König Snofru (2575–2551 v. Chr.), an der Pyramide seines Vaters und an einer anderen in Dashur, ebenfalls mit einem Böschungswinkel von 54 Grad. Als die Pyramide von Meidum einstürzte, ließ König Snofru sofort den Böschungswinkel in Dashur auf 43 Grad ändern, weshalb diese Pyramide nun einen »Knick« zeigt. Eine weitere Pyramide, die sogenannte »rote Pyramide«, errichtete Snofru darauf ebenfalls mit dem Böschungswinkel von 43 Grad. Auf der Erde hat sich der Böschungswinkel von 54 Grad beim Bau der Pyramiden als ungünstig erwiesen. Auf dem Mars haben sich aber derart steile Gebilde, durch die geringere

Schwerkraft des Planeten, erhalten. Es ist völlig unverständlich, wieso die Ägypter plötzlich glatte Pyramiden mit 54 Grad Böschungswinkel errichten wollten und damit scheiterten. Als Grabbauten hätten auch die alten Stufenpyramiden ausgereicht. Es ist aber längst erwiesen, daß die ägyptischen Pyramiden nicht als Grabbauten gedacht waren. Es gab dabei wesentlich »höhere« Ziele. Wie ist es sonst zu verstehen, daß König Snofru in seiner angeblich nur 24jährigen Regierungszeit gleich an drei gigantischen Pyramiden arbeiten ließ?

Es ist auch völlig unbegreiflich, wie es dann plötzlich in der Regierungszeit des Cheops, Khufu (2551–2528 v. Chr.), zu einem Böschungswinkel von 52 Grad kommen konnte, mit dem die Pyramiden von Giseh errichtet wurden. Die Cheops-Pyramide wurde sofort und relativ spontan das größte Bauwerk in der Frühgeschichte mit 2,3 Millionen Steinblöcken zu je 2,5 Tonnen im Durchschnitt, mit einer Höhe von fast 150 Metern, einer Seitenlänge von etwa 230 Metern, einem Volumen von 2,6 Millionen Kubikmetern und einem Gewicht von gut 6 Millionen Tonnen errichtet. Sie ist exakt nach Nord und Süd ausgerichtet, mit einem exakten Böschungswinkel von 51 Grad und 52 Minuten, in dem sogar die Kreiszahl Pi (3,14159) enthalten ist. Statt daß es Vorläufer, Modelle dieser Pyramide gibt, existieren lediglich Nachfolger, Nachbildungen. Wie ist das zu verstehen?

Der deutsche Betriebsingenieur Willy Kross machte in diesem Zusammenhang noch weitere bemerkenswerte Entdeckungen, die er auch, während des Treffens der AAS-Mitglieder in Fulda 1980, in einem Vortrag der Öffentlichkeit bekanntgab. Bereits 1977 schrieb er in einer Broschüre mit dem Titel »Versuch einer neuen Deutung der mathematisch-astronomischen Rätsel der Cheops-Pyramide in Giseh«: »Wenn man die größte Pyramide der Dreiergruppe

in Giseh, die Cheops-Pyramide, für den größten Vulkan der Dreiergruppe auf dem Mars einsetzt und ihre Basiskantenlänge entsprechend dem Basisdurchmesser des Arsia Mons mit 6 Grad ansetzt, dann sind die Entfernungen, die Seitenabstände und die Richtung zu den zwei anderen Pyramiden des Chefren und des Mykerinos in Grad ausgedrückt identisch mit den Werten der beiden anderen Vulkane Pavonis Mons und Ascraeus Mons zu ihrem Hauptvulkan Arsia Mons. Sogar die kleine seitliche Ausscherung der Pyramide des Mykerinos stimmt überein! Die Pyramiden sind mit ihren Grundkanten genau nach Nord-Ost-Süd-West ausgerichtet, und die Grundrichtung über die Diagonalen läuft genau nach Südwest. Die Pyramidengruppe in Giseh liegt in Ägypten genau so im Wüstensand wie die Reihe der drei Vulkankegel im orangefarbenen Wüstengebiet Tharsis auf dem Mars, so wie man sie in einem astronomischen Teleskop sehen würde.« Es gibt also noch mehr seltsame Zusammenhänge zwischen Mars und Erde als die merkwürdige Anordnung der beiden Marsmonde.
Ich hatte diesbezüglich bereite 1978 mit Willy Kross ausführlich korrespondiert und dabei auch einige Bedenken geäußert. Es ist immer problematisch, mit kleinsten Zahlenwerten an große Bauwerke heranzugehen. Ferner besteht die Tatsache, daß von der Erde aus mit einem Teleskop die Marsvulkane nicht gesehen werden können. Erst die Marssonden konnten bei ihrer Annäherung an den Planeten, als auffällige Details, diese Vulkangruppe entdecken. Gerade das würde aber für einen außerirdischen Einfluß sprechen. Ich habe daraufhin eine Zeichnung angefertigt, welche die Übereinstimmung mit den tatsächlichen Gegebenheiten, ohne die optische Umkehrung mit dem Blick durch ein Fernrohr, zeigt. Die Quintessenz der Idee von Willy Kross bleibt dabei aber erhalten. Er setzte dabei auch

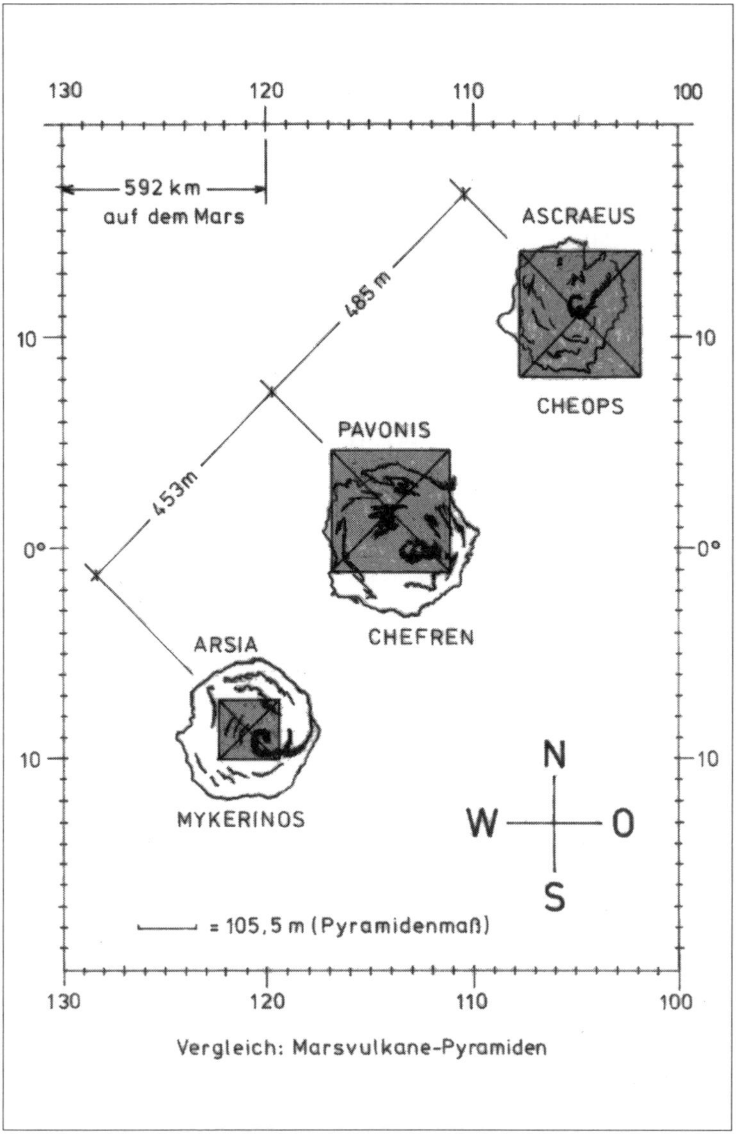

Abb. 22: Die Marsvulkane in der Tharsis-Region im Vergleich mit den ägyptischen Pyramiden in Giseh.

die Cheops-Pyramide so in einen siebenteiligen Kreis, daß die drei Ecken »in größter Annäherung« (was speziell die Höhe der Pyramide betrifft) drei Endpunkte eines Siebenecks berühren. Nun kam Willy Kross zu der Ansicht, daß diese Darstellung einen Bezug zum System Erde-Mars hat. Die unteren drei Siebentel bedeuten »der dritte Planet« (von der Sonne), also die Erde; der sich daraus ergebende Kreisausschnitt einen Mond. Die oberen vier Siebentel bedeuten »der vierte Planet«, also der Mars; der sich daraus ergebende zweifache Kreisausschnitt zwei Monde.

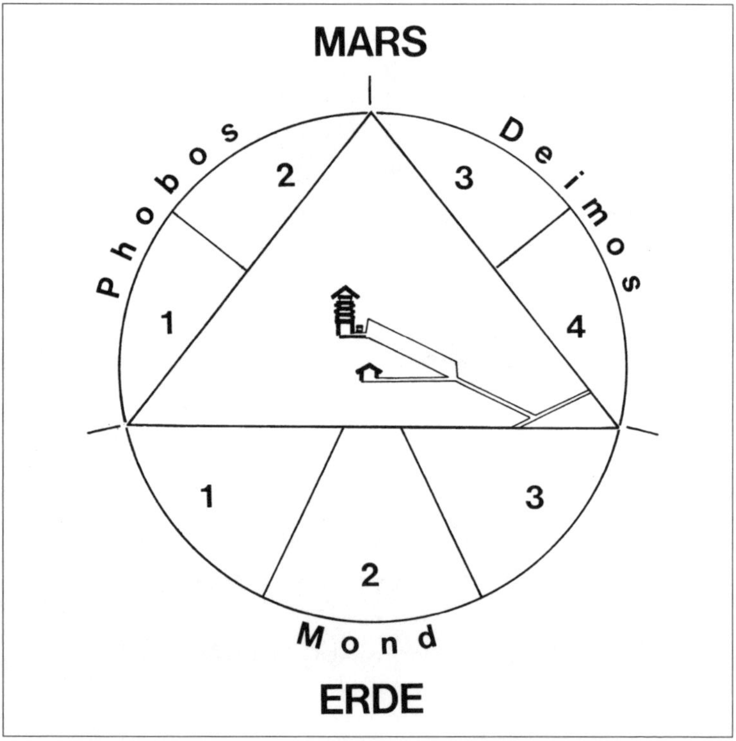

Abb. 23: Liegt in der Cheops-Pyramide die verschlüsselte Botschaft über eine Verbindung zwischen Mars und Erde?

Erstaunlich genug, das ist aber noch lange nicht alles, und ich möchte noch einige Zahlenwerte von Willy Kross zitieren:

»Der Standort der Pyramide von 30 Grad nördlicher Breite ist bezogen auf die 90 Grad vom Äquator zum Nordpol der Erde gleich $^1/_3$ der Gesamtstrecke = 0,33.

Die Planetenkennzahl 4 für Mars geteilt durch die Planetenkennzahl 3 für die Erde ergibt die Zahl = 1,33.

Die Gesamtzahl aller Siebentel des Kreisumfanges, die Zahl 7 dividiert durch Erdkennzahl 3 ergibt die Zahl = 2,33.

Die beiden Marsmonde Phobos und Deimos umkreisen ihren Planeten auf verschieden hohen Bahnen, Phobos in rd. 9360 km vom Marsmittelpunkt und Deimos in rd. 23 500 km vom Marsmittelpunkt entfernt. Das entspricht einem Abstandsverhältnis von 1:2,51, und dies multipliziert mit obiger Planetenzahl 1,33 ergibt die Zahl = 3,33.

Der Marsmond Deimos umkreist seinen Planeten in 30,30 Stunden einmal. Der Mars selbst dreht sich in 24,62 Stunden einmal um seine Achse. Somit bleibt der Mond Deimos täglich etwas hinter dem Marsumlauf zurück. Die Rechnung ergibt: Wenn der Mond Deimos in seiner Umlaufbahn um den Planeten Mars insgesamt = 4,33 Umläufe gemacht hat (4,33 mal 30,30 Stunden = 131,29 Std.), dann hat der Planet Mars genau einen vollen Umlauf mehr hinter sich gebracht, nämlich = 5,33. (131,29 Std. geteilt durch 5,333 = 24,62 Stunden.)«

Die Umlaufzeit des Mars von 24,37 Stunden geteilt durch die Umlaufzeit des Phobos von 7,38 Stunden ergibt ebenfalls die Zahl 3,3.

Weiteres höchst Verblüffendes ergibt sich auch aus den Maßen und Proportionen des Sarkophags in der Königskammer der Cheops-Pyramide. Das innere Volumen (nach Petrie umgerechnet 1,12 Kubikmeter) und das äußere Volu-

men (umgerechnet 2,24 Kubikmeter) verhalten sich annähernd so wie die Entfernungen von Erde und Mars zur Sonne. Zwei Hälften der größten Entfernung zwischen Mars und Sonne (249 Millionen Kilometer), plus einer Hälfte, ergeben annähernd die Summe der größten Entfernung von Mars zur Sonne und der kleinsten Entfernung zwischen Erde und Sonne (147 Millionen Kilometer), also: 249 plus 124,5 = 373,5 – demgegenüber steht 249 plus 147 = 396. Oder anders ausgedrückt: Die Hälfte der größten Entfernung zwischen Mars und Sonne (124,5 Millionen Kilometer) dreimal genommen ergibt die Summe aus der größten Entfernung von Mars zur Sonne und der kleinsten Entfernung zwischen Erde und Sonne, also: 124,5 mal 3 = 373,5. Das ergibt nun sinngemäß das Verhältnis zwischen dem inneren und dem äußeren Volumen des ägyptischen Sarkophags von: 1,12 mal 3 = 3,36. Dazu ergibt noch die gesamte Länge des Sarkophags in Zentimetern von 227,63 (nach Petrie 89,62 inch zu je 2,54 cm) verblüffend exakt die mittlere Entfernung zwischen Sonne und Mars in Millionen Kilometern.
Nach Willy Kross ergibt sich dann noch folgendes Erstaunliche: »Der Diagonalwinkel der äußeren Bodenfläche des Sarkophags entspricht genähert dem Polachsen-Neigungswinkel der Erde von 23,45 Grad, und der Diagonalwinkel der östlichen äußeren Seitenfläche des Sarkophags unter Nutzung der die Höhe korrigierenden Leiste am oberen Sarkophagrand entspricht genähert dem Polachsen-Neigungswinkel des Mars gegenüber der Bahnebene von 24,94 Grad.«
Der Betriebsingenieur wies dabei auch darauf hin, daß die Basiszahl der Sonnen-Abstands- und Umlaufverhältnisse zwischen Mars und Erde gemäß dem 3. Keplerschen Gesetz, nachdem sich zwischen zwei Planeten die Quadrate

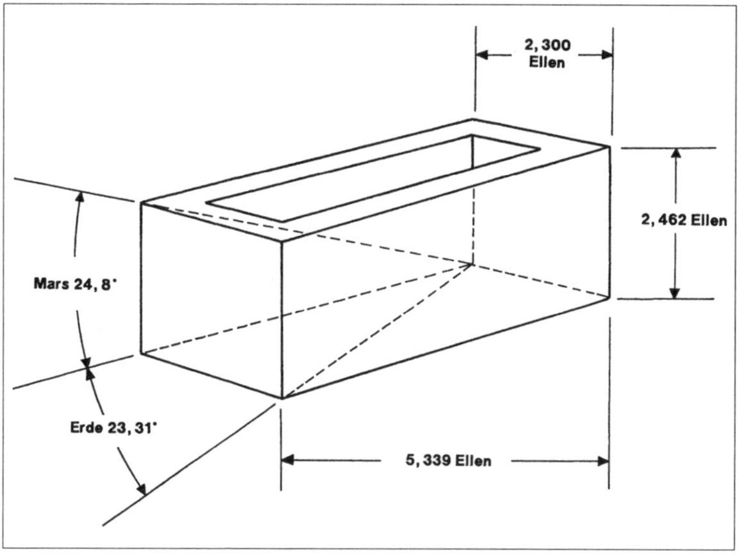

Abb. 24: Enthält der Sarkophag in der Königskammer der Cheops-Pyramide verborgene Geheimnisse über den roten Planeten?

der Umlaufzeiten so verhalten wie die Kuben ihrer Entfernung, 1,2345 lautet.

Obwohl ich, wie gesagt, bei derartigen Berechnungen vorsichtig bin (selbst die einzelnen Pyramidenforscher haben an der Cheops-Pyramide etwas abweichende Maße festgestellt), ergeben sich zwischen den ägyptischen Pyramiden und dem Mars verblüffende Zusammenhänge. Wenn man annimmt, daß die Cheops-Pyramide etwa 150 Meter hoch und an der Basis etwa 230 Meter breit ist (wobei ich hier nicht um einige Zentimeter streiten möchte), dann ergibt sich folgendes: 150 könnte bedeuten die mittlere Entfernung Erde–Sonne in Millionen Kilometern, 230 wäre demnach die mittlere Entfernung Mars–Sonne in Millionen Kilometern; 230 mal 4 (Marskennzahl) ergibt 920 entspre-

chend einem Zehntel des Abstandes von Phobos zum Marszentrum (9200) in Kilometern und 230 entsprechend einem Hundertstel des Abstandes von Deimos zum Marszentrum (23 000) in Kilometern. Angesichts dieser Tatsachen fragt man sich, ob die große Pyramide von Giseh nicht von Marsianern errichtet wurde.
Dazu kommt noch eine Merkwürdigkeit: Die ägyptischen Pyramiden besitzen bekanntlich eigenartige Gänge und Kammern, die sogar eine astronomische Bedeutung haben sollen. In der Cheops-Pyramide befindet sich z. B. die Kammer der Königin ziemlich exakt in der Mitte dieses marsbezogenen Siebenecks. Die dort hineinführenden Gänge, sowohl bei der Pyramide von Sakkara, der Pyramide von Meidum als auch der Pyramide von Dashur, liegen zur Pyramidenebene auf annähernd 27 Grad. Die »Große Galerie« in der Cheops-Pyramide besteht aus 27 rechteckigen Löchern, die in gleichen Abständen angeordnet sind. Willy Kross weist darauf hin, daß die Zahl 27 auch in der Sonnenrotation von 27 Tagen enthalten ist. Wie ich noch später zeigen werde, ergibt sich die Zahl 27 auch aus den Abmessungen der »Marsstadt« und deren Objekte in der Cydonia-Region. Diese 27 Grad entsprechen in einem kompletten Kreis von 360 Grad der Zahl 13,3333 (= 360 : 27), was vielleicht eine besondere Bedeutung hat. Die Zahl 13,3333 beinhaltet z. B. viermal ein Drittel der Zahl 10 (10 : 3 = 3,3333 mal 4 = 13,3333). Und wie es der Zufall will, stand auch die Sonne während dieser zweiten besonders deutlichen Aufnahme des Marsgesichts mit der Nummer 70A13 unter einem Winkel von 27 Grad über dem westlichen Horizont.
Durch das Anvisieren der Sterne von der Cheops-Pyramide aus war es nach Tompkins möglich, »die heliozentrische Struktur unseres Sonnensystems aus der sorgfältigen Beobachtung der Planetenbahnen und ihrer Beziehungen zuein-

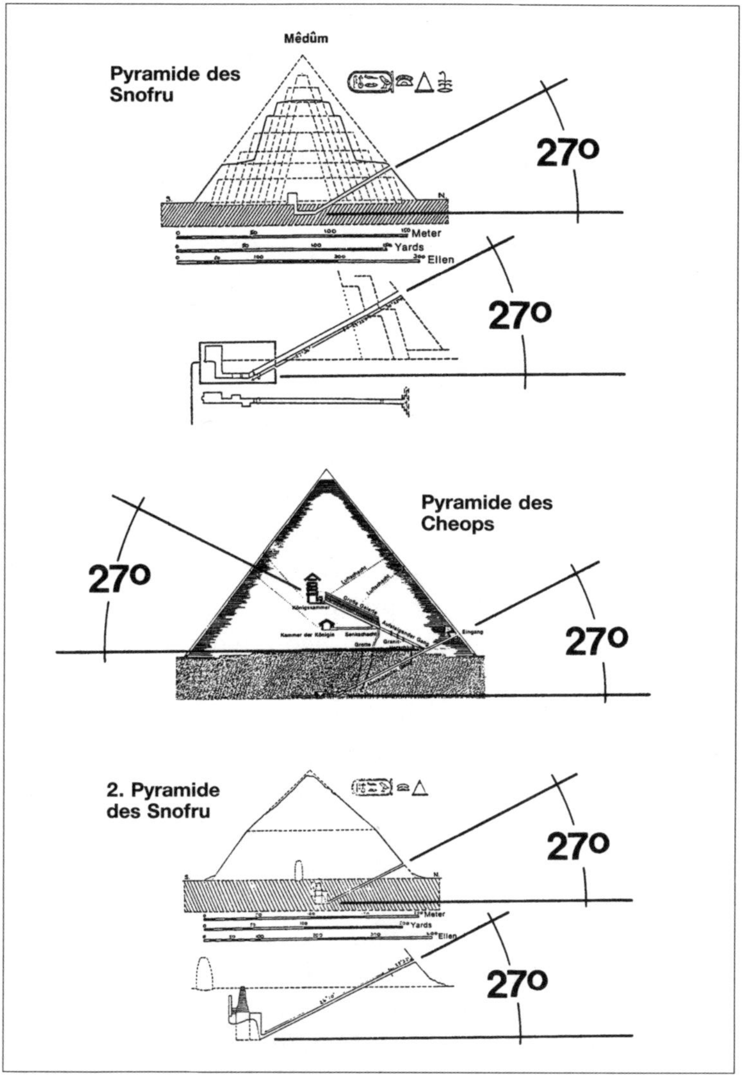

Abb. 25: Die Gänge in den ägyptischen Pyramiden liegen annähernd auf einem Winkel von 27 Grad zur Grundebene. Ein Hinweis auf die Geometrie in der »Mars-Stadt«? (Pyramidenzeichnungen aus: P. Tompkins »Cheops«.)

ander zu erschließen«, und das einige Jahrtausende vor Kopernikus. In seinem Buch »The Dawn of Astronomy« (»Die Anfänge der Astronomie«) meinte Sir Norman Lockyer: »... daß die großen Pyramiden von einer neuen Erobererrasse gebaut wurden, die eine höhere Stufe astronomischen Wissens und Forschens erreicht hatte.«
Des weiteren habe ich schon die pentagonartige Form der »D & M-Pyramide« in der Cydonia-Region des Mars erwähnt. Das Pentagon hatte mystischen Charakter und ist auch als wichtige Form in die Geometrie eingegangen. Der dänische Ingenieur Tons Brunés kam zu der Auffassung, daß sich Mathematik und Alphabet aus der Geometrie entwickelt haben und nicht umgekehrt. Derartiges sollen bereits die Ägypter im Altertum gewußt und angewendet haben. Der Kreis galt bei den Ägyptern als heilig, wie auch das Quadrat und das Kreuz. Aus diesen grundlegenden Formen entwarfen die ägyptischen Ingenieure bereits das Hexagon, das Oktagon, das Dekagon und auch das Pentagon. Wie später der griechische Mathematiker Pythagoras – der angeblich jahrelang als Priester in einem ägyptischen Tempel verbrachte – errechnete, ergeben sich aus dem Pentagon die wichtigen Winkelmaße 18, 36, 54 und 72 Grad. Exakt diese Maße ergeben sich auch aus den Objekten in der Cydonia-Region auf dem Mars. Auch Leonardo da Vinci stellte die Anatomie des Menschen innerhalb eines Kreises in einem Pentagon dar.
Die in vielen Objekten auf dem Mars zu erkennende Dreiecksform in ihren verschiedenen Ausführungen war den Ägyptern (und auch den Babyloniern) bereits bekannt. Die Schatten der großen Pyramiden in Giseh werfen z. B., unter einem bestimmten Einfallswinkel des Sonnenlichts, exakt die Schatten der dreieckigen »Pyramiden« in der Elysium-Gegend auf dem Mars. Ich habe auch schon betont, daß die-

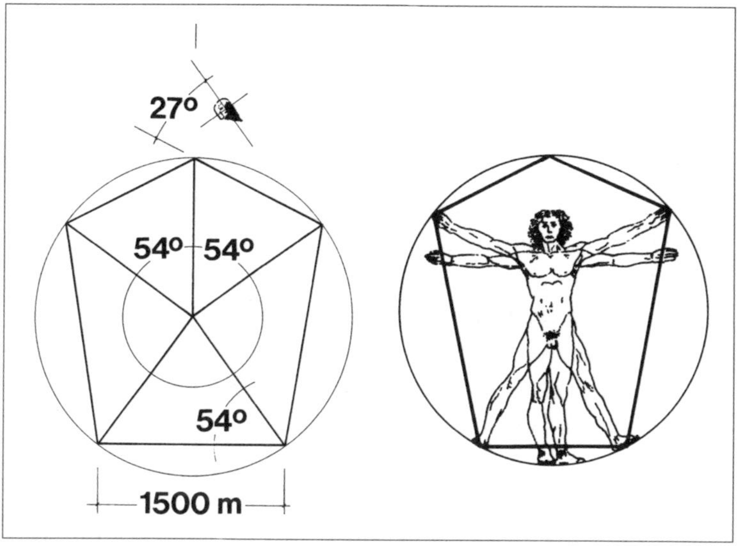

Abb. 26, 27: Das Pentagon in der »D&M-Pyramide« auf dem Mars im Vergleich mit dem »Mann im Kreis« nach Leonardo da Vinci.

ses als »Festung« bezeichnete Gebilde auf dem Mars einer sumerischen bzw. babylonischen Zikkurat ähnlich sieht. Nun haben die Ägypter wie auch die Babylonier die Dreiecksform in ihre Bauwerke eingebaut und dabei wohl das dafür notwendige Zahlenverhältnis 3:4:5 berücksichtigt. Dieses Zahlenverhältnis wurde, wie der australische Eisenbahningenieur Robert T. Ballard meinte, von den Alten angewandt, »um die geheime Ordnung des Kosmos zu erfassen«. Auch der griechische Philosoph Plato, der ebenfalls lange Zeit bei den ägyptischen Priestern weilte und Anhänger der Lehren des Pythagoras war, benutzte dieses Muster 3:4:5 des Dreiecks zur Erklärung der Welt. Seiner Ansicht nach ist aus diesem Muster der Kosmos aufgebaut, in dem die »heilige Zahl« 1,2345 enthalten ist, die nun auch durch

Berechnungen des Systems Erde-Mars und den Abmessungen der Objekte in der Cydonia-Region hervorkommt.
Eine weitere Eigentümlichkeit möchte ich hier noch anführen, die Moses B. Cotsworth bei seinen Kalenderberechnungen der Cheops-Pyramide herausgefunden hatte. Seiner Ansicht nach ist in diesem Bauwerk ein zuverlässiger Jahreskalender enthalten, der sich aufgrund verschiedener Schattenwürfe der Pyramide ergibt. Dabei zeigt die nordöstliche Ecke der Pyramide des Cheops exakt den Marsmonat März an. Auch die Marsvulkane liegen, wie ich schon gezeigt habe, exakt in nordöstlicher Richtung.
Ich habe auch bereits erwähnt, daß der ägyptische Falkengott Horus mit dem Mars in Verbindung stand. Im »Journal of the British Interplanetary Society« berichtete M. Saunders unter dem Titel »Signpost to Mars« im Jahre 1977, daß Kairo ursprünglich »El-Kaḥira« (»die Siegreiche«) hieß. El-Kahira kommt aus dem arabischen Wortstamm »El-Kahir«. In der arabischen Sprache heißt der Mars »Al-Qahira«, und es gibt inzwischen sogar ein »Vallis Al-Qahira« auf dem Mars, auf 15 Grad Süd und 195 Grad West. Es scheint keinen Zweifel darüber zu geben, daß mit Kairo ursprünglich der Mars gemeint war, die ägyptische Stadt also nach dem Mars benannt wurde.
Bekanntlich befinden sich auch in der »Neuen Welt«, in Amerika, erstaunliche Bauwerke, darunter Pyramiden, die denen in Ägypten in manchem ebenbürtig sind. Auch in dem Buch »Die Wiege der Sonne« von Peter Tompkins (der ausführlich die mexikanischen Pyramiden beschreibt) finden wir Bemerkenswertes. Nach Tompkins fertigte der amerikanische Ingenieur Hugh Harleston im Jahre 1972 ein »mathematisches Modell« des Pyramidenkomplexes von Teotihuacán an. Harlestons Ansicht nach steht die gesamte Anlage in Beziehung zu unserem Sonnensystem. Die Bah-

nen und Entfernungen der Planeten seien in der Anordnung dieser mexikanischen Pyramidenstadt enthalten. Der Mittelpunkt der zu diesem Komplex gehörenden »Zitadelle« sei nach Harleston mit dem Standort der Sonne zu identifizieren. Er »entdeckte anschließend markante Punkte an der Totenstraße, die ihm genaue Werte für die Umlaufbahnen der verschiedenen Planeten verschafften. Er ging von der genauen Mittellinie der Quetzalcoatl-Pyramide aus und wies der Umlaufbahn der Erde den willkürlichen Wert von 96 Hunabs zu. Die inneren Planeten Merkur, Venus und Mars hatten nun die korrekten Bahnwerte von 36, 72 und 144 Einheiten.« Verblüffend oft finden sich die Bahnwerte des Mars. Harleston stellte fest, »daß der Kanal des San-Juan-Flusses, den die Bewohner Teotihuacáns offenbar in ein Bett unter der Prozessionsallee parallel zur Zitadelle umgeleitet hatten, die durchschnittliche maximale Umlaufbahnentfernung der Planetoiden, nämlich 288 Hunabs oder doppelt so viel wie die Umlaufbahn des Mars ergab«. In der »Zitadelle« fand Harleston dreimal die Bahnwerte des Mars enthalten. Legt man dem ganzen Komplex die Marszahl 9 zugrunde, dann scheinen überhaupt alle Abstände marsbezogen zu sein: 9 mal 2 = 18 mal 2 = 36 mal 2 = 72 mal 2 = 144. Die Berechnungen lassen außerdem darauf schließen, daß es innerhalb der Merkurbahn noch einen Planeten geben müßte und einen weiteren Planeten »X« hinter der Plutobahn, nach Harleston »150 astronomische Einheiten (= 22,5 Milliarden Kilometer) von der Sonne entfernt« – das wäre exakt die Bahnentfernung des von Sitchin vermuteten »zwölften Planeten«.
Pyramidenartige Strukturen finden sich nicht nur in der Cydonia-Gegend, sondern auch in anderen Gegenden des Mars. Zum Beispiel ist im Marscanyon Valles Marineris ein ganzes »Feld« von kegelförmigen »Pyramiden« zu sehen.

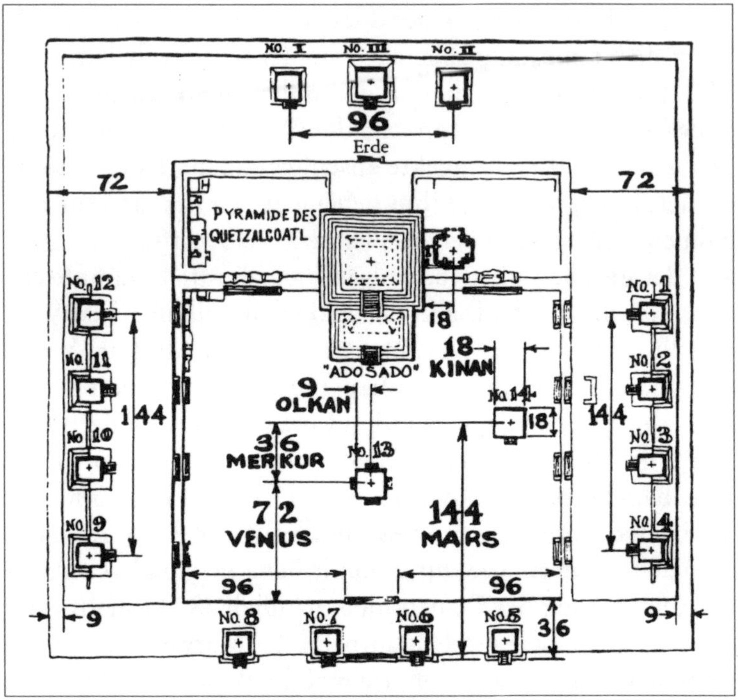

Abb. 28: Die Pyramidenanlage von Teotihuacan scheint besonders in bezug zum Mars angeordnet zu sein (144 : 2 = 72 : 2 = 36 : 2 = 18 : 2 = 9). Daraus geht auch die mystische Marszahl 9 hervor (Zeichnung aus: P. Tompkins »Die Wiege der Sonne«).

Ein weiteres auffallendes Gebilde ist ebenfalls in der Cydonia-Region, 500 Kilometer nordöstlich vom Marsgesicht, auf 46,4 Grad Nord und 353,2 Grad West, zu finden. Folgt man den Schattierungen auf dieser NASA- Aufnahme, dann müßte es sich um eine riesige obeliskartige Pyramide handeln. Sie liegt nämlich unmittelbar neben einem Einschlagkrater, und anhand der Schattenlängen kann die Höhe dieses Objekts ermittelt werden. Es wirft eindeutig einen wesentlich längeren Schatten als der Kraterrand selbst – nämlich

gut das Sechsfache davon. Dies würde bedeuten, daß dieser »Obelisk« sechsmal höher ist als der Krater. Der Kraterdurchmesser dürfte etwa 3,5 Kilometer betragen, und der Schatten dieser »Kraterpyramide« ist gut eineinhalbmal so lange (etwa 5,2 km), womit dieses Objekt, bei einem Lichteinfallswinkel von ungefähr 17 Grad zum Marsboden, eine Höhe von 1,5 Kilometern (!) haben müßte.
Dr. John Brandenburg hat festgestellt, daß dieses Objekt im Umkreis von 100 Kilometern das höchste ist. Rätselhaft erscheint dabei auch die Frage, ob dieses Gebilde schon vor dem Einschlagkrater oder erst später entstanden ist. Wenn es vorher schon da war, dann müßte sich die Auswurfmasse auch um dieses Objekt herum gebildet haben; wenn es aber erst später entstanden ist, dann ist eine natürliche geologische Erklärung wohl nicht ausreichend genug.
Andere seltsame, ungewöhnliche Gebilde befinden sich in der Utopia-Region. Es sind Gebilde wie Straßen, die auf eine Anhöhe führen und mit »Geländern« oder »Leitschienen« versehen sind. Von den amerikanischen Autoren wer-

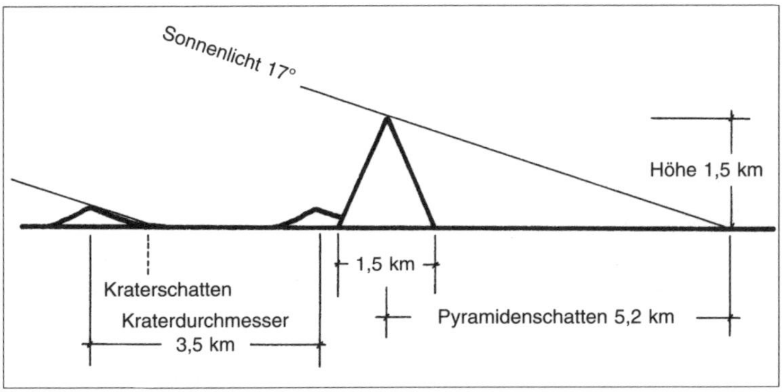

Abb. 29: Die mutmaßliche Größe der »Kraterpyramide« errechnet aus dem Schattenwurf auf der NASA-Aufnahme. Das Gebilde scheint das höchste in der weiten Umgebung zu sein.

den sie »Runways« genannt. Diese »Leitschienen« sind teilweise kerzengerade strichartige Erhebungen dcs Marsbodens, die in regelmäßiger Anordnung mit »Noppen« versehen sind. Eines dieser »Geländer« weist nach Hoagland exakt von Ost nach West. Auch Lambert Dolphin sieht in diesen Strukturen »unnatürliche« Gebilde, die schwer zu erklären sind.

In der Utopia-Region liegen noch weitere merkwürdige Strukturen. Eine davon ist ein rechteckiges Plateau mit einem dreieckigen »Dach«. Mich hat diese Struktur an ein geöffnetes Briefkuvert erinnert. Eine Seite davon dürfte offenbar schräg nach unten verlaufen, ähnlich einer Abfahrtsstraße. Auf dieser Erhebung liegen noch weitere Gebilde. Eine andere Struktur in dieser Gegend weist ebenfalls rechtwinkelige Seiten auf, und ein weiteres Gebilde erinnert an einen Schiffsrumpf. Überhaupt scheint sich in der Utopia-Region ein analoges Gebiet wie in Cydonia zu befinden. Dieses »zweite Marsgesicht« liegt unmittelbar am Rande von einigen größeren Erhebungen, und nicht weit östlich davon, in einem relativ flachen Gelände, befindet sich ein ähnlich viereckiges Gebilde wie das »Fort« in der Cydonia-Region.

Eine andere seltsame Struktur wurde von Mariner 9 in der äquatorialen Region Mesogaea, auf 1,9 Grad Süd und 186,4 Grad West, entdeckt. Von vier kreisförmigen Erhebungen gehen strahlenförmig etwa sechs speichenartige Gebilde aus. Im gesamten erinnern diese Gebilde an riesige Wagen- oder Windräder, und sie heben sich ebenfalls deutlich vom übrigen Marsboden ab. Im Umkreis von mehreren hundert Kilometern, in einem relativ flachen Gelände, befindet sich kein derartiges Gebilde.

Dr. Johannes Fiebag, Diplom-Geologe sowie Autor mehrerer Bücher zum Thema Außerirdische, sieht in den Strukturen in der Cydonia-Region, nach einer eingehenden »Lineationsanalyse« im Jahre 1989, »mit einem hohen Grad an Wahrscheinlichkeit« natürliche Strukturen. Es könnte höchstens sein, so meint er, daß »spätere künstliche Überlagerungen« (so auch bei einer »Doppelpyramide« etwa 100 km südlich vom Marsgesicht) stattgefunden haben. Darum geht es ja auch! Die Gebilde auf dem Mars waren in ihrem Ursprung bereits vorhanden, sie könnten jedoch absichtlich bearbeitet worden sein.

Sieht man sich die NASA-Aufnahmen von der Marsoberfläche genauer an, dann tauchen an verschiedenen Orten immer wieder die gleichen Gebilde auf: pyramidenförmige, ruinenartige, rechtwinkelige und auch keilförmige. Es scheint so, als hätten die »Marsianer« Geometrie studiert. Nicht alle diese Strukturen können allein auf Winderosion und Frostaufbrüche zurückgeführt werden. Es muß sich auf dem Mars schon Gewaltiges abgespielt haben, das uns seine Oberfläche so fremdartig und rätselhaft erscheinen läßt.

15 Ein marsianisches Stonehenge?

Kultzentren auf zwei Planeten?

Der Wissenschaftspublizist Richard C. Hoagland hat nun diese Gebilde in der Cydonia-Region des Mars ab 1983, anhand der NASA-Aufnahmen, eingehend untersucht und vermessen. Nach Hoagland besitzt diese »Pyramidenstadt« einen Mittelpunkt, der sich exakt innerhalb von vier kleinen Erhebungen befindet. Von diesem Zentrum aus soll eine gedachte Linie über das Marsgesicht zu einem quer liegenden, mauerartigen Gebilde über einen Krater exakt in Richtung zur Sommersonnenwende vor 500 000 Jahren weisen. Etwas tiefer von dieser gedachten Linie soll parallel dazu damals auch die Wintersonnenwende bestimmt worden sein. Nach genauen Messungen steht für Hoagland fest, daß dieser gesamte Komplex auf intelligente Weise gestaltet wurde.

In seinem Buch »The Monuments of Mars« geht Hoagland ausführlich darauf ein. Seiner Meinung nach hat sich die Marsachse in den letzten 500 000 Jahren um 23,5 Grad verschoben. Das ist, nach Hoagland, die Abweichung von der derzeitigen Äquatorlinie in der Cydonia-Region. Davon ausgehend liegt das Marsgesicht mit der »Kinnlinie« genau unter einem Winkel von 21,5 Grad verschoben zum heutigen Äquator und bis zum »Scheitel« auf 27,5 Grad – also innerhalb eines Spielraums von 6 Grad.

Dr. Harold Masursky vom USGS in Flagstaff, Arizona, hatte schon früher bemerkt, daß der Mars im Laufe der Ge-

schichte seine Achse um etwa 25 Grad verschoben hat – und zwar innerhalb einer Differenz von plus bis minus 10 Grad, was eine mögliche Verschiebung zwischen 15 und 35 Grad ergibt. In den Jahren 1973 bis 1981 hatte Dr. William Ward in verschiedenen Publikationen bekanntgegeben, daß allein der Mars in unserem Sonnensystem seine Achse um etwa 24 Grad verschieben kann, wobei ein Spielraum von plus bis minus 12 Grad berücksichtigt werden kann.
Eine gedachte Linie vom Zentrum der »Pyramidenstadt«, das nach Hoagland mit vier Markierungen versehen ist, über das Marsgesicht zu dem mauerähnlichen Gebilde, das Hoagland »Cliff« (Klippe, Felsen) nennt, soll also vor 500 000 Jahren genau nach Osten zum Sonnenaufgang geführt haben. Hoagland schließt daraus, daß es sich deshalb dort um ein prähistorisches marsianisches Kultzentrum gehandelt haben könnte. Er ist sogar der Meinung, daß der Visierpunkt exakt durch den »Mund« des Marsgesichtes ging. Als »Korn« diente dieses »Cliff«, das (so vermutet der Amerikaner Daniel Drasin, ein Mitarbeiter von Hoaglands »Mars Project«) sogar ebenfalls eine Gesichtsstruktur ist. Über der »Nase« dieses »Visierfelsens« soll in vormarsianischen Zeiten in einem phantastischen Schauspiel die relativ kleine Sonne aufgegangen sein.
Hoagland ist sich aber durchaus der diesbezüglichen Schwierigkeiten bewußt. Vom »Stadt-Zentrum« aus bis zu dem »Visierfelsen« sind es ziemlich genau 33,5 Kilometer. Die Kameras der Viking-Lander haben gezeigt, daß der Marshorizont bereits in vier Kilometer Entfernung liegt, es also einem menschlichen Beobachter am Marsboden nicht möglich ist, viel weiter als vier Kilometer zu sehen. Es müßte ein Beobachter also einen entsprechend höheren Standort einnehmen. Hoagland meint, daß bei einer Standhöhe von 30 Meter eine Sichtweite von 48 Kilometer er-

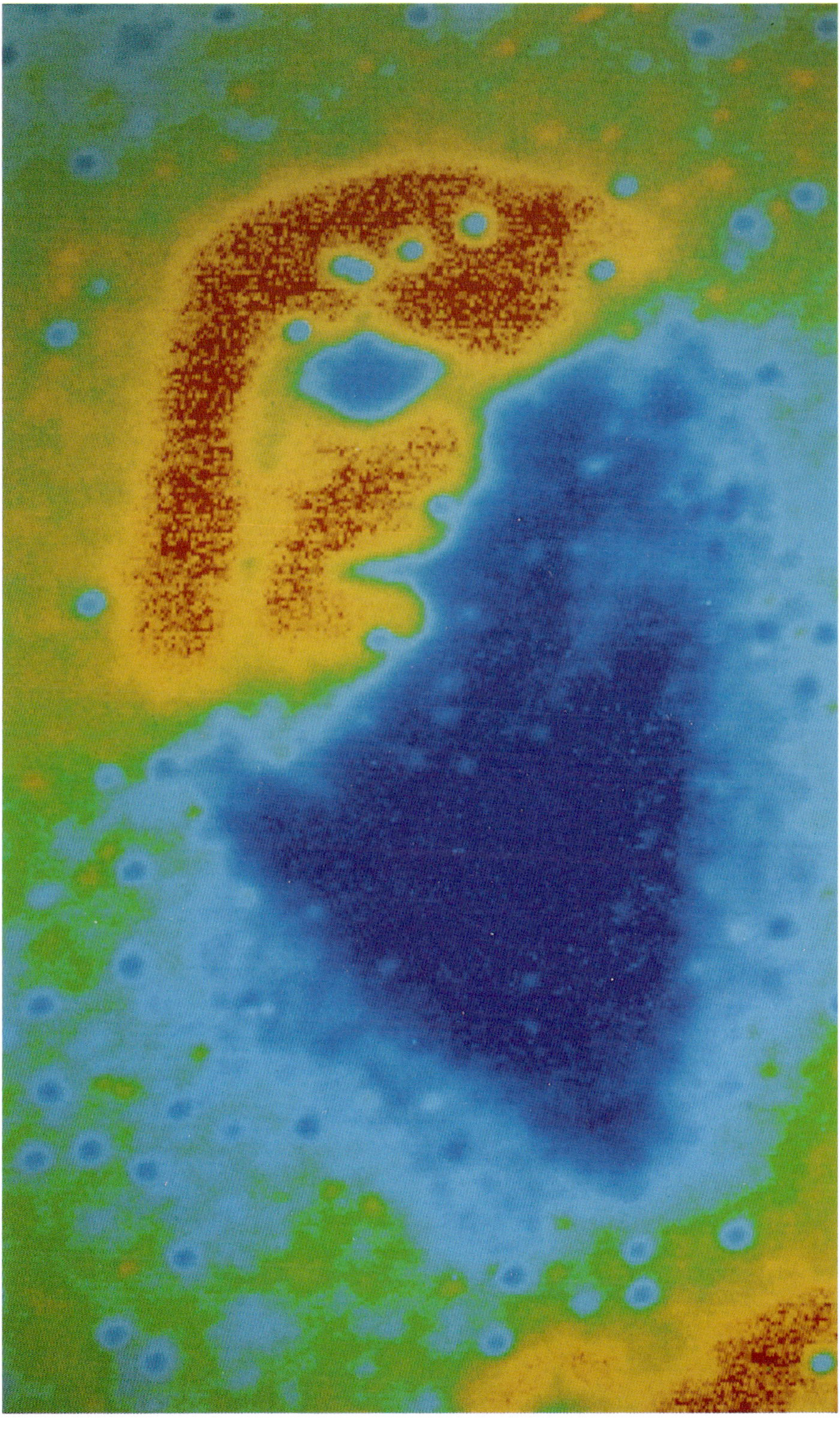

31 

32 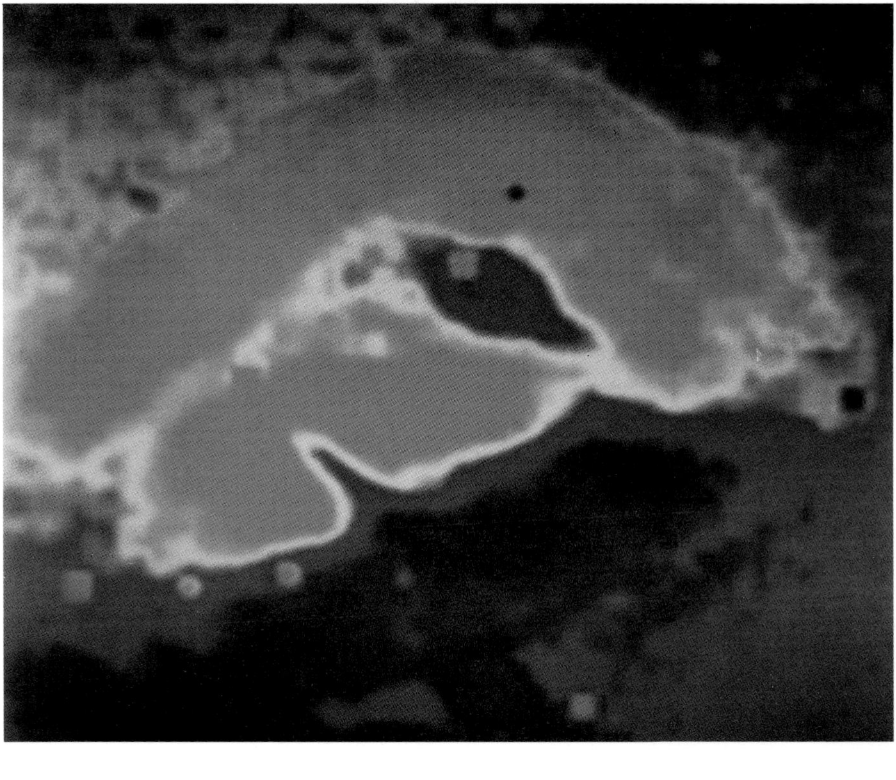

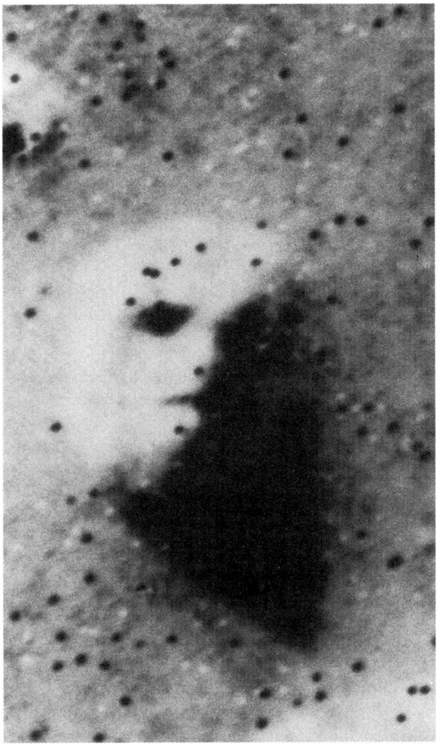
33

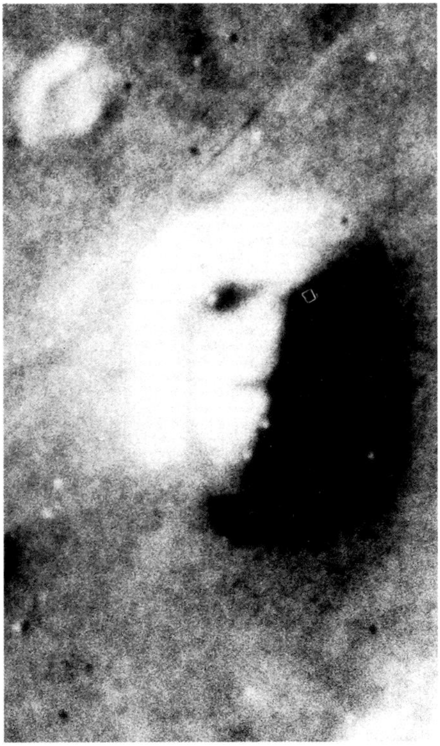
34

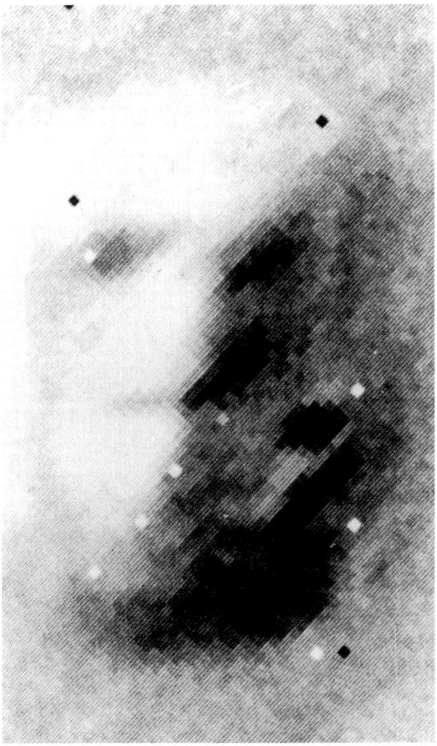
35

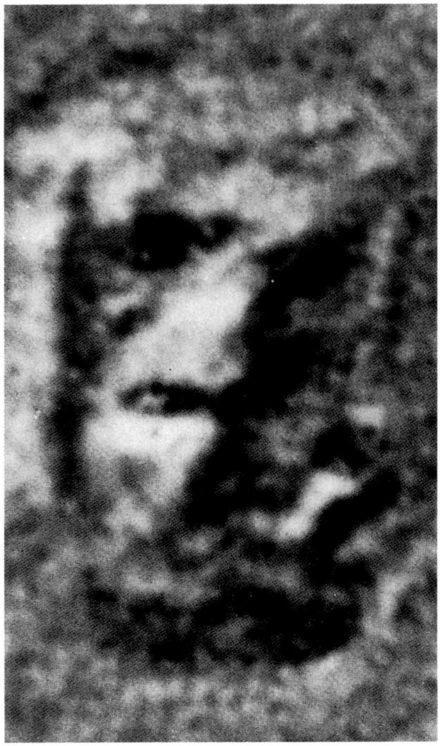
36

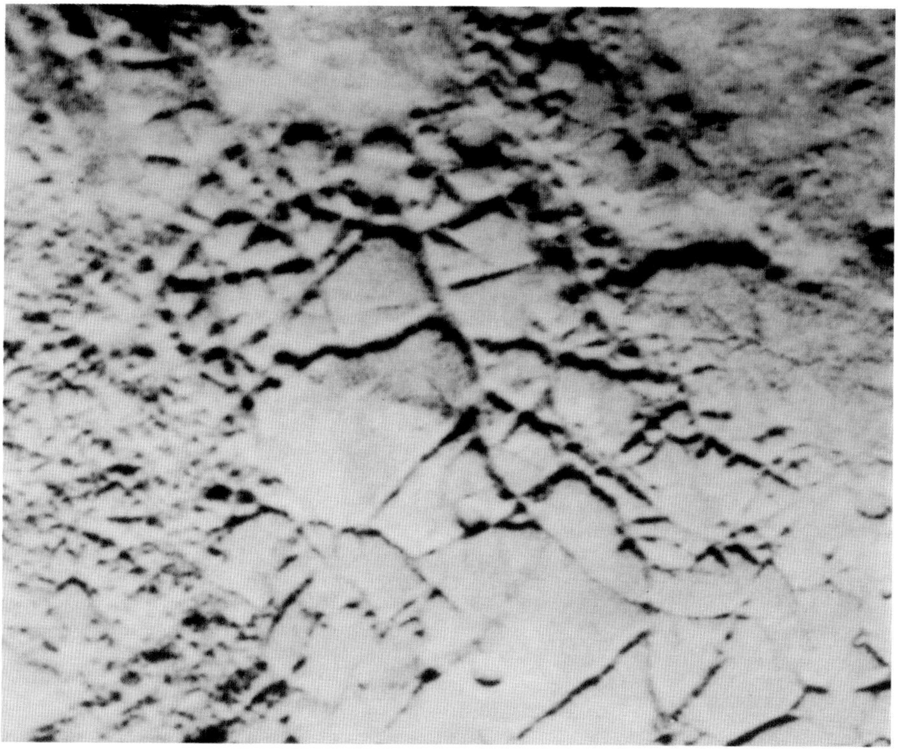

54

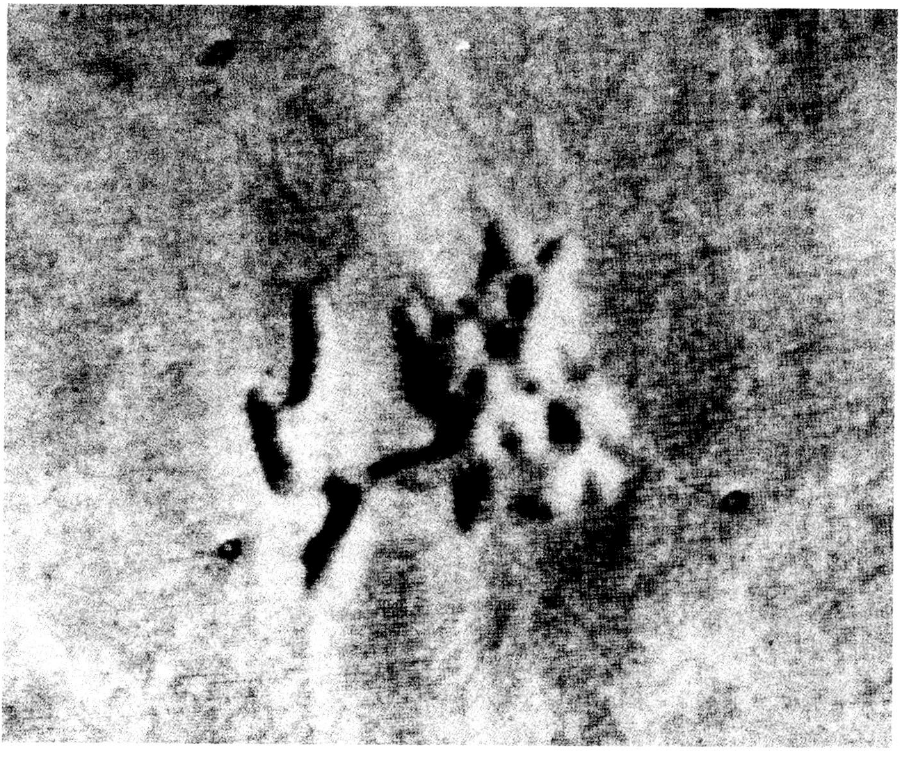

55

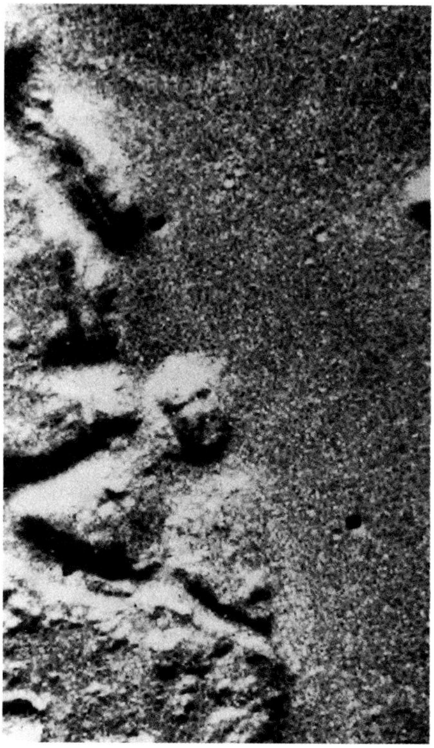
44

45

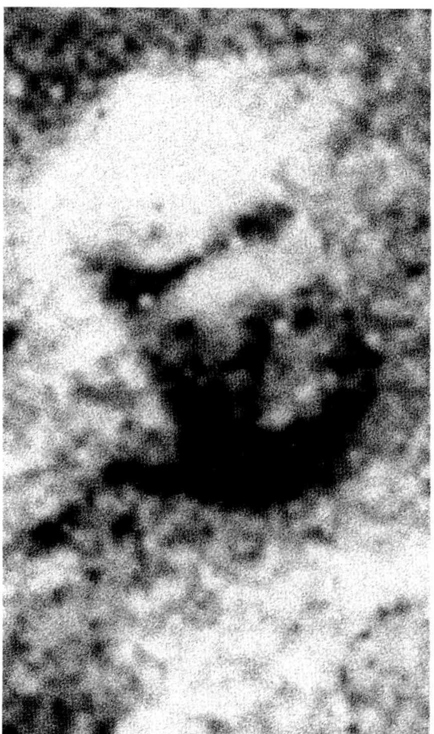
46

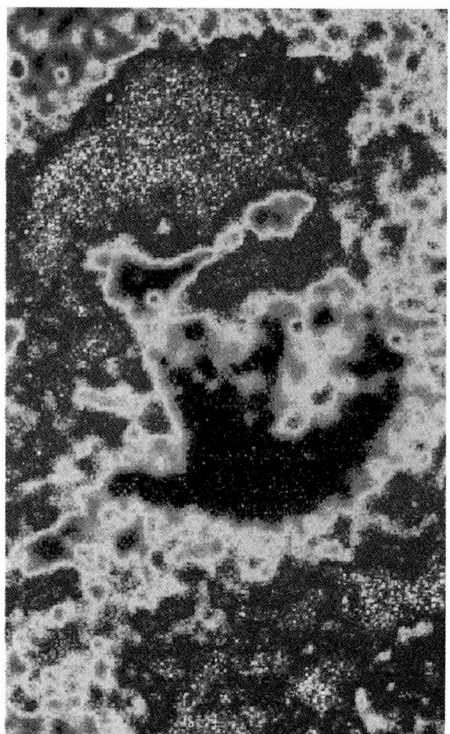
47

43

30 Falschfarben-Computerbild vom Marsgesicht von der Aufnahme P-17384, angefertigt an der Technischen Universität in Wien.

31 Der Autor mit dem amerikanischen Marsgesicht-»Entdecker« Vincent DiPietro (Mitte) und seinem Kollegen Gregory Molenaar (rechts).

32 Falschfarben-Computerbild vom Marsgesicht von der zweiten Aufnahme 70A13, die Vincent DiPietro 1979 im NASA-Archiv entdeckt hat.

33, 34 Vergrößerungen vom Marsgesicht von den Aufnahmen 35A72 (linkes Bild) und 70A13 (rechtes Bild) mit unterschiedlichen Schattenwürfen. Spätestens hier war klar, daß dieses Gebilde nicht bloß ein zufälliges Schattenspiel ist.

35 Computerbearbeitete Vergrößerung der Aufnahme 70A13, angefertigt 1984 am Stanford Research Institute (SRI) in Kalifornien.

36 Computerbearbeitetes Bild vom Marsgesicht von der Aufnahme 70A13, angefertigt 1986 von Dr. Mark Carlotto, von der Analytic Science Corporation (Tasc) in Boston.

37 Gemälde von der Cydonia-Region mit Blick von der »Mars-Stadt« zum Marsgesicht in Richtung Sonnenaufgang, angefertigt vom Autor.

38 Gemälde vom Marsgesicht von der »Mars-Stadt« aus gesehen, angefertigt vom Autor.

39 Seitenansicht vom Marsgesicht, angefertigt mittels Computerbearbeitung der NASA-Aufnahmen von Dr. Mark Carlotto.

40 Der Ayers-Rock in Australien – Gegenstück zum Marsgesicht in der Cydonia-Region?

41 Vergrößerung der »vierseitigen Ruine« und der »Hauptpyramide« der »Mars-Stadt« in der Cydonia-Region. Im Zentrum die vier »Markierungspunkte«.

42 Die »Kraterpyramide« in der Region Deuteronilus.

43 Falschfarben-Computerbild der »vierseitigen Ruine« (Technische Universität in Wien).

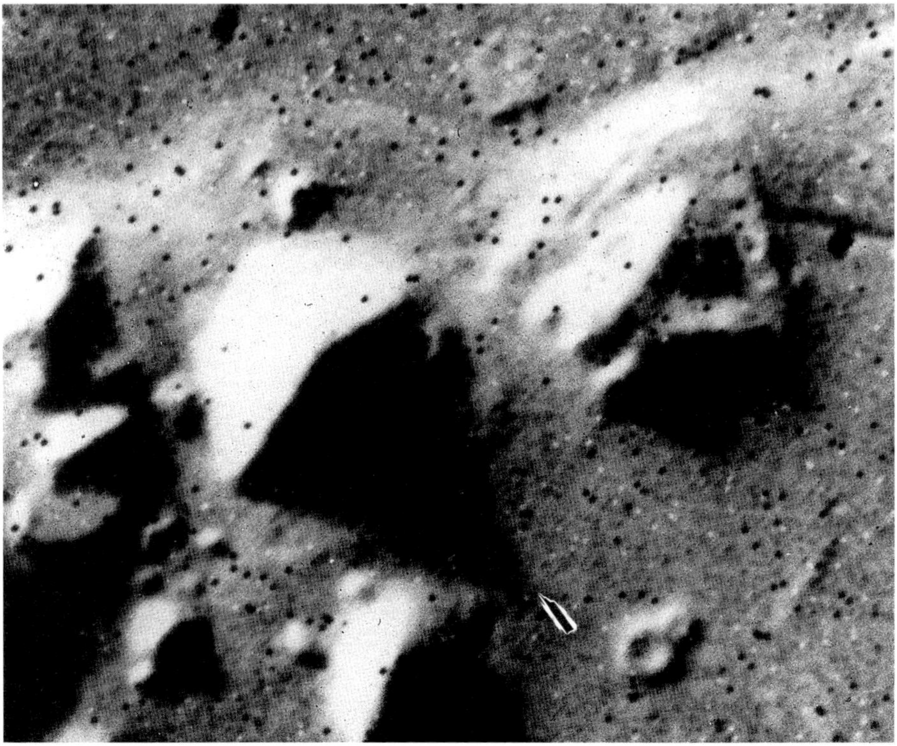
41

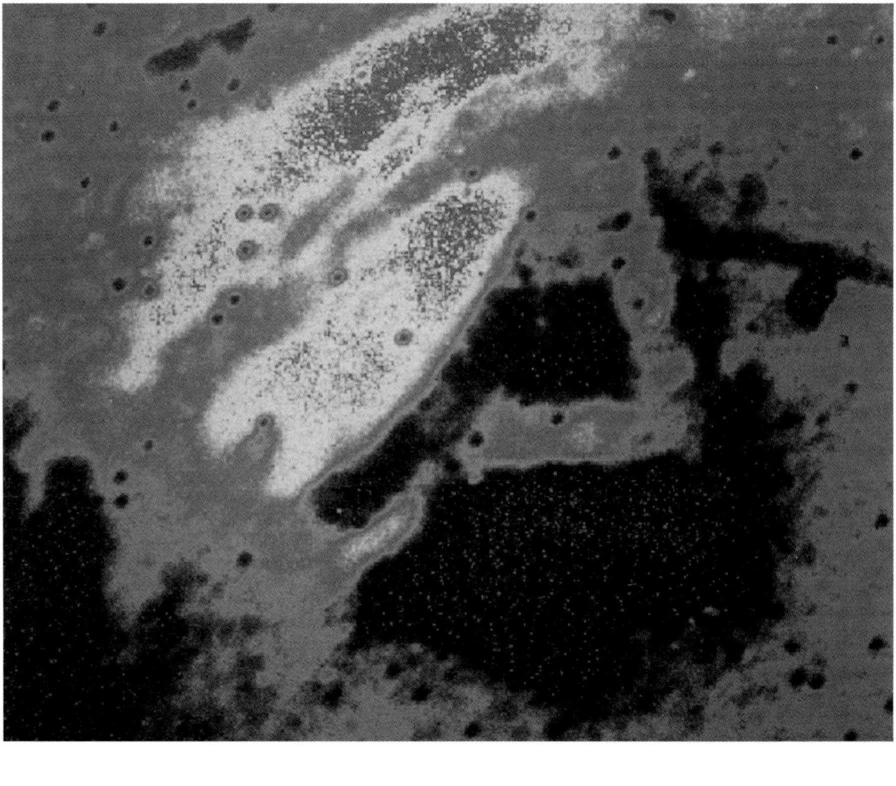
42

38

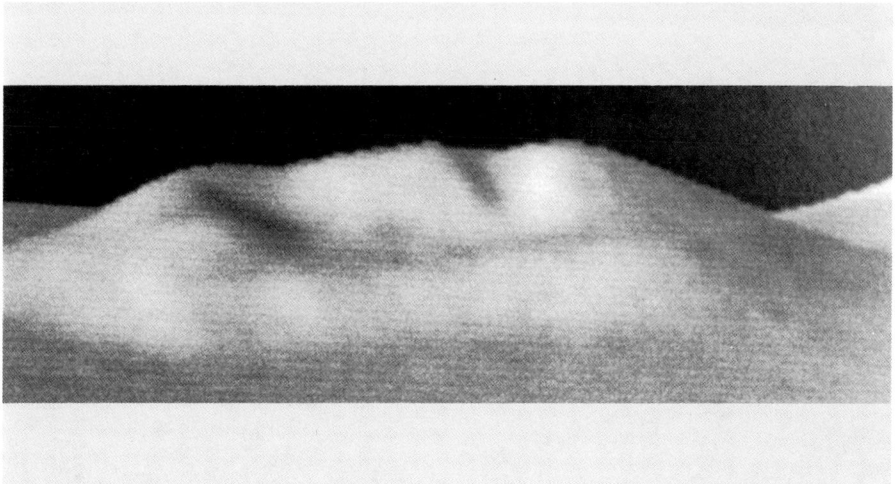
39

40

W. Herin

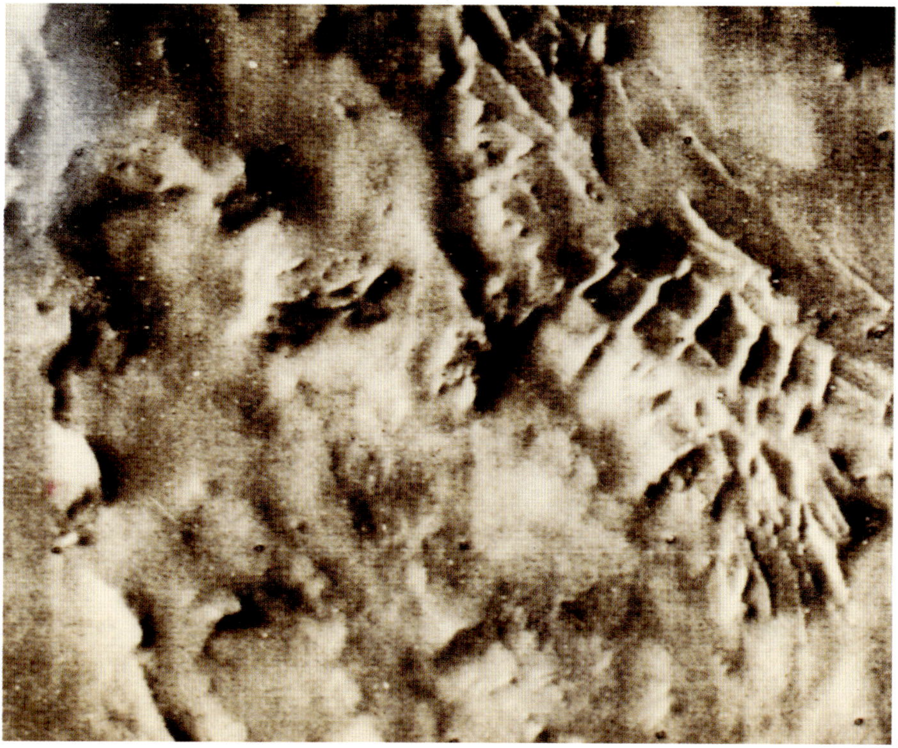

56

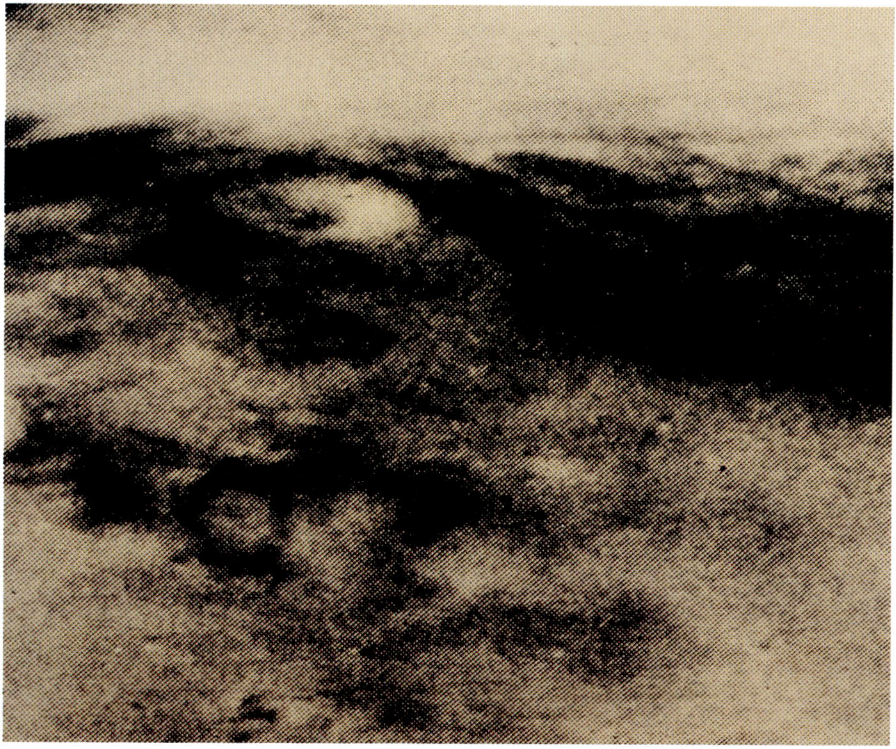

57

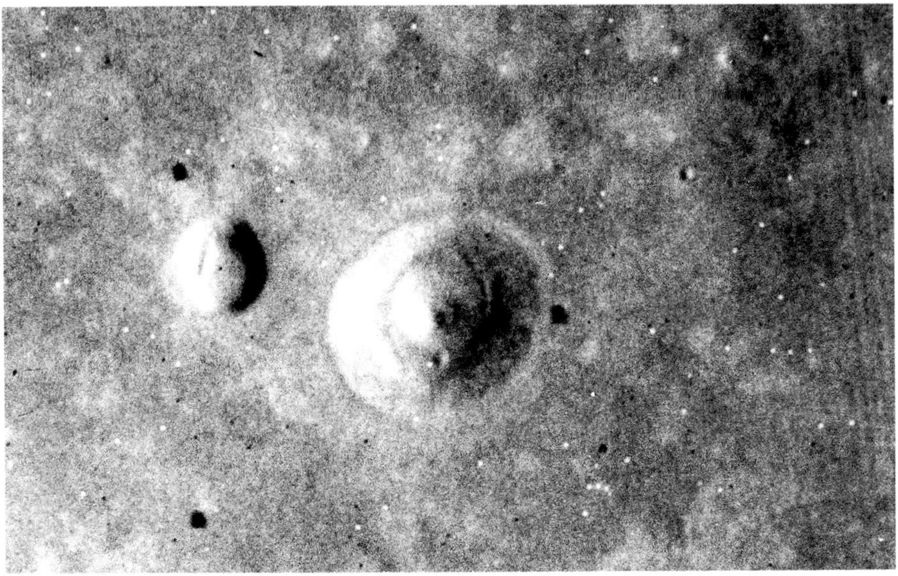

58

44, 45 Weitere »Marsgesichter« in der Utopia-Region (Bildmitte). Besonders jenes auf dem linken Bild ist dem in der Cydonia-Region sehr ähnlich.

46 Vergrößerung von Foto 44: Das »Gesicht« zeigt ebenfalls zwei Augen, einen langen und einen kurzen Haaransatz und einen schmalen Mund.

47 Falschfarben-Computerbild von Foto 46 (Technische Universität in Wien).

59

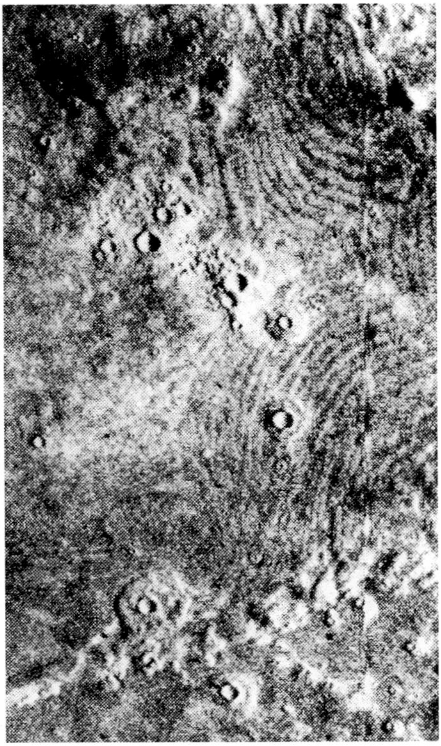

6(

61

62

48 Die »weiße Pyramide« in China. Sie zeigt Parallelen zu den Marspyramiden.

49, 50 Die Pyramiden in der Elysium-Region des Mars (linkes Bild) und die »D & M-Pyramide« in der Cydonia-Region (rechtes Bild), die Vincent DiPietro entdeckte.

51 Ein »Pyramidenfeld« (rechts unten) im Mars-Canyon Valles Marineris, aufgenommen 1976 von Viking 1.

52, 53 Die fünfseitige »D & M-Pyramide« in Relation zu einem Pentagon mit den Winkeln von 27 und 54 Grad.

54 Das Gebiet Margaritifer Sinus mit eigenartigen linearen und rechtwinkeligen Bodenstrukturen ähnlich einer alten Stadt, aufgenommen von Viking 1 im Oktober 1977.

55 Die »Windräder-Struktur« in der Nähe des Marsäquators, auf 1,9 Grad Süd und 186,4 Grad West, aufgenommen 1972 von Mariner 9.

56 Die »Inka-Stadt« in der Region Mare Australe, aufgenommen 1972 von Mariner 9.

57 Eine rechteckige Struktur in der Nähe des Kraters Sharonov mit einem anschließenden terrassenförmigen Berg.

58 Der marsianische Silbury-Hill in der Cydonia-Region nahe der »Mars-Stadt«.

59, 60 Auf Steinsäulen in Gavrinis, Frankreich (linkes Bild), und auf der Marsoberfläche (rechtes Bild) finden sich verblüffend ähnliche Zeichen.

61, 62 Das Gesicht auf dem Turiner Grabtuch (linkes Bild) zeigt eine verblüffende Ähnlichkeit mit einem Computer-Ausdruck von einer Analyse des Marsgesichts (rechtes Bild).

63 Die Marsoberfläche zeigt zahlreiche seltsame geometrische Figuren und eigenartige »Leitschienen« (Bildmitte).

64 Merkwürdige Gebilde wie ein geöffnetes Briefkuvert (links oben) und ein Schiffsrumpf (rechts unten) auf dem Mars. Sind es die Reste einer alten Marskultur?

63
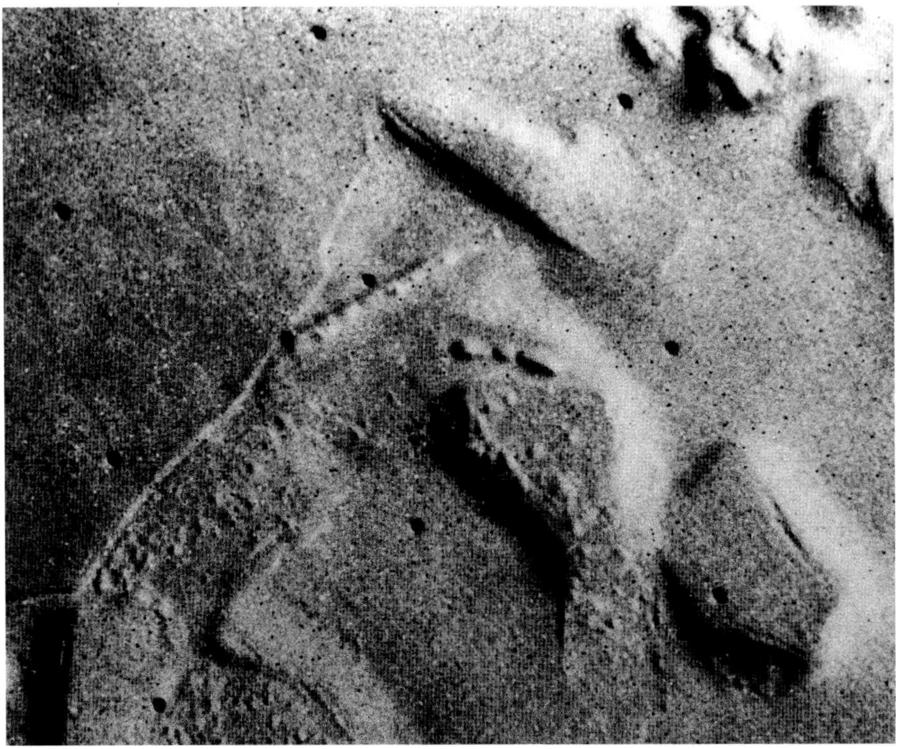

64

reicht werden könnte. Das Marsgesicht und die »Mundöffnung« sind also vom Boden des »Stadtzentrums« aus nicht zu sehen (Entfernung ca. 13 km). Zur Beobachtung bis zum »Visierfelsen« müßte ein höherer Standort, vielleicht auf einer der »Pyramiden« (günstig wäre die »Hauptpyramide«), eingenommen werden.
Daniel Drasin konnte feststellen, daß die beiden Endpunkte dieser »Pyramidenstadt«, im Westen und im Osten, mit dem Zentrum zwei Einheiten bilden. Dieses Maß, diese zwei Einheiten, also die gesamte Breite der »Stadt«, ergibt exakt die Entfernung in östlicher Richtung zum östlichen Rand des Marsgesichts, und diese Entfernung, doppelt genommen, führt genau zum östlichen Rand des »Visierfelsens«. Daraus ergeben sich die Zahlenwerte 0, 1, 2, 4, 8.
Selbstverständlich habe ich nachgemessen, und irgendwie hat mich das nicht ganz befriedigt, obwohl diese Abstände schon richtig sind. Ich habe mir die Koordinatenangaben der Cydonia-Region von Merton E. Davies, dem Kartographen von der Rand Corporation, vorgenommen und daraus eine etwas andere Achsenänderung – wenn sich tatsächlich einst eine Visierlinie von der »Pyramidenstadt« über das Marsgesicht ergeben haben sollte – festgestellt. Außerdem habe ich auch die anderen Pyramidenstrukturen und deren Abstände voneinander, anhand der NASA-Aufnahmen, genau abgemessen und dahingehend untersucht.
Ich konnte dabei feststellen, daß die senkrechte Mittellinie des Marsgesichts auf einem Winkel von 27 Grad zu der oberen östlichen Seitenfläche der »D & M-Pyramide« steht – diese »Pyramide« also, mit ihrer deutlich sichtbaren Pyramidenfläche, exakt um 27 Grad gegenüber einer gedachten Linie vom »Stadtzentrum« über den Mittelpunkt des Marsgesichts, zum vorzeitlichen Sonnenaufgang, verschoben ist. Ich komme also mit meinen Messungen, exakt vom Mittel-

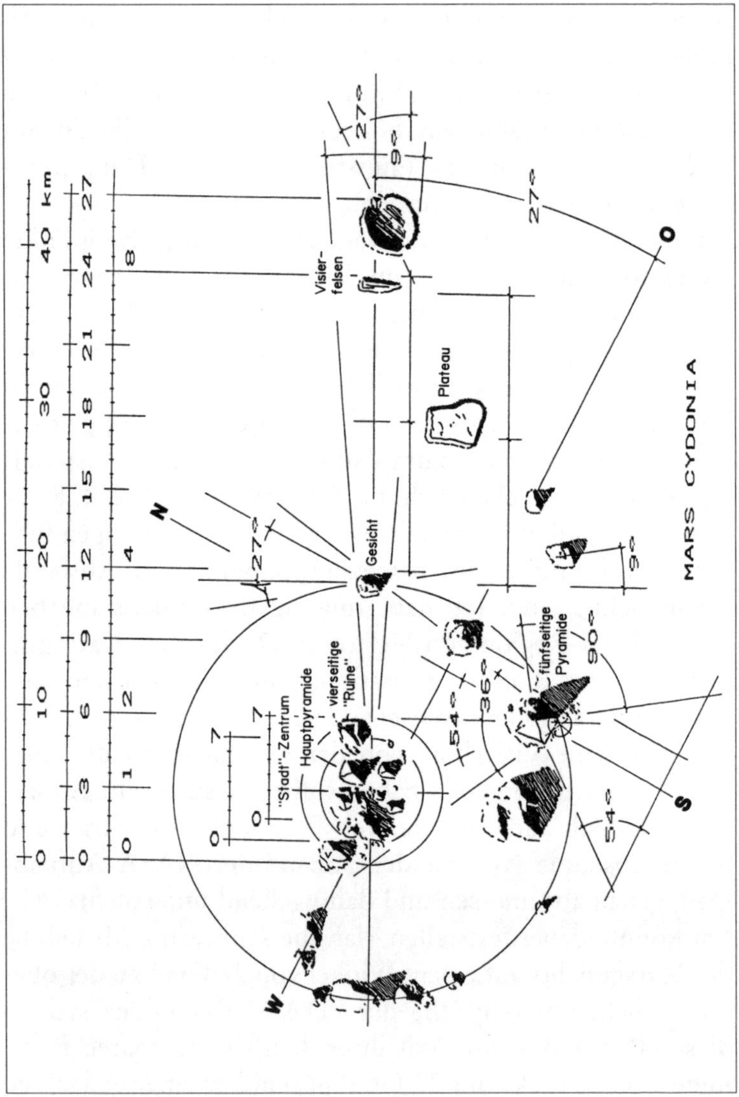

Abb. 30: Gibt es ein Stonehenge auf dem Mars?
Die Entfernungen der Objekte in der Cydonia-Region haben verblüffend geometrische Ausmaße.

punkt der »Stadt« durch den »Mund« des Marsgesichts und über das »Cliff«, zu einer Sonnenvisierlinie, die um 27 Grad von der heutigen Äquatorlinie in der Cydonia-Region verschoben ist. Auch das ist durchaus noch in dem von Masursky und Ward angegebenen Rahmen der Achsenneigung des Mars. Diese Visierlinie führt außerdem noch ziemlich exakt über eine kleine dreieckige, pyramidenförmige Erhebung am östlichen Rand des Kraters nach dem »Cliff« – das könnte der wahre Zielpunkt sein. Der Winkel von 27 Grad ist mehrmals in der »D & M-Pyramide« (54 : 2 = 27) enthalten. Die Nordrichtung dieser »Pyramide«, von der Spitze ausgehend, bildet zweimal einen Winkel von 27 Grad zu einer kleinen »Pyramide« im »Stadtzentrum«. Natürlich bildet daraus resultierend die vertikale Achse des Marsgesichts selbst einen Winkel von 27 Grad zur heutigen Nordrichtung.

Der südlichste Endpunkt der »D & M-Pyramide« liegt annähernd auf einer Senkrechten entlang dem östlichsten Teil der »Stadt«. Von diesem Endpunkt aus führt ein Winkel von zweimal 36 Grad, also 72 Grad, vom westlichsten Rand der »Stadt« zum östlichsten Rand des Marsgesichts. Dieser Endpunkt, also die südlichste Ecke der »D & M-Pyramide«, liegt exakt auf einem Kreis, der durch die Mitte des Marsgesichts geht und als Zentrum den »Stadtkern« hat. Dieser »Endpunkt« scheint eine mathematisch logische Position zu haben. Den Kreis scheinen noch einige andere »Pyramiden« im Westen zu markieren. Eine Gesteinsstruktur innerhalb dieses Kreises, südlich von der »Stadt«, scheint ebenfalls »Markierungspunkte« entlang der senkrechten Mittellinie zu dieser »Stadt« zu besitzen. Auch die heutige Ost-West-Linie führt über einige »Markierungsstrukturen«, besonders über den zweiten gesichtsähnlichen Felsen und die große westliche »Pyramide« der »Innen-

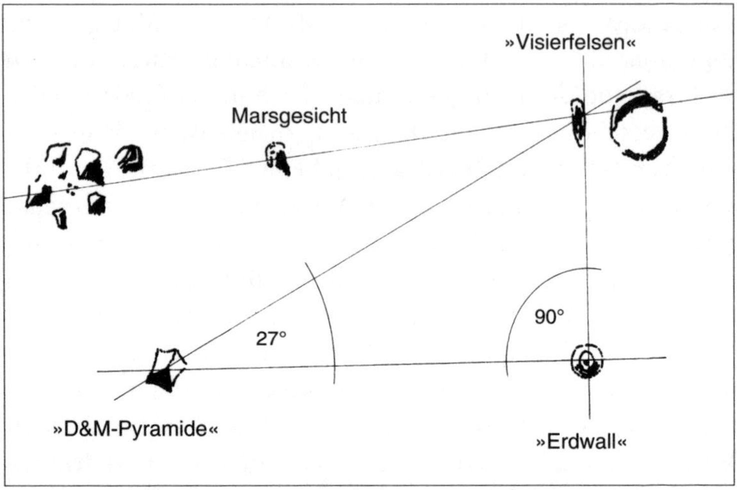

Abb. 31: Der marsianische Silbury Hill, der »Erdwall«, liegt ebenfalls in einem Winkel von 27 Grad zur Spitze der »D&M-Pyramide« und zum »Visierfelsen«.

stadt«. Ziemlich exakt nördlich vom Marsgesicht befindet sich eine Bodeneinkerbung, die entlang der senkrechten Mittellinie dieser Gesichtsstruktur verläuft. Der zuvor schon beschriebene runde »Erdwall« unterhalb des »Visierfelsens« bildet mit diesem und mit seiner Spitze sowie der Spitze der »D & M-Pyramide« ein rechtwinkeliges Dreieck – ebenfalls mit einem Winkel von 27 Grad. Haben wir es hier mit einem marsianischen Stonehenge zu tun?
Der Steinkreis in Südengland, Stonehenge genannt, wurde ja – wie wir inzwischen wissen – nach astronomischen Gesichtspunkten ausgerichtet. Die teilweise bis zu 60 Tonnen schweren Steinsäulen sind in mehreren Kreisen um einen Mittelpunkt so angeordnet, daß sie den Stand der Sommer- und Wintersonnenwende anzeigen und teilweise auch die Positionen des Mondes und der Planeten zu einer gewissen

Zeit bestimmen. Diese Anordnung von Megalithen, nach präzisen Berechnungen, wurde auch schon als »Steinzeit-Computer« bezeichnet. Tatsächlich bestand dort in England vor 3500 bis 4500 Jahren ein prähistorisches Kultzentrum. Sollte ähnliches auch auf dem Mars existieren? Die prähistorischen Stätten Englands, Castle Ditches, Groverly Castle und Silbury Hill, sind ebenfalls in einer Linie mit Stonehenge angeordnet und weisen mit dieser, im selben Abstand wie die Marsstrukturen (33,4 Kilometer), in Richtung Sonnenaufgang zur Sommersonnenwende! Verschiedene Astronomen schließen auch eine Verbindung zwischen den Erbauern von Stonehenge und den Ägyptern nicht aus.

Anhand all dieser Angaben habe ich versucht, noch etwas mehr Klarheit, also noch etwas mehr »Intelligenz«, in diesen Strukturen in der Cydonia-Ebene zu finden. Vielleicht ergibt sich in dem ganzen Komplex ein logischer gemeinsamer Nenner. Die Zahl 27 sowie die Zahl 54 lassen sich durch 9 und durch 3 (als kleinste gemeinsame Nenner außer 1) teilen. Auch die daraus sich ergebenden Winkel von 36, 72 und 90 Grad lassen sich durch 9 und durch 3 teilen – selbstverständlich auch komplette Kreise von 360 Grad.

Dasselbe System kann angewendet werden bei den Maßen dieser Strukturen. Die komplette Entfernung des gesamten Komplexes kann in genau 45 Teile zerlegt werden. Da sich ein solches Teilstück auf sämtliche wichtige Entfernungen anwenden läßt, könnte es als »Cydonia-Elle« (entspricht 0,962 Kilometer) angesehen werden, woraus sich dann folgendes ergibt: Sieben solcher »Ellen« bilden den Durchmesser der inneren »Stadt«, zehn von diesen den Durchmesser der gesamten »Stadt«. Vom westlichsten »Stadtrand« bis zum östlichsten Rand des Marsgesichts sind es genau 20 »Cydonia-Ellen«, bis zum östlichsten Rand des »Visierfelsens« dann wieder 20 solcher »Ellen« und bis zu der kleinen »Markierungspyramide« am Rand des großen Kraters im Osten nochmals fünf »Ellen« – das sind im gesamten 45 solcher »Ellen«, entsprechend 0,962 Kilometer mal 45 = 43,29 Kilometer.

Auch andere Entfernungen sind in solche Teilstücke zerlegbar, wie die Entfernung von der Mitte des Marsgesichts bis zum westlichen Rand des »Visierfelsens« von 20 »Ellen« und bis zum östlichen Rand der »Festung« von neun »Ellen«. Das Marsgesicht selbst besteht unter diesem Maß aus zwei »Cydonia-Ellen«. Es ist hier wirklich schwer vorstellbar, daß dies alles bloß eine Laune der Natur sein soll! Sogar ein merkwürdiges »Plateau« zwischen dem Marsgesicht und dem »Visierfelsen« läßt sich in diese Maßangaben einbeziehen. Die gesamte Entfernung von 45 »Cydonia-Ellen« läßt sich auch in 3, 6, 9 und 27 Teile zerlegen, worin alle wichtigen Meßpunkte enthalten sind. Das Ganze scheint überhaupt eine Art Trigonometrie-System zu sein, denn auch diese »Cydonia-Elle« läßt sich in drei Teile zerlegen, die dann wieder einzeln in sämtliche Maße hineinpassen. Die Bezeichnung »tri« kommt aus dem Griechischen und bedeutet »drei«, also auch das Dreieck, die »Triangel«, betreffend. Die »D & M-Pyramide« besteht aus fünf Dreiecksflächen. Die »Stadt« selbst aus fünfseitigen und dreiseitigen »Pyramidenstrukturen« innerhalb eines fünfeckigen Pentagons. Zahlreiche pyramidenartige Gebilde auf dem Mars haben fünfeckige oder dreieckige (bzw. trapezoide) Formen. Gab es auf dem Mars einst eine Kultur von »Trigonomiten«?

Das Dreieck hat schon seit Jahrtausenden eine große Bedeutung in der Mathematik, in der Mystik und in der Religion. Von Anbeginn der Menschheit symbolisiert es die

Dreieinigkeit der Familie entsprechend Vater, Mutter und Kind. Daraus resultieren ganze Schöpfungsmythen, die den Kosmos in drei Teile, nämlich Unterwelt, Erde und Himmel, teilen. Unser »dreidimensionales Denken« gibt uns Aufschluß über unsere unmittelbare Umwelt. In der Vermessungstechnik wird die Dreiecksaufnahme, die Triangulation, zur Bestimmung von Punkten an der Erdoberfläche nach Längen- und Breitengraden angewendet. In der Religion geht dieses System in die Dreieinigkeit oder Dreifaltigkeit Gottes, entsprechend Gott Vater, Gott Sohn und Heiliger Geist, über. In den verschiedensten Pyramidenformen gelangt die Dreiecksform zur höchsten Vollendung. Dasselbe Prinzip scheint sich auf dem Mars zu wiederholen.

16 Ein Christus-Bild auf dem Mars?

Zeigt das Turiner Grabtuch einen Außerirdischen?

Wie schon beschrieben, hatte ich im Juni 1987 eine Computer-Analyse vom Marsgesicht machen lassen. Dabei verwendete ich das mir 1978 vom JPL der NASA zugesandte Foto 35A72. Schon unter dem Vergrößerungsglas konnte ich darauf weitere Einzelheiten entdecken, und es kam auch eine gute Falschfarben-Aufnahme durch den Computer zustande. Was mich jedoch völlig verblüffte, war der dazugehörende Computer-Ausdruck, der mir durch Dr. Jansa vom Institut für Photogrammetrie und Fernerkundung der Technischen Universität Wien überreicht wurde.

Es sei hier nochmals gesagt, daß Dr. Jansa vorher nie etwas von diesem Marsgesicht hörte und auch das Bild bis dahin nicht kannte. Es war wahrscheinlich auch das erste Mal, daß ein Wiener Institut ein NASA-Foto von der Marsoberfläche derart untersuchte. Wie gesagt, ich habe Dr. Jansa in keiner wie immer gearteten Weise beeinflußt.

Für die Anfertigung solcher computerunterstützten Analysen muß vorerst ein sogenanntes »Histogramm« angefertigt werden. Dr. Jansa machte also vorerst ein Häufigkeits-Histogramm aus 0 bis 255 Grauwerten. Dieses wurde dann in zehn Spektralfarben von Schwarz bis Weiß aufgeteilt entsprechend: Schwarz, Schwarz/Blau, Blau, Blau/Magenta, Magenta/Blau, Rot, Rot/Gelb, Gelb, Gelb/Weiß und Weiß. Davon fertigte er mir zwei Dias im Format 11 x 12 cm mit verschiedenen Kontrastwerten an, eines eingeebnet und eines schattenverstärkt. So kamen dann Einzelheiten wie ein »Augapfel« und Strukturen auf der Schattenseite des Gesichts zustande. Das war das Bestmöglichste, was aus diesem Foto herauszuholen war.

Für den Computer-Ausdruck teilte Dr. Jansa die Grauwerte von 0 bis 255 in Werten von 0 bis 12 auf, die dann in zwölf verschiedene Drucksymbole umgewandelt wurden. So kam dann ein Computer-Ausdruck zustande, der mich einigermaßen in Erstaunen versetzte. Dazu sagen muß ich noch, daß rein »zufällig« das Marsgesicht-Foto seitenverkehrt in den Computer eingespeichert wurde, was sonst nicht weiter schlimm wäre, doch für das Bild auf dem Computer-Ausdruck eine besondere Bedeutung erlangte. Als ich dieses Bild in den Händen hielt, sagte ich spontan zu Dr. Jansa: »Das ist ja der Christus-Kopf!«, ohne vorerst zu ahnen, welche Konsequenzen das haben könnte. Ich bin dann auch nicht näher darauf eingegangen und fuhr mit den Unterlagen nach Hause. Ich mußte diese Merkwürdigkeit erst einmal geistig verdauen.

Später stellte ich mir alle möglichen Fragen: Sollten sich all die spekulativen Gedanken um die außerirdische Herkunft Jesu doch bestätigen? Liegt hier ein Beweis für die Auferstehung Christi vor? Oder bin ich einem Trugbild aufgesessen? Ich erinnerte mich auch an das bekannte Turiner Leinen und sah mir zu Hause einige Bilder davon an. Es gab keinen Zweifel: Der Computer-Ausdruck vom Marsgesicht zeigt eine verblüffende Ähnlichkeit mit dem Christuskopf auf diesem Leinentuch! Es ist das gleiche lange Haar zu sehen und auch der schmale Mund. Nicht nur das. Es scheinen sogar dieselben Blutspuren von den Wunden durch die Dornenkrone wie auf dem Haupt Christi auf dem Computerbild vorhanden zu sein.

Um die Authentizität dieses Tuches, in das angeblich der Leichnam Jesu eingewickelt worden sein soll, gab es in den letzten Jahren wohl ebenso viele geteilte Meinungen wie um die Existenz von Lebensformen auf dem Mars. Es wurde jedoch mehrfach festgestellt, daß dieses Stück Leinen 2000 Jahre alt sein könnte. Zahlreiche Forscher haben sich schon damit beschäftigt, und aufgrund verschiedener Untersuchungen kamen sie zu dieser Ansicht. Der Schweizer Kriminologe Dr. Max Frei stellte z. B. anhand von Blütenpollen auf dem Turiner Leinen im Jahre 1976 fest, daß dieses aus der Zeit der Ereignisse um Jesus im alten Palästina stammt. Mittlerweile ist auch bekannt, daß all die Spuren der Wundmale, die Jesus vor seinem Tode zugefügt wurden, die Gestalt auf dem Tuch zeigt. Die Meinungen über eine künstliche Herstellung konnten bisher stets entkräftet werden.
Erstmals belegbar tauchte dieses Leinen im Jahre 1357 auf, als es in der Kirche von Lirey in Frankreich ausgestellt wurde. Damals war es im Besitz der Familie Charny, die mit Reliquien und dergleichen handelte. Ein skeptischer Bischof namens Henri de Poitiers, der nicht an die Echtheit glaubte, hatte sich damals dieses Tuch genauer angesehen, worauf die Ausstellung geschlossen wurde. Etwa dreißig Jahre später, im Jahre 1389, berichtete Portiers Nachfolger Bischof Pierre d'Arcis in einem Schreiben an den damaligen Papst Clemens VII. von einem wunderschön »gemalten« Abbild Christi auf einem Tuch, das in seiner Kirche aufbewahrt wird. Dieser Brief wurde bisher als stärkstes Indiz für eine künstliche Anfertigung im Mittelalter angesehen.
Anderen Berichten zufolge, soll aber ein derartiges Leinen schon lange vorher existiert haben. Schon in frühchristlicher Zeit soll ein Tuch mit dem Abbild Christi in Jerusalem aufgetaucht sein und im Jahre 438, durch die Kaiserin Eu-

doxia, nach Byzanz (Konstantinopel, dem heutigen Istanbul) gebracht worden sein. In Konstantinopel wurde es dann angeblich jahrhundertelang verehrt, und es wurde offenbar auch von Zeitzeugen erwähnt.
Im Jahre 1201 erwähnt ein solches Tuch der byzantinische Geschichtsschreiber Nikolaus Mesarites als im Besitz der kaiserlichen Kapelle zur heiligen Maria in Konstantinopel. Dann im Jahre 1204 berichtete der französische Kreuzritter Robert von Clari über ein Grabtuch in der kaiserlichen Kapelle zu Konstantinopel, auf dem eine männliche Gestalt zu sehen war. Im Jahre 1207 bestätigte Nikolaus Mesarites nochmals die Existenz eines christlichen Grabtuchs in Konstantinopel.
In der Zeit zwischen 1248 und 1262 soll der französische Ritter Otto de la Roche ein Leinentuch mit dem Abbild Christi nach Europa gebracht haben, und im Jahre 1349 übergab angeblich Gottfried von Charny, Freiherr von Lirey, dieses Leinen den Domherrn von Lirey zur Aufbewahrung, wo es dann ausgestellt wurde. Im Jahre 1448 ging dieses Tuch in den Besitz der Hauses von Savoyen über, und 1455 erwähnte es der Bischof von Chalon-sur-Saône, Jean Germain, in einem Verzeichnis der wichtigsten Reliquien.
Zweimal (1349 in Besançon und 1532 in Chambéry) war dieses als Turiner Grabtuch berühmt gewordene und seit 1357 offiziell belegbare Leinen einem Brand ausgesetzt, wovon heute noch deutlich Spuren zu sehen sind. Seit 1572 wird es nun in Turin, im Dom San Giovanni, aufbewahrt und alle 33 Jahre öffentlich ausgestellt.
Im Jahre 1898 war dies wieder einmal der Fall, und da wurde es erstmals fotografiert. Der damalige Rechtsanwalt und Bürgermeister von Asti, Secondo Pia, konnte dieses 4,40 x 1,10 Meter große Leinentuch mit seiner Plattenkamera aufnehmen, wodurch dann deutlich eine männliche

Gestalt zum Vorschein kam, die in allen Details dem gekreuzigten Christus entsprach. Erst durch fotografische Aufnahmen konnte dies möglich gemacht werden. Besonders die Negative zeigten ein verblüffendes Bild, das dann für zahlreiche Christusstatuen als Vorlage diente.
Ausgerechnet zu der Zeit, als die Marsbilder von den Viking-Sonden zur Erde übermittelt wurden – im Jahre 1978 –, wurde das Turiner Leinen eingehenden Untersuchung unterzogen. Dazu formierte sich eine Gruppe von Wissenschaftlern in den Laboratorien der US Air Force in Albuquerque in New Mexiko, die sich »Shroud of Turin Research Project« (STURP) nannte. Interessanterweise wurde diese Untersuchung mit dem Bildanalysator VP8 gemacht, der die Viking-Aufnahmen auswertete, da man sich davon bessere Ergebnisse bei der Aufnahme der Schattierungen auf dem Leinentuch versprach. Tatsächlich lieferte diese Methode dann erstmals ein phantastisches 3-D-Höhenrelief, von dem sogar eine lebensgroße Statue angefertigt wurde, die jetzt in der Kapelle des US-Luftwaffenstützpunktes steht.
Insgesamt lautete das Ergebnis dieser Untersuchung: »Das Abbild auf dem Leinentuch von Turin ist nicht von Menschenhand gemacht.« Die wahrscheinlichste Ursache für die Entstehung dieses Abbildes sahen die STURP-Mitglieder in einer »großen Hitzeeinwirkung« oder einem »Lichtblitz von besonders unnatürlicher Stärke«. Der Präsident der Gesellschaft für Atomphysik in Amston im US-Bundesstaat Connecticut, Thomas d'Muhala, meinte 1979, das Abbild auf dem Tuch entstand durch einen »kurzen Strahlenblitz, der vom Körper des Gekreuzigten ausging und eine Art Energiefoto erzeugte«. Hatte dieser Energieausbruch etwas mit der »Auferstehung« Jesu zu tun?
Im Jahre 1988 wurde dieses angebliche Grabtuch Christi

erneut einer Untersuchung unterzogen. Am Karfreitag 1988 wurde in der Sendung »Club 2« des österreichischen Fernsehens (ORF) eine Diskussion über das Turiner Leinentuch geführt, an der sich einige namhafte Experten beteiligten. Es wurde dabei mitgeteilt, daß sich nun endlich der Vatikan zu einer Radiokarbon-Datierung entschlossen habe, die klären soll, ob das in Turin aufbewahrte Leinentuch echt ist oder nicht. Noch zu Ostern sollten entsprechende Stoffproben genommen werden. Der bekannte Wiener Kunstmaler Prof. Ernst Fuchs äußerte sich aber in dieser Sendung bereits dahingehend: »Auch wenn das Leinen nicht älter als 600 Jahre sein sollte, hat das Abbild darauf mit Sicherheit eine Ähnlichkeit mit alten Ikonen.« Im Kloster Lagudera auf Zypern und im Dom von Cefalu in Sizilien z.B. befinden sich derartige Christus-Darstellungen aus dem 12. Jahrhundert.

Im August 1988 liefen dann die ersten Meldungen durch die Presse: »Turiner Grabtuch datiert! Britische Wissenschaftler behaupten, das Grabtuch ist eine Fälschung!« Am 13. Oktober 1988 gab der Erzbischof von Turin, Kardinal Carlo-Anastasio Ballestrero, das offizielle Ergebnis bekannt. Der Kardinal stellte nämlich im April 1988 drei Laboratorien entsprechende Stoffproben zur Verfügung: einem Schweizer Team an der Eidgenössischen Universität in Zürich, einem kanadischen Team in Tucson an der Universität von Arizona und einem britischen Team an der Universität von Oxford. Am 29. September 1988 wurde Papst Johannes Paul II. von dem Ergebnis informiert, und er ließ die Veröffentlichung anordnen. Die Radiokarbon-Datierung hat nun ergeben, daß dieses in Turin aufbewahrte Leinentuch nicht älter als 728 Jahre ist und zu 95 Prozent in die Zeit zwischen 1260 und 1390 nach Christus datiert werden kann.

Dieses Ergebnis rief aber auch Kontroversen hervor: Der Sprecher und wissenschaftliche Berater des Kardinals von Turin, Prof. Luigi Gonella, meinte z.B.: »Die Tests waren von der Kirche nicht genehmigt, und wir sind nicht an das Resultat gebunden. Wenn das Tuch ins Mittelalter datiert wird, so ist noch immer mysteriös, wie es zustandekam. Für die Kirche wird dieses Leinen immer ein begehrtes Objekt sein. Es ist ein sehr interessantes Bildnis vom Leidensweg Christi.« Kardinal Ballestrero ließ aber mitteilen, daß dieses Ergebnis von der Kirche nicht angezweifelt wird. Das Leinen wird weiterhin eine verehrungswürdige Ikone bleiben und im Dom zu Turin ausgestellt.
Zu Ostern 1990 platzte jedoch die Bombe, als namhafte Grabtuch-Experten erhebliche Zweifel an dieser Datierung anmeldeten. Der bekannteste europäische Grabtuchforscher, Prof. Werner Bulst, spricht nun sogar vom »Betrug am Grabtuch«. In einer gleichnamigen Streitschrift stellt er zahlreiche Gründe dar, weshalb diese Untersuchung angezweifelt werden muß. Die Probenentnahme erfolgte nicht sorgfältig genug, so daß die Stücke vom Turiner Leinen mit anderen zeitlich jüngeren Vergleichsstücken vertauscht werden konnten. Prof. Bulst schreibt: »Die kritische Prüfung des Radiocarbontests läßt keinen Zweifel: Es waren offenbar nicht die dem Turiner Grabtuch am 21. April 1988 entnommenen Probestücke getestet worden.« Der Koordinator des gesamten Unternehmens, Dr. Michael Tite vom Britischen Museum, soll nach diesen Kritiken das Ergebnis sogar zurückgezogen haben, und Papst Johannes Paul II. hält das Tuch nach wie vor für eine »Reliquie«.
Auch Elmar R. Gruber und Holger Kersten stellen – nach eigenen Untersuchungen und Recherchen – in ihrem 1992 erschienenen Buch »Das Jesus-Komplott« (Langen Müller Verlag, München) ausführlich dar, weshalb bei dieser Un-

tersuchung von 1988 nicht alles mit rechten Dingen zuging. Auch Pfarrer Karl Herbst zählt in seinem Buch »Kriminalfall Golgatha« von 1992 zahlreiche Fakten auf, wonach offensichtlich nicht die richtigen Stoffstücke getestet wurden. Nach wie vor ist ja nicht geklärt, wie das Abbild auf dieses Tuch kam – was auch Kardinal Ballestrero verlauten ließ. Prof. Gonella meinte dazu, das Bildnis zeige »technische Charakteristika, die im Mittelalter absolut unbekannt waren«. Die an der Untersuchung Beteiligten waren sich einig in der Meinung, daß dieses Abbild keine Malerei und auch kein Foto ist. Es ist mit Sicherheit das Abbild eines Gekreuzigten. Der italienische Anthropologe Prof. Delfino Pesce teilte bereits 1982 mit, daß dieses Bildnis der Abdruck eines Metallreliefs sei, das auf 230 Grad Celsius erhitzt und so auf das Leinen geprägt wurde. Tatsächlich muß das Bild auf dem Tuch irgendein Abdruck sein, denn es zeigt ein Negativbild. Kein Künstler hätte 500 Jahre vor der Erfindung der Fotografie ein Negativ herstellen können. Erst ein modernes Foto zeigt im Negativ ein positives Abbild des Mannes auf dem Leinen! Der Nachweis von Aloe und Myrrhe und das Vorhandensein von menschlichem Blut auf dem Tuch wurde abermals bestätigt.
Tatsächlich würde diese Radiokarbon-Datierung lediglich besagen, daß dieses in Turin aufbewahrte Leinen (also lediglich der Stoff) nicht älter als 728 Jahre ist. Es würde nichts aussagen über das Abbild selbst. Viele Wissenschaftler und Theologen sind der Meinung, daß dieses Abbild den wahren Christus zeigt.
Dafür spricht auch die Tatsache, daß auf dem Turiner Leinentuch Wunden an den Handgelenken, und nicht, wie im Mittelalter üblich, an den Handflächen zu sehen sind. Auf diesem Abbild trägt der Gekreuzigte auf dem Kopf eine Dornenhaube und nicht einen wohl schwer zu flechtenden

Dornenkranz. Das Bild zeigt auch einen nackten Christus, was im Mittelalter eigentlich als Gotteslästerung angesehen wurde.
Ich kenne natürlich diese Fälschungsgerüchte seit Jahren, und ich war nicht so vermessen, mich bei der Beurteilung über einen möglichen Zusammenhang des Marsgesichts mit dem Christusgesicht allein auf diesen Computer-Ausdruck zu verlassen. Wie schon betont, ist auch anderen, unabhängig voneinander, diese Ähnlichkeit aufgefallen. Die »Punkte« an der Stirn des Marsgesichts sind nur bei der Aufnahme 35A72 zu sehen und eigentlich Fehlerpixels während der Übertragung zur Erde. Sie sind sozusagen von weißen Bildpunkten auf schwarze »umgesprungen«. Wieso dies gerade so geschah, daß dies den Anordnungen der Blutspuren auf dem Turiner Leinentuch entspricht, bleibt dahingestellt. Selbst wenn man sich diese »Punkte« wegdenkt und die andere Aufnahme 70A13 betrachtet, bleibt die Ähnlichkeit bestehen. Besonders diese Aufnahme 70A13 zeigt (bei entsprechender Vergrößerung) Details, die erst recht an ein Christusgesicht erinnern. Bei dieser Aufnahme finden sich auf der Stirn des Marsgesichts eindeutig und unzweifelhaft einige gerade Linien, die quer und schräg über die Stirn verlaufen. Zieht man diese Linien nach, dann erweckt das gesamte Bildnis auf dem Mars den Eindruck eines Christuskopfes mit Dornenkrone. Ja, bei genauer Betrachtung finden wir sogar »Falten« zwischen den Augen, und in Verbindung mit der »Träne« auf der Wange läßt dieses Gebilde den Eindruck eines leidenden Wesens entstehen.
Eine weitere Besonderheit ergibt sich anhand von früheren Untersuchungen des Leinentuchs von Turin. Darauf wurden Spuren von Eisenoxid (Fe_2O_3, Hematit) gefunden, weshalb dieses eine gelbliche bis rötliche (zinnoberrote) Färbung zeigt. Auch die rötliche Färbung der Marsober-

fläche entstand durch große Mengen von Eisenoxid: nämlich Hematit. Sollte das Turiner Leinentuch gar einmal der Marsatmosphäre ausgesetzt gewesen sein?
Wir haben derzeit noch keine ausreichenden Erklärungen für all diese Merkwürdigkeiten; vielleicht fällt diese Entdeckung eher in den Bereich der üblichen »Zeichen« und »Wunder«. Wenn wir aber die Worte in der Bibel – und auch in anderen religiösen Schriften – nicht einfach nur psychologisch deuten, sondern wörtlich nehmen (und das sollten wir doch in mancher Hinsicht), dann scheinen gewisse »Göttergestalten« einstmals vom Himmel (also aus heutiger Sicht aus dem Weltall) gekommen zu sein. Diese Gedanken sind durchaus nicht mehr neu; sie wurden längst von zahlreichen Autoren in Betracht gezogen.
Schon 1958 schrieb der umstrittene UFO-Kontaktler Georg Adamski (er will damals mehrere Kontakte mit außerirdischen Wesen gehabt haben) in seinem Buch »Im Innern der Raumschiffe«, »daß alle anwesenden Messiasgestalten einstmals auf der Erde gewesen sind, und jeder von ihnen war mit dem Vorsatz gekommen, den Menschen die wahre, richtige Lebensführung zu zeigen«. Adamski war aber der Ansicht, daß »die Erde nicht der einzige Planet war, dem ihre Besuche galten; der gleiche Dienst wurde auch dem Mars erwiesen«. Georg Adamski meinte hiermit ohne Zweifel Jesus Christus!
Später, in den sechziger Jahren, kam der sowjetische Philologe Wjatscheslaw Saizew zu der Ansicht, Christus sei als Kosmonaut von einem anderen Stern auf unseren Planeten herabgekommen, denn nur aus solcher Herkunft könne sein Zorn auf die sozialen Mißstände dieser Welt verstanden werden. Im Jahre 1973 führte der Wiener Schriftsteller Gerhard R. Steinhäuser in seinem Buch »Jesus Christus – Erbe der Astronauten« diese Gedanken fort.

Schon die Geburt Jesu war ja »von außen beeinflußt« worden. Zwei »Engel« verkündeten Josef, daß Maria einen Sohn gebären würde, und als dies geschah, zog ein »Stern« über der Geburtsstätte einher. Dies würde bedeuten, daß Jesus von irgend jemandem »in diese Welt gesetzt wurde«. Vielleicht sogar mit der Absicht, hier irgendwelche Erkundigungen einzuholen – über den Zustand auf diesem Planeten. Der Kreuzestod war vielleicht eingeplant, vermutlich aber auch nicht ganz so vorgesehen. Vielleicht rief deshalb Jesus am Kreuze: »Mein Vater, warum hast du mich verlassen!« Überhaupt sprach Jesus stets von »jemand« (dem Vater), der ihn »gesandt hat«. War dieser »Vater« eine außerirdische Erscheinung, die sich durch Jesus, hier auf dieser Erde, manifestierte?

Christus selbst soll ja stets gesagt haben: »Mein Reich ist nicht von dieser Welt« (Johannes 8,23 und 18,36). Er sagte: »Im Hause meines Vaters sind viele Wohnungen« (Johannes 14,2), und er kannte anscheinend auch »himmlische und irdische Körper«, die andersartig glänzen (1. Korintherbrief 15,40). Er kam zur Erde, vollbrachte zahlreiche »Wundertaten«, konnte seinen eigenen Tod überwinden und verschwand schließlich wieder »im Himmel«.

In den letzten Jahren sind auch Stimmen laut geworden, die meinen, Jesus habe den Kreuzestod überlebt. Seine Wunden seien nicht so schwerwiegend gewesen, daß er sofort daran starb. Er wurde relativ bald vom Kreuze abgenommen und bestattet, wo ihn dann zwei »Engel« in Empfang nahmen. Später wurde er »hinaufgenommen in den Himmel« (Markus 16,19). Für uns stellt sich heute dieser Himmel als »das Weltall« dar, und wenn jemand von dort zur Erde kommt und wieder dorthin »aufgenommen« wird, dann kann dieser Jemand »nicht von dieser Welt«, nicht von dieser Erde sein. Im neuen liturgischen Kalender wird nun das Christkönigsfest am letzten Sonntag vor Advent als das Fest des »Königs des Weltalls« gefeiert. Auch die Wissenschaftler, welche das Turiner Leinen untersuchten, stellten sich bereits die Frage, wer dieser Gekreuzigte wirklich war. Die amerikanischen Forscher, die sich mit dem Marsgesicht beschäftigten, fragten sich ebenfalls schon, wen dieses darstellen soll (»Whose face is it?«). Geben die NASA-Fotos vom Mars hier nun eine Antwort? Gibt es zwischen beiden Objekten eine Verbindung?

Wir müssen, bei einer außerirdischen Betrachtungsweise, Jesus längst nicht mehr bloß als simplen Astronauten-Sohn sehen. Es muß nicht Christus selbst sein, der uns auf dem Mars ein »Zeichen« hinterlassen hat. Es könnten auch andere, vielleicht zu einer ganz anderen Zeit (und vielleicht sogar im Mittelalter), dort einen Hinweis (aus welchem Grund auch immer) plaziert haben. Wir haben andererseits auch (besonders durch die Elementarteilchenforschung) über die Vorgänge im Kosmos einige Dinge gelernt, die unsere Vorstellung von Realität in Frage stellen. Je mehr wir über den Makro- und Mikrokosmos in Erfahrung bringen, desto weniger scheinen wir über die Gesamtheit des Universums zu wissen. Wir wissen nicht, welche Intelligenz (und nennen wir sie auch Gott) die Vorgänge in unserer Welt bestimmt. Wir wissen nicht, wieso Zufälligkeiten gerade so »zufällig« entstehen und dann oft »intelligent gesteuert« erscheinen.

Wir alle sind eigentlich aus einer Reihe dieser »intelligenten Zufälle« entstanden. Wenn sich die Makromoleküle nicht »rein zufällig« in der Ursuppe der Früherde zu komplexen Proteinstrukturen zusammengefunden hätten, wenn sich die ursprünglich so schwach erscheinenden Säugetiere nicht »rein zufällig« über die Urzeitmonster vor Millionen von Jahren erhoben hätten, würden wir Menschen heute nicht existieren. Auch die verblüffende Übereinstimmung des Marsgesichts mit dem Bildnis auf dem Turiner Leinen könnte durch so einen »intelligent gesteuerten« Zufall entstanden sein. Wir können derzeit nur Vermutungen darüber anstellen, welch tiefer Sinn, welche Bedeutung eigentlich dahintersteckt.

Als ich mir nach diesem Ergebnis die amerikanischen Publikationen durchlas, stellte ich fest, daß auch schon anderen Autoren – unabhängig voneinander – die Ähnlichkeit des Marsgesichts mit dem Christuskopf auf dem Turiner Leinentuch aufgefallen ist. Erstmals dürfte dies dem amerikanischen Physiker Lambert Dolphin während der Untersuchung der Marsphänomene im Jahre 1984 ergangen sein. Immer wenn er darauf zu sprechen kam und ein Foto vom Marsgesicht zeigte, waren die anwesenden Personen äußerst beeindruckt. Evangelische Protestanten meinten daraufhin, man solle an diesem Gebilde auf dem Mars solange nichts verändern, bis die Wahrheit der Bibel hergestellt ist. Auf jeden Fall, so meine ich, sollte man bei künftigen Untersuchungen dieser Struktur äußerst behutsam vorgehen. Vielleicht liegt darin ein für uns wichtiger »kosmischer Schlüssel« verborgen?

Der Plasmaphysiker und Co-Autor von DiPietro und Molenaar, Dr. John Brandenburg, bescheinigte diesem Marsgesicht ein »königliches Aussehen« (»It looks like a king!«). Auch Richard Hoagland sieht in den Strukturen in der Cydonia-Region des Mars ein mögliches Kultzentrum, wo eine Art »Gottheit« verehrt worden sein könnte (von wem auch immer). Diese Gottheit könnte nun in dem Marsgesicht verewigt sein. Auch die kronenartige Struktur an der Stirn des Marsgesichts ist den amerikanischen Forschern bereits aufgefallen.

Wir müssen uns auch im religiösen Bereich von irdischen

Gedanken befreien. Wir sollten uns nicht länger einbilden, der messianische Gedanke wäre allein auf der Erde gültig. Für künftige Marsastronauten wird Christus wohl auch dort existent sein. Bevor Menschen einen anderen Planeten betreten, sollten auch diese Gedanken diskutiert werden. Es wird wohl zu entscheiden sein (so wie dies auch bei Eroberungen fremder Völker und fremder Länder auf der Erde geschah), welcher Geistliche von welcher Religion erstmals den Fuß auf einen anderen Planeten setzen darf. Wenn sich die Hinweise auf eine alte Kultur auf dem Mars bestätigen sollten, dann wäre aufgrund der Ausführungen in diesem Kapitel wohl die Frage zu klären: Könnte dieser Kultur ebenfalls eine Gestalt begegnet sein, die über außergewöhnliche Fähigkeiten verfügte und die wir noch heute Jesus Christus nennen?
Jedes Jahrhundert, jede Epoche, hatte Jesus Christus anders gesehen, und auch wir besitzen die Fähigkeit, Jesus mit anderen Augen zu sehen, mit anderen Denkformen in Verbindung zu bringen. Vielleicht bringt uns eine neue Betrachtungsweise Jesus Christus näher; vielleicht führt uns das zu einem besseren Verständnis dieser Welt.

17 Doch Leben auf dem Mars?

Die Suche muß weitergehen!

Unsere Erde ist etwa 4,5 Milliarden Jahre alt; das ist auch nach wissenschaftlichen Untersuchungen das Alter unseres Sonnensystems. Bisher ist kein älteres Gestein in unserem Sonnensystem (auch nicht auf dem Mond) gefunden worden. Folgen auch wir dieser Erkenntnis, um die eventuelle Entstehung von Leben auf dem Mars zu erklären.

Aus einer riesigen Wolke von kosmischem Staub und Gas sind unsere Planeten entstanden, nachdem sich die Sonne als lebensspendender Stern verdichtet hat. Unser Sonnensystem umfaßt derzeit eine Gruppe von neun Planeten: Merkur, Venus, Erde, Mars, Jupiter, Saturn, Uranus, Neptun und Pluto. Davon sind vier bedeutend größer als die Erde: Jupiter, Saturn, Uranus und Neptun. Zu den vier terrestrischen Planeten gehören: Merkur, Venus, Erde und Mars. Mars ist von diesen der äußerste Planet. In durchschnittlich 227 Millionen Kilometer von der Sonne zieht er seine Bahn. Die fünf äußeren Planeten sind für organisches Leben viel zu kalt. Ihre Oberflächentemperaturen liegen zwischen minus 100 Grad Celsius (auf Jupiter) und minus 230 Grad Celsius (auf Pluto). Theoretisch könnte jeder der vier terrestrischen Planeten für Leben, wie wir es kennen, in Frage kommen. Besonders Venus, Erde und Mars befinden sich noch in der sogenannten Lebenstoleranzzone unseres Sonnensystems.

Der Merkur ist für Lebensformen, wie wir sie kennen, der Sonne viel zu nahe (58 Millionen Kilometer) und daher viel zu heiß. Auf seiner der Sonne zugewandten Seite herrschen Temperaturen von plus 420 Grad Celsius. Er bewegt sich in 88 Tagen einmal um die Sonne und in 59 Tagen um sich selbst. Er ist kaum größer als unser Mond (4840 Kilometer gegenüber 3480 Kilometer Durchmesser), und er kommt der Erde bis auf 76 Millionen Kilometer nahe. Die Sonnenseite des Merkur hat während der Umdrehung kaum Zeit, sich richtig abzukühlen, so daß Leben – falls es dort jemals versucht hat, sich zu entwickeln – bald wieder vernichtet worden wäre. Der Merkur ist also ein denkbar ungeeigneter Platz für organische Lebensformen.
Die Venus verhält sich da nicht viel besser. Sie ist zwar annähernd so groß wie die Erde (12 113 Kilometer gegenüber 12 756 Kilometer Erddurchmesser), doch sie liegt ebenfalls der Sonne viel zu nahe. Venus hat einen durchschnittlichen Abstand von 108 Millionen Kilometer zur Sonne und Oberflächentemperaturen um plus 200 Grad Celsius in den Polargebieten und etwa plus 700 Grad Celsius in der Äquatorzone. Sie hat eine Umlaufzeit von 224,7 Tagen um die Sonne und rotiert in 243 Tagen um sich selbst. Ihre Masse beträgt 81,5 % der Erdmasse, woraus sich eine etwas geringere Dichte ergibt, und sie ist fast gänzlich von einer dichten Wolkendecke umhüllt, die auch die Beobachtung der Oberfläche erschwert. Durch diese Wolkenhülle ist Venus ein »heißer Ofen« und daher für organisches Leben denkbar ungeeignet.
Innerhalb der Lebenstoleranzzone unseres Sonnensystems ist als nächster terrestrischer Planet der Mars zu untersuchen. Tatsächlich hat der Mars die besten Vorraussetzungen für außerirdisches Leben. Zahlreiche Messungen und Beobachtungen stellten immer wieder die Frage, ob auf dem

Mars nicht doch Leben existiert oder existiert haben könnte.
Wie wir inzwischen wissen, hat der Mars eine Umlaufzeit von 686,98 Erdtagen um die Sonne. Ein Marstag dauert 24,37 Erdstunden und 23 Erdsekunden – also ziemlich genau die Zeit eines Erdtages. Der mittlere Sonnenabstand beträgt genau 227,8 Millionen Kilometer; jener der Erde 149,5 Millionen Kilometer. Der Äquatordurchmesser des Mars beträgt 6793 Kilometer; jener der Erde 12 756 Kilometer. Der Mars hat also etwa den halben Durchmesser der Erde und somit ungefähr ein Sechstel Volumen der Erde – etwa 160,2 Milliarden Kubikkilometer. Dies entspricht einer Oberfläche von 145,19 Millionen Quadratkilometern. Die Erde hat demgegenüber eine Oberfläche von 509,95 Millionen Quadratkilometer. Unsere Erdoberfläche besteht aber, wie wir wissen, zu etwa zwei Dritteln aus Wasser (Meere) und nur zu einem Drittel aus bewohnbarem Land, nämlich 148,5 Millionen Quadratkilometer – das sind 29,1 %. Uns Erdenmenschen steht also eine Fläche von 148,5 Millionen Quadratkilometer Land zur Verfügung. Demzufolge hätten ohne weiteres alle derzeit auf der Erde lebenden 5,5 Milliarden Menschen Platz auf dem Mars.
Aufgrund des geringeren Volumens hat der Mars auch eine geringere Gravitation (Anziehungskraft). Daraus resultiert eine geringere Dichte (Masse pro Volumeneinheit). Beim Mars beträgt sie im Durchschnitt 3,945 g/cm^3; bei der Erde 5,5 g/cm^3. Auf der Erde wiegt also ein Kubikmeter Materie im Durchschnitt 5,5 Tonnen, auf dem Mars knapp 4 Tonnen.
Die Gravitation ist die Kraft, die zwischen zwei Körpern entsteht, die sich in Bewegung befinden. Da sich im Universum alles bewegt, wie auch unsere Planeten, die sich noch um ihre eigene Achse drehen, entstehen dadurch Gra-

vitationskräfte, die mit der größeren Dichte eines Planeten steigen. Dies hatte Isaac Newton (1643–1727) durch seine Fallgesetze bewiesen, und er hat auch erklärt, warum manche Körper dennoch nicht herunterfallen. Das erkennt man deutlich an den Planeten, die ja immer wieder während ihres Umlaufes um die Sonne abgestoßen werden und nicht in sie hineinstürzen. So bewegen wir uns auf der Erde mit 107 280 km/Std um die Sonne, und die Erde rotiert noch mit 1666 km/Std um sich selbst.
Eine geringere Gravitation bewirkt nun aber auch eine raschere Auflösung der Atmosphäre eines Planeten. So nimmt man heute an, daß der Mars möglicherweise einst eine dichtere Atmosphäre besaß, doch diese dann bald wieder verloren hat, sie sich also verflüchtigte. Es wäre nun interessant zu wissen, wann der Mars diese dichtere – und für Lebensformen günstigere – Atmosphäre hatte und wie lange diese anhielt. Auf der Erde herrschte etwa $^1/_2$ bis 1 Milliarde Jahre lang eine erste günstige Atmosphäre zur Entwicklung der Anfänge des heutigen Lebens. Der atmosphärische Druck auf dem Marsboden entspricht aber heute etwa dem der Erde in 32 Kilometern Höhe. Die Dichte der Marsatmosphäre beträgt heute kaum ein Prozent der irdischen Lufthülle.
Auch die Abweichungen der Rotationsachsen gegen die Ebene der Umlaufbahn entsprechen bei Erde und Mars ziemlich genau demselben Winkel (23,45 Grad bei der Erde und 23,98 Grad beim Mars), so daß sich die Pole ebenfalls an den gleichen Punkten befinden. Diese sind auch im gleichen Maße der Sonne ausgesetzt, nur daß der Mars von unserem Zentralgestirn weniger Wärme erhält als die Erde. Die Solarkonstante der Erde beträgt nämlich 1,37 kW/m^2, die des Mars 0,59 kW/m^2 – womit der rote Planet etwa halb soviel Sonnenlicht erhält wie die Erde. Die beiden Planeten

haben auch dieselben Jahreszeiten, nur daß die des Mars etwa doppelt so lange dauern als die der Erde, was auf die fast doppelt so lange Umlaufzeit (687 Tage gegenüber 365 Tage) zurückzuführen ist. Zum Beispiel auf der nördlichen Hemisphäre des Mars: Frühling 199 Erdtage, Sommer 183 Erdtage, Herbst 147 Erdtage, Winter 158 Erdtage.
Die mittleren Temperaturen auf dem Mars schwanken zwischen minus 138 Grad Celsius an den Polen und plus 15 Grad am Äquator. Von den Viking-Sonden wurden in den Landegebieten Chryse und Utopia Temperaturen von minus 110 Grad Celsius bis minus 30 Grad Celsius ermittelt. Von der Erde aus wurden schon früher kurzzeitig Temperaturen bis plus 25 Grad Celsius am Marsäquator gemessen. Wenn nun früher auch große Wassermengen vorhanden waren, dann scheinen die Voraussetzungen für Leben durchaus gegeben gewesen zu sein. Wir müssen also die Marslebewesen in einem früheren Stadium der Marsentwicklung suchen, doch sind auch noch heute die Bedingungen ausreichend für niedere widerstandsfähige Organismen.
Wenn wir die Atmosphäre der beiden Planeten Erde und Mars betrachten, so ergibt sich folgender Vergleich:

		Mars	*Erde*
Kohlendioxid	CO_2	95,0 %	0,03 %
Stickstoff	N_2	2,7 %	78,1 %
Sauerstoff	O_2	0,15 %	21,0 %
Argon	Ar	1,6 %	1,0 %

Auf den ersten Blick ergibt sich hier keine nennenswerte Übereinstimmung, und es scheint da nichts für Marslebewesen zu sprechen, doch könnten die Bedingungen ja früher besser gewesen sein.
Zum Beispiel hatte die Erde vor 2,5 Milliarden Jahren etwa

die heutige Marsatmosphäre: viel Kohlendioxid, große Mengen von Stickstoff und fast gar keinen Sauerstoff. Ja, auf der Früherde war Sauerstoff für die meisten Organismen sogar giftig. Erst durch die Photosynthese kleinster Algen bis hin zu größeren Pflanzen entwickelte sich nach und nach eine sauerstoffreiche Atmosphäre auf der Erde. Schon deshalb können wir nicht annehmen, Leben auf anderen Planeten müsse ausschließlich auch auf Kohlenstoffbasis aufbauen, müsse also von Sauerstoffmolekülen getragen sein.

In ihrem Buch »Evolution aus dem All« schreiben die beiden weltbekannten Astronomen Fred Hoyle und Chandra Wickramasinghe (Fred Hoyle hat sich durch seine Arbeiten in der Astronomie einen Namen gemacht und Chandra Wickramasinghe entwarf eine vielfach beachtete Theorie über den Ursprung des interstellaren Staubs), daß besonders auf dem Mars lebensfähige Zellen Wurzeln geschlagen haben könnten und dort in einer Art Ruhezustand geblieben sind. »Es dürfte dort lebende Zellen, besonders Bakterien geben, aber nicht in den riesigen Mengen, die sich hier auf der Erde durch identische Vervielfältigung herausgebildet haben.« Es fragt sich, ob die Landefahrzeuge Viking 1 und Viking 2 auf dem Mars eine dünne Oberflächenverteilung von Bakterien im Ruhezustand hätten nachweisen können. Wohl nicht. »Ähnliche Landungen an zwei unzugänglichen Stellen in der Antarktis hätten die Vielfalt des Mikrolebens, das es tatsächlich in der Antarktis gibt, ebensowenig entdecken können«, meinen die beiden Autoren.

Überhaupt machten sich NASA-Wissenschaftler schon vor den Viking-Flügen Gedanken über mögliche Lebensformen unter Marsbedingungen. Es wurden Bakterien in sogenannten »Marskrügen« (Behälter, in denen die Marsatmosphäre nachgeahmt wurde) eingeschlossen, und stets hatten einige überlebt. Bakterien haben auf der Mondsonde Surveyor III mehr als zwei Jahre überlebt. Bakterien wurden sogar in Kerosin-Behältern von Düsenflugzeugen nachgewiesen, und auch die Temperaturschwankungen im Kühlwasser von Kernreaktoren konnten ihnen nichts anhaben. Selbst auf heißem Lavagestein, wie am Vulkan Ätna, bilden sich Flechten. Auch in Meteoriten, die quasi aus nächster Nähe des Mars, vom Asteroidengürtel, zur Erde kamen, hat man bereits Spuren von Leben festgestellt. In so einem Stück aus dem Weltall, das 1969 am Ufer des australischen Flusses Murchison gefunden wurde, entdeckten Wissenschaftler z. B. 16 verschiedene Aminosäuren – die Bausteine des Lebens. Der 1979 in der Antarktis von japanischen Forschern gefundene 180 Gramm schwere Meteorit »Yamato 791 198« ergab nach Untersuchungen die gleiche Zusammensetzung wie das Marsgestein. Es wird vermutet, daß dieses Stück – vielleicht durch einen Vulkanausbruch oder einen Meteoriteneinschlag – vor langer Zeit aus dem Marsboden herausgeschleudert wurde und anschließend zur Erde gelangte. Interessant daran ist, daß dieser Meteorit mehrere Kalkablagerungen aufweist, was biologische Aktivität auf dem Mars bedeutet.

Seit 1982 wird von einer Forschergruppe für chemische, physikalische und biologische Vorgänge im Weltall an der Universität Leiden, unter der Leitung von Professor Mayo Greenberg, ein Bakterium (der *»Bacillus subtilis«*) besonders lebensfeindlichen Bedingungen ausgesetzt. In einem Vakuum unter extrem niedrigem Druck, mit grellen UV-Blitzen von einer Lampe und Temperaturen bis zu minus 263 Grad Celsius fühlte sich *»Bacillus subtilis«* besonders wohl – dort, wo sonst kein Lebewesen existieren kann. Es hat sich gezeigt, daß dieses Bakterium gerade bei Tiefsttemperaturen, wie sie im Weltraum herrschen, besonders lebensfähig ist. Es könnte eine jahrhundertelange Reise durch das Weltall überstehen.

Das stützt auch die von dem Schweden Svante Arrhenius 1907 postulierte Theorie der »Panspermie«, die besagt, daß das Leben aus dem All gekommen ist, es also auch dort präsent ist. Schon im 19. Jahrhundert stellten der deutsche Gelehrte Hermann von Helmholtz und der Brite Lord Kelvin Vermutungen in dieser Richtung auf. Der amerikanische Molekularbiologe und Nobelpreisträger Sir Francis H. Crick und der englische Astronom Leslie Orgel gehen sogar von einer »gerichteten Panspermie« aus. Ihrer Meinung nach wurden von außerirdischen Intelligenzen absichtlich Mikroorganismen auf interstellare Reisen geschickt, um auf geeigneten Planeten Fuß zu fassen. Diese Theorie haben nun Hoyle und Wickramasinghe weiterentwickelt. Die beiden Astronomen gehen sogar so weit, daß sie behaupten, gewisse Insektenarten seien aus dem All zur Erde gelangt. Die Tatsache der Artenvielfalt der Insekten (es gibt schätzungsweise mehrere Millionen Arten) und der ungeheuren Zahl von Individuen (gut 10^{15} Exemplare) und deren Präsenz auf der Erde seit gut 250 Millionen Jahren in fast unveränderter Form und deren ungeheure Widerstandskraft lassen vermuten, daß diese Lebewesen eine andere Herkunft haben als die irdische.

Außerdem besitzen (nach Hoyle und Wickramasinghe) gewisse Insektenarten Eigenschaften, die sie nicht auf der Erde entwickelt haben können. Eine Fliegenart (*Drosophila melanogaster*) z. B. hat einen Sehbereich, der sich bis hin zum UV-Licht mit einer Wellenlänge von 2537 Angström erstreckt. Diese Wellenlänge gibt es in der Natur auf der Erde nicht. Auch der Magnetsinn der Bienen rührt, laut Hoyle und Wickramasinghe, »von einer unmittelbaren Notwendigkeit in der Umwelt her, die von der Erde weit entfernt ist«.

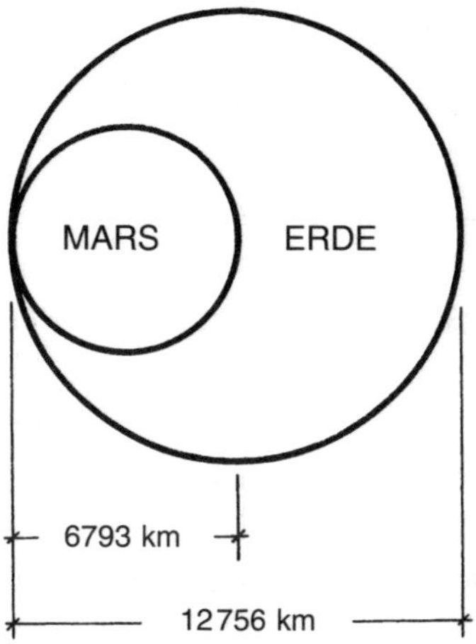

Abb. 32:
Vergleich Erde–Mars.

Bezeichnung	*Mars*	*Erde*
Entfernung von der Sonne	227 Mill. km	149 Mill. km
Umlaufgeschwindigkeit	24,09 km/sec	29,8 km/sec
Umlaufzeit	1,88 Erdjahre = 1 Erdjahr + 321,9 Tage = 686,98 Erdtage	1 Jahr = 365,4 Tage
Oberfläche	145193600 km^2	509950715 km^2
Umfang am Äquator	21352 km	40066 km
Durchmesser	6793 km	12756 km
Volumen	160,2 Mia. km^3	1082,84 Mia. km^3
Dichte	3,98 g/cm^3	5,52 g/cm^3

Zugegeben, das klingt alles phantastisch, doch andere Wissenschaftler haben bereits festgestellt, daß wahrscheinlich die Insekten das letzte Wort auf unserer Erde haben werden – wenn es längst keine Menschen mehr gibt.
So gesehen lassen sich durchaus auch auf dem Mars Lebensformen denken, die von uns noch entdeckt werden könnten. Vielleicht sind es Überlebende einer vor Jahrmillionen existierenden Marsfauna, die sich geschützte Plätze ausgesucht und sich so nach und nach erhalten hat. Vielleicht sind es sogar insektenartige Tierchen, die bei Tage, in wärmeren Gebieten, an die Oberfläche kriechen und nachts im Marsboden Schutz suchen. Sicher werden sie sich auch der Umgebung angepaßt haben und daher nur schwer zu finden sein.
Eine mögliche Vorstellung, wie Marslebewesen aussehen könnten, lieferten einige Entdeckungen in der Antarktis. Im Herbst 1977 wurden dort von Forschern der Universität von Kalifornien in dreißig Meter Tiefe unter der Eisdecke des Rossmeeres Organismen gefunden, die bis zu 5 cm groß sind. Sie leben in völliger Dunkelheit im Wasser, dessen Gefrierpunkt unter dem des salzfreien Wassers liegt (unter 0 Grad Celsius). Wie diese Tiere Nahrung zu sich nehmen, ist noch völlig ungeklärt. Fest steht, daß es sich um zwei Arten graubrauner Lebewesen handelt: die eine gleicht einem winzigen Baum und ist häufig im Schlamm zu finden; die andere ist ein Organismus, der aussieht wie ein Rumpf mit herabhängenden Armen. Sollte H. G. Wells mit seinen tentakelarmigen Marsianern vielleicht gar nicht so unrecht gehabt haben?
Eine weitere Entdeckung in der Antarktis gelang den beiden Forschern Dr. E. Imre und Dr. Roseli Friedmann von der Florida State University in einer der unbelebtesten Regionen der Erde, in den Dry Valleys. »Zwar sind sie im all-

gemeinen frei von Eis und Schnee, aber die Kombination von Trockenheit und eisiger Kälte in Verbindung mit starken Winden ergibt ein Klima, das als ausgesprochen lebensfeindlich gilt. In dieser Wüste der Tiefsttemperaturen, mit Bergen bis zu 2400 m Höhe und Tälern mit ständig gefrorenen, stark salzhaltigen Seen, galt bislang sowohl tierisches als auch pflanzliches Leben als ausgeschlossen«, berichtete die Zeitschrift »Bild der Wissenschaft« im November 1978. Dort fanden die beiden Forscher, deren Arbeit von der NASA und der National Science Foundation der USA unterstützt wurde, »eine weitgefächerte, reiche mikrobiologische Vegetation – und zwar im Innern der Felsen«.
Dr. Imre meinte dazu: »Diese bisher ungeahnte Vegetation blüht unter der Oberfläche der Felsen, in Rissen oder in Luftkammern des porösen Gesteins. Hier suchen die Mikroorganismen erfolgreich Schutz vor dem Klima, zum Teil in mikroskopisch kleinen Nischen. Teilweise ist die Vegetation sogar so stark, daß man nach dem Aufbrechen der Felsen bis zu einige Millimeter starke dunkelgrüne Schichten vor sich hat.«
Inzwischen konnten in der Arktis verschiedenartige Insektenarten gefunden werden. Der Biologe Bernd Heinrich von der Universität von Vermont entdeckte 50 Arten von Nachtfaltern aus der Familie der Cuculiniden, die ihren jährlichen Lebensrhythmus »gegenläufig« organisiert haben: Die Larven hielten Sommerschlaf, während die Falter im Winter noch bei Temperaturen unter 0 Grad Celsius aktiv waren. Dabei heizen sich die Tiere durch heftiges Flügelschlagen bis auf plus 30 Grad Celsius auf. Dieses System ist so ausgeprägt, daß ein Falter, würde er bei einer Lufttemperatur von plus 20 Grad Celsius fliegen, wegen des Hitzestaus sofort tot wäre.
Unsere menschliche Entwicklung hat bisher nur einige

Jahrmillionen gedauert, ganz zu schweigen von dem großen geistigen und technischen Aufschwung in den letzten hundertfünfzig Jahren. Lassen wir doch dem Mars dieselbe Chance, lassen wir ihn sozusagen in den ersten 500 Millionen Jahren seine Masse verdichten; dann beginnen gewaltige Eruptionen, und erste Landstriche entstehen. Gigantische Vulkane speien ihre glühende Lava kilometerhoch in die Atmosphäre und geben Wasserstoff ab. Dies führt zur Wolkenbildung und zur Entstehung eines gewissen Treibhauseffekts. Gewaltige Gewitter und Regengüsse sowie mächtige Stürme umgeben den Planeten. Aus dieser Uratmosphäre entstehen erste Moleküle und vielleicht später sogar einfache Organismen. Solche Organismen aus leblosen Stoffen sind auf der Erde bereits vor 4 Milliarden Jahren entstanden. Zu dieser Zeit könnten sie auch auf dem Mars entstanden sein. Erste sauerstoffatmende Organismen gab es auf der Erde eine Milliarde Jahre später – also vor 3 Milliarden Jahren. Zu diesen Organismen gehören bereits die Bakterien und die Blaualgen.

Die Blaualgen wurden schon in 3,5 Milliarden Jahre alten Gesteinsschichten auf der Erde gefunden und sind äußerst widerstandsfähig. Sie können sich den Stickstoff der Atmosphäre nutzbar machen und dadurch die Lebensbedingungen für höher entwickelte Lebewesen erst ermöglichen, indem sie das Kohlendioxid reduzieren. Tatsächlich scheint dies auf der Erde der Fall gewesen zu sein.

Vor einigen Jahren fanden australische Wissenschaftler vom Baas Becking Geobiological Laboratory in Canberra Mikroorganismen in präkambrischen Gesteinsschichten von Bitter Springs in Zentralaustralien, bei denen es sich um Blaualgen und die schon etwas fortgeschrittenen Grünalgen handelt. Nach Ansicht der australischen Wissenschaftler entstand das zellulare Leben vor 2 Milliarden Jahren. Vor-

her hatten die Mikroorganismen eine Göße von 1 bis 35 Mikrometer, und nach dem Auftreten von Blaualgen stieg die Größe bis auf 80 Mikrometer. Es dürften also tatsächlich die Blaualgen ausschlaggebend für ein besseres Gedeihen der weiteren Organismen gewesen sein.
Amerikanische Wissenschaftler entdeckten – durch geologische Isotopenmessungen –, daß die Temperaturen auf der Erde vor 3 Milliarden Jahren um 70 Grad Celsius höher lagen und erst vor 1,2 Milliarden Jahren auf 35 Grad Celsius sanken. Vor 1,5 Milliarden Jahren hätten also keine Menschen auf der Erde leben können. Damals hatte die irdische Atmosphäre nur $^1/_{100}$ der heutigen Sauerstoffmenge. Noch vor 400 Millionen Jahren betrug der Sauerstoffanteil in der Erdatmosphäre bloß $^1/_{10}$ des heutigen.
Einige Wissenschaftler (darunter der bekannte Astronom Carl Sagan) hatten schon darüber spekuliert, diesen Vorgang künstlich herbeizuführen. Unter der Bezeichnung »Terraforming« regten sie an, dieses Experiment mit der Venus zu versuchen. Millionen Tonnen von Blaualgen sollten mit riesigen Raumschiffen zur Venus befördert und dort ausgesetzt werden. Dies könnte die Temperaturen dort senken und bessere Lebensmöglichkeiten schaffen. Vermutlich wird dieses Projekt aber aus Kostengründen und wegen der Zerstörung von vielleicht doch vorhandenen speziellen Venus-Lebensformen nicht durchgeführt werden. Ähnliches plant man aber auch mit dem Mars!
Tatsächlich waren, nach Ansicht vieler Wissenschaftler, die Viking-Ergebnisse eher widersprüchlich und keineswegs eindeutig. Zuerst zeigte sich in den Versuchsbehältern eine positive Reaktion, die aber dann merkwürdigerweise wieder zurückging. »Sollte dies wirklich eine biologische Antwort gewesen sein«, meint der NASA-Chefbiologe Dr. Harold Klein, »dann wären Organismen auf dem Mars we-

sentlich höher entwickelt als auf der Erde.« Der NASA-Chefplaner Prof. Jesco von Puttkamer meinte dazu: »Das Ergebnis war zwar positiv, aber nicht ausgeprägt genug, um eindeutig auf biologische Aktivität hinzuweisen.«
Außerdem untersuchten die Viking-Landegeräte nur einige Quadratzentimeter Marsboden. Das Landegebiet von Viking 1 erwies sich als ein extremes Wüstengebiet und mußte als Kompromiß gewählt werden, weil der ursprünglich vorgesehene Landeplatz nicht geeignet war. Der Landeplatz von Viking 2 liegt nicht nördlich genug, um regelmäßig der Feuchtigkeit von der Polschmelze ausgesetzt zu sein. Das Photosynthese-Experiment bei Viking 1 war durchaus positiv, während es bei Viking 2 negativ verlief.
Ein Indiz, das für noch heute vorhandene Marslebewesen sprechen könnte, fand Leonard Martin vom Planetary Research Center des Lowell Observatoriums in Flagstaff, Arizona, anhand einiger Viking-Aufnahmen, die am 30. August 1977 im Zeitraum von einer halben Stunde gemacht wurden. Darauf ist eine Art »Wolke« in der Nähe das Marsvulkans Arsia Mons von unterschiedlicher Ausdehnung zu erkennen. Es könnte sich, so vermutet Martin, um einen Geysir oder eine Wasserdampfwolke gehandelt haben, die aus dem Marsboden ausgetreten ist. Das würde bedeuten, daß an einigen günstigen Stellen Wasser in flüssiger Form unter der Marsoberfläche noch heute vorhanden ist. Besonders in der Nähe von Vulkanen könnte das der Fall sein. So sieht z. B. das Terrain um den Marsvulkan Hecates Tholus sehr frisch aus, so als hätte erst kurz zuvor ein Ausbruch stattgefunden. Auch bestimmte Gebiete wie Solis Lacus und Noachis Hellespontus könnten unter der Oberfläche Wasser beherbergen. Radarmessungen von der Erde aus haben in diesen Gebieten Veränderungen gezeigt, die nur von flüssigem Wasser stammen können, und die Mars-

sonden haben dort Nebelschleier über dem Gebiet festgestellt. Die Chancen für Leben auf dem Mars stehen also nach wie vor nicht schlecht.

Zu der Möglichkeit, daß die Bedingungen für Marslebewesen früher besser gewesen sein könnten, meint der Wissenschaftspublizist Horst W. Köhler in seinem Buch »Der Mars«: »Sollte sich diese Annahme als richtig erweisen, dann würde dies möglicherweise auch die Evolution unserer Erde in einem völlig neuen Blickwinkel erscheinen lassen. Immerhin darf darauf hingewiesen werden, daß sich dort, wo heute die Stadt Chicago liegt, vor nur zwei Millionen Jahren kilometerhohe Gletscherschichten auftürmten. Wie wird dieses Gebiet in einigen Millionen Jahren aussehen? Werden die Menschen, Tiere und Pflanzen beim Hereinbrechen einer neuerlichen Eiszeit verschwinden, und wird die Erde dann ähnlich aussehen wie heute der Mars?«

Man muß sich hierbei auch vor Augen halten, wie zum Beispiel die Eskimos unter arktischen Temperaturen bis zu minus 50 Grad Celsius und die Beduinen bei Hitze bis zu plus 50 Grad Celsius, bei schwankenden Temperaturen von Tag und Nacht, in nahezu vegetationslosen Gebieten leben. Das menschliche, aber auch das tierische Leben hat auf der Erde erstaunliche Fähigkeiten entwickelt. Welche Möglichkeiten hat außerirdisches Leben? Welche Möglichkeiten hatte das Leben auf dem Mars? Es könnte dort doch noch gefunden werden – denn vieles spricht dafür!

18 Wir müssen zum Mars!

Aufbruch zu einer zweiten Erde

Schon diese merkwürdigen Gebilde in der Cydonia-Region auf dem Mars geben Anlaß genug zu weiteren Marsmissionen. Es gibt aber auch andere Gründe, den roten Planeten näher zu erkunden. Der Mensch hat sich schon immer große Aufgaben gesetzt, ist zu neuen Ufern, neuen Entdeckungen aufgebrochen. Vielleicht ist es auch eine Prestigesache, ein Leistungsbeweis, das Machbare zu verwirklichen. Ohne die Überwindung neuer Grenzen gibt es keine neuen Erkenntnisse. Auf dem Mars könnten wir doch fremdartigen Lebensformen begegnen. Die Entdeckung außerirdischer Lebewesen wäre ohne Zweifel eine der größten Entdeckungen in der Geschichte der Menschheit. Schließlich geht es auch um eine bemannte Marsreise, in Zusammenarbeit der größten Nationen dieser Erde. Ein Ziel, das auch dem Frieden unter den Menschen dienen würde.

Dabei stellt sich wohl die Frage, ob auch neue Bilder von der Cydonia-Region möglich sein werden. Viele werden das sicher wünschen, doch für die NASA sind diese Strukturen auf dem Mars nicht vordringliches Ziel. »Wir haben genug Bilder vom Mars«, meinte z. B. Michael Carr vom US Geological Survey Center, der Leiter des ehemaligen Viking-Teams, das für die Auswertung der Fotos zuständig war. Es dürfte aber sicher sein, daß die NASA bei künftigen Marsprojekten mit einem »Augenzwinkern« zum Marsgesicht Ausschau halten wird. Obwohl der Leiter des Phobos-Projekts und Direktor des Instituts für Kosmosforschung der Akademie der Wissenschaften der ehemaligen UdSSR, Dr. Roald Sagdejew, im Dezember 1988 in einem Telefongespräch den »Stern«-Reportern in Moskau mitteilte, daß dieses Marsgesicht dieselbe Spekulation sei wie seinerzeit die Marskanäle, so kann man doch annehmen, daß wohl auch die Russen bei der nächsten besten Gelegenheit ebenfalls in Cydonia vorbeischauen werden.

Nach dem Ausfall des Mars Observer und der beiden Phobos-Sonden sind die Ziele etwas zurückgesteckt worden. Bereits 1994 sollte ein russisches Marsochod auf dem roten Planeten landen, und auch die NASA wollte eine weitere Raumsonde 1995 zum Mars schicken. Dies mußte bei beiden Großmächten nun verschoben werden. Doch das Jahr 1996 soll wieder ein »Mars-Jahr« werden, was den »Angriff« mit Raumsonden betrifft. Gleich zwei Geräte sollen zum Mars geschickt werden: Mit einem Nachfolger des Mars Observer will man den Ausfall wieder wettmachen. Die NASA hat in ihrem Budget für 1995 bereits 77 Millionen Dollar für einen Mars-Orbiter bereitgestellt, der ähnliche Instrumente wie der Mars Observer an Bord haben soll – er wird jedoch etwas kleiner sein. Dieser »Mars Global Surveyor« soll im November 1996 gestartet werden. Für 1996 planen auch die Russen gemeinsam mit deutschen Wissenschaftlern einen weiteren Angriff auf den Mars. Das Institut für Planetenerkundung der Deutschen Forschungsanstalt für Luft- und Raumfahrt (DLR) stellt dazu gleich zwei Kameras zur Verfügung. Vielleicht gibt es die nächsten Bilder vom Marsgesicht mit einer deutschen Kamera.

1998 geht es weiter! Ein zweiter Mars-Orbiter wird von der NASA auf die Reise geschickt, der wieder ähnliche Geräte wie der Mars Observer an Bord haben soll. Mit die-

ser Raumsonde soll ein Marsrover mitgeführt werden. Auch die Russen wollen 1998 einen Rover zum Mars schicken. Dieses Marsochod mit sechs zylindrischen Rädern, einer Größe von 70 bis 120 Zentimetern und einem Gewicht von 80 Kilogramm, wurde bereits im Frühjahr 1994 in Kalifornien am Fuße eines Vulkankraters erfolgreich getestet. Für 1998 planen angeblich auch die Japaner, ein fahrbares Gerät zum Mars zu schicken. Es geht in den nächsten Jahren also Schlag auf Schlag. Vielleicht gibt es dann neue Ergebnisse aus der Cydonia-Region. Nach Plänen der NASA sollen ab dem Jahr 1996 alle 25 Monate Orbiter und Lander zum Mars geschickt werden. Es sollen dabei auch Bodenproben zur Erde gebracht werden.
Ich würde dazu vorschlagen, mit einem Rover direkt beim Marsgesicht zu landen. Es gab nämlich schon Pläne, mehrere kleine fahrbare Landeroboter abzusetzen statt eines großen. Ich würde daher einen Roboter in dem Gebiet zwischen dem Marsgesicht und der vierseitigen »Ruine«, dem »Fort«, absetzen, etwa auf 9,60 Grad West und 40,90 Grad Nord, ungefähr drei Kilometer südwestlich vom Marsgesicht. Das Gelände dort ist auch relativ flach und für eine Landung gut geeignet. Außerdem könnte der Lander sofort eine Rundumsicht zur Erde übermitteln, wobei am Horizont das Marsgesicht und die Objekte der Mars-»Stadt« zu sehen wären.
Die große Frage lautet jedoch: Wann können wir mit einer bemannten Mission zum Mars rechnen? Verschiedenen früheren Meldungen von russischer und amerikanischer Seite zufolge sollte dies in den Jahren 2003 bis 2005 der Fall sein, doch wird das wohl noch zu früh sein. Das Problem dabei ist, ein günstiges »Startfenster« für eine derartige Reise zu finden. Das ist immer dann der Fall, wenn sich Mars und Erde in einer günstigen Position zueinander be-

finden. Dabei ist nicht unbedingt die naheste Oppositionsstellung alle 15 bis 17 Jahre notwendig; auch die anderen Annäherungen des Mars alle 780 Tage können sich als günstig erweisen. Außerdem wird ein Raumschiff von der Erde aus, aufgrund der Keplerschen Gesetze und nach Berechnungen des deutschen Ingenieurs Walter Hohmann, in einer langgezogenen elliptischen Bahn um die Sonne zum Mars oder auch einem anderen Planeten gebracht. Dabei wird möglichst viel Energie gespart und nicht zuletzt auch der derzeit noch beschwerliche Aufenthalt von Astronauten im Weltall angenehmer gestaltet, da die Fluggeschwindigkeit nicht so hoch sein muß. Ein Raumschiff fliegt also von der Erde aus in einer riesigen Kurve dem Mars entgegen, und dabei soll die Flugzeit möglichst kurz sein. Dies ist immer dann der Fall, wenn sich Erde, Sonne und Mars zum Zeitpunkt des Starts ungefähr auf einer gedachten geraden Linie befinden – ein Raumschiff wird also in einem Halbkreis zum Mars bewegt. Unter einem halbem Jahr ist aber eine solche Reise wohl nicht zu schaffen, und aus gewissen Gründen (Energie, Treibstoff, Beschleunigung) wird das vielleicht auch so bleiben. Der Flug zum Mars und retour wird also auch in ferner Zukunft zumindest die Zeit eines Jahres beanspruchen.

Wie schon erwähnt, arbeiten die Vereinigten Staaten, die Russen, aber inzwischen auch europäische Länder und die Japaner an der Verwirklichung von kosmischen Langzeitflügen. Vom technischen Standpunkt aus dürfte es, zumindest was den Marsflug betrifft, keine allzu großen Schwierigkeiten geben, obwohl in dieser Beziehung höchstwahrscheinlich von dem bisherigen Prinzip der Flüssigkeitsraketen abgegangen wird. Man wird für interplanetare Flüge keine riesigen Treibstoffbehälter, wie sie z. B. die Trägerrakete Saturn für die Apollo-Mondflüge hatte, mitschlep-

pen – höchstens für die Beförderung von Lasten in eine erdnahe Umlaufbahn könnten derartige Raketen noch Verwendung finden. Da waren die Russen in der letzten Zeit mit ihrer Trägerrakete »Energija« äußerst erfolgreich. Mit einem Startgewicht von über 2000 Tonnen und einem Schub von 170 Millionen PS kann dieser Weltraumtransporter bis zu 200 Tonnen ins Weltall befördern. Am 15. November 1988 brachte diese Rakete das erste russische Shuttle »Buran« (Schneesturm), das dem amerikanischen Shuttle sehr ähnlich sieht, in eine Umlaufbahn. Unbemannt umrundete der Raumgleiter zweimal die Erde und landete dann im Raumfahrtzentrum Baikonur. Im Prinzip könnten die Russen bereits bemannt zum Mars fliegen. Drei oder vier Energija-Einheiten an die Raumstation »Mir« angekoppelt, und es könnte losgehen. Nach der Challenger-Katastrophe im Jahre 1986 sind nun aber auch die USA mit den vier Raumfähren »Columbia«, »Discovery«, »Endeavour« und »Atlantis« wieder »im Geschäft«. Aber auch die europäische Raumfahrtorganisation ESA (European Space Agency) plant derartige Projekte unter der Bezeichnung »Columbus« und »Hermes«, auch wenn es derzeit finanzielle Schwierigkeiten gibt.
Tatsächlich wird ein zukünftiges Marsraumschiff höchstwahrscheinlich in einer Erdumlaufbahn, mit Hilfe von Raumgleitern, zusammengebaut werden. Dabei könnten russische, amerikanische, aber auch europäische oder japanische Shuttles und Trägerraketen zusammenarbeiten. Bei vierzehntägigen Starts könnten in einem Jahr (wenn jeder Raumgleiter etwa 30 Tonnen befördern kann) bis zu 2340 Tonnen ins All befördert werden. Für ein erstes Marsraumschiff würden vielleicht schon einige hundert Tonnen genügen.
Gleich nach der ersten erfolgreichen Mondlandung der

Abb. 33: Zwei bemannte Raumschiffe auf dem Weg zum Mars. Werden sie dort den größten Geheimnissen unseres Sonnensystems begegnen?

amerikanischen Astronauten Edwin »Buzz« Aldrin und Neil Armstrong am 20. Juli 1969 gab es euphorische Pläne für den bemannten Marsflug. Bis 1984 sollten die ersten Menschen Marsboden betreten, 1989 wollten die Amerikaner bereits 48 Astronauten ständig in einer Marsstation ansiedeln. Das ging dann bekanntlich doch nicht so schnell. Ernst Stuhlinger, ehemaliger Mitarbeiter des George C. Marshall Space Flight Center der NASA in Huntsville, Alabama, entwarf in den siebziger Jahren ein atomgetriebenes Marsraumschiff mit einer geplanten Nutzlast von 80 bis 100 Tonnen und einem Gesamtgewicht von 400 Tonnen. Ein Kernreaktor erzeugt dabei den für eine Marsreise nötigen Antrieb und ermöglicht auch höhere Geschwindigkeiten. Dadurch werden die ersten bemannten Marsraumschiffe wahrscheinlich merkwürdige, langgezogene Gebilde sein, da der Reaktor aus Sicherheitsgründen möglichst weit weg von der Kabine der Besatzung sein soll. Schon in den sechziger Jahren liefen in den USA Versuche mit atomaren Triebwerken, mit denen schon Geschwindigkeiten bis 8 km/sek erreicht werden konnten, doch blieb man aus Kostengründen vorerst beim chemischen Antrieb.
Bekanntlich arbeiten die Russen und die Amerikaner auch an ständig bemannten Raumstationen. Den Amerikanern sind diesbezüglich einige Erfolge mit der Station »Skylab« in den Jahren 1973 und 1974 gelungen, wobei Astronauten bis zu 84 Tage ununterbrochen im Weltall verbringen konnten. Die Russen haben dieses Ziel konsequent weiterverfolgt und mit ihren Raumstationen »Saljut« und »Mir« weitere Rekorde aufgestellt. Vom 26. Februar bis 19. August 1979 verbrachten die beiden sowjetischen Kosmonauten Vladimir Ljachow und Valeri Rjumin bereits 175 Tage ununterbrochen im All in der Raumstation »Saljut 6«. Valeri Rjumin war insgesamt fünfmal im Weltall, zweimal

davon etwa ein halbes Jahr lang. Im Jahre 1987 verbrachte der Kosmonaut Juri Romanenko vom 6. Februar bis 29. Dezember schon 326 Tage ununterbrochen im All in der Raumstation »Mir«. 1987 konnten die Russen bereits zwölf Mannjahre im Weltraum verzeichnen. Die beiden Kosmonauten Vladimir Titow und Mussa Manarow erweiterten diese Rekorde vom 19. Dezember 1987 bis zum 21. Dezember 1988 mit einer Aufenthaltsdauer von bereits 367 Tagen, also genau einem Jahr, in der Raumstation »Mir«. Am 22. März 1995 erreichte der russische Kosmonaut Waleri Poljakow einen neuen Rekordaufenthalt von 438 Tagen. Mit ihm schaffte Jelena Kondakowa als Frau erstmals 170 Tage im All. Die Russen luden auch ausländische Wissenschaftler zu einem Aufenthalt in der Raumstation »Mir« ein. Vom 2. Oktober bis 10. Oktober 1991 war es der österreichische Ingenieur Franz Viehböck. Ab 1997 will die NASA in Zusammenarbeit mit den Russen, der ESA, der japanischen NASDA und auch mit den Kanadiern eine ständig bewohnte Raumstation einrichten. Sie soll »Alpha« heißen. Die Kosten von etwa 24 Milliarden Dollar sollen auf die einzelnen Länder aufgeteilt werden. Im Jahr 2002 soll sie fertig sein. Am 7. Februar 1995 konnte sich die Raumfähre »Discovery« erfolgreich der Raumstation »Mir« bis auf elf Meter nähern. Weitere Andockmanöver sind vorgesehen. Das sind alles Vorbereitungen zur Errichtung einer internationalen Raumstation über der Erde und in weiterer Folge zum Bau von Marsraumschiffen. Von der menschlichen Physis her scheint es jedenfalls keine besonderen Schwierigkeiten für einen bemannten Marsflug zu geben, obwohl man die Aufenthaltsdauer von Menschen im Weltall noch etwas steigern müßte. Auch kostenmäßig scheint ein bemannter Marsflug nicht allzusehr ins Gewicht zu fallen. James Oberg hat 1980 erwähnt, daß es etwa 300

bis 400 Millionen Dollar kostet, eine Tonne in den Marsorbit zu bringen. In den siebziger Jahren rechneten verschiedene NASA-Experten mit 75 bis 100 Milliarden Dollar für eine bemannte Marsreise. Neueren Rechnungen zufolge könnte der bemannte Marsflug das Zehnfache vom Apollo-Mondprogramm kosten; das wären 350 Milliarden Dollar. Das scheint im Moment recht viel zu sein, doch scheuen sich die Großmächte nicht, derartige Summen an Geld für die Rüstung auszugeben. 1989 gaben die USA z. B. für die Landesverteidigung 290 Milliarden Dollar aus, das gesamte USA-Budget belief sich 1989 auf 1100 Milliarden Dollar. Durch internationale Zusammenarbeit könnten sich die einzelnen Länder aber die Kosten für einen bemannten Marsflug teilen. Bei einer Vorbereitungszeit von 30 Jahren wären pro Jahr nur etwa 12 Milliarden Dollar notwendig. Davon könnten von den derzeit aktiven Weltraumnationen je etwa 4 Milliarden Dollar die Russen und die Amerikaner übernehmen und je 2 Milliarden Dollar die Japaner und die Europäer. Das Ganze wäre auch in 20 Jahren zu schaffen. Der vormalige US-Präsident George Bush hat dazu schon 1989 den Internationalen Weltraumrat wieder einberufen, der Mitte der siebziger Jahre aufgelöst worden war, und das Weltraumbudget der USA wurde um 19 Prozent erhöht.
Im Jahr 1992 wurde der Auftakt zu einer internationalen Zusammenarbeit für einen bemannten Marsflug eingeleitet. Im Oktober 1987 trafen sich Experten aus 38 Ländern in Moskau zu einem Symposium über die Zusammenarbeit im Weltall, wobei das Jahr 1992 zum »Internationalen Weltraumjahr« erklärt wurde. Gründe dafür waren die 500. Wiederkehr der Entdeckung Amerikas durch Christoph Kolumbus, der 75. Jahrestag der russischen Oktoberrevolution und der 35. Jahrestag des Beginns des Raumfahrtzeitalters durch den ersten künstlichen Erdsatelliten, den Sput-

nik. Auch der erste amerikanische bemannte Raumflug durch John Glenn jährte sich 1992 zum 30. Mal. Dabei jährte sich auch zum 115. Mal die Entdeckung der »Marskanäle« durch Schiaparelli und die Entdeckung der Marsmonde durch Asaph Hall.

Nun würde sich bereits im Jahre 1999 eine Möglichkeit für eine bemannte Marsreise bieten – allerdings nur für einen Vorbeiflug. Dieser Vorbeiflug würde aber genau ein Jahr dauern. Eine Zeit also, die russische Kosmonauten bereits in einer Raumstation zugebracht haben. Sie könnten es also wagen. Der Start könnte hier am 2. April 1999 erfolgen, am 8. August 1999 der Vorbeiflug beim Mars und die Landung auf der Erde am 2. April des Jahres 2000. Vielleicht könnte diese Mission vorerst als Probe (wie das auch bei den Mondflügen der Fall war) für eine bemannte Marslandung dienen, die dann – da ein gewisser Aufenthalt auf dem Mars aus Gründen der Planetenbewegung eingerechnet werden muß – etwas länger dauern würde.

Diese Probleme könnten aber erst Anfang des nächsten Jahrtausends gelöst sein, und daher sind realistischere bemannte Marsreisen für die ersten Jahrzehnte nach der Jahrtausendwende vorgesehen. Da könnte im Juli 2003 von der Erde gestartet werden und im Februar 2004 die Marslandung erfolgen oder der Start im September 2005 und die Landung auf dem Mars im Mai 2006. Im Jahre 2003 bietet sich wieder eine sehr günstige Marsopposition an, wobei der Planet bis auf 56 Millionen Kilometer der Erde nahe kommt. Das nächste Mal wäre das dann erst wieder im Jahre 2018 der Fall, und das wäre auch der realistischere Termin für die erste bemannte Marsmission. Dabei kann wieder vom Dual-System ausgegangen werden, wonach zwei gleiche Raumschiffe, mit je vier bis sechs Personen, auf die Reise gehen, die sich bei Problemen untereinander helfen können.

Nach dem spektakulären Absturz des Kometen Shoemaker-Levy 9 auf den Jupiter im Juli 1994 sind verstärkt Stimmen laut geworden, bei einem ähnlichen Ereignis auf der Erde die Bevölkerung zu evakuieren – das Ziel soll dabei der Mars sein. Es fragt sich nur, ob eine derartige Aktion rasch genug durchgeführt werden kann. Es müßte auf dem Mars wohl vorerst eine Teilbesiedelung stattgefunden haben.

Zweifellos werden bis zur Mitte des nächsten Jahrhunderts mehrere Marsmissionen folgen, und wahrscheinlich wird dann auch eine ständig bewohnte Station auf dem Mars eingerichtet. Dabei sollen, nach Plänen der NASA, die Landeeinheiten umgelegt und als Wohnhäuser verwendet werden. Verschiedene Räumlichkeiten für Labors und auch Glashäuser sollen daran angebaut werden sowie Garagen für Marsfahrzeuge. So könnten sich zukünftige Marsstädte entwickeln, die völlig unabhängig von der Erde sind. Es könnten in Marsbergwerken neue Rohstoffe gewonnen und dadurch neue Werkstoffe möglich gemacht werden. Der hohe Siliziumgehalt der Marsmaterie könnte sich für die irdische Computerindustrie und Solartechnik günstig auswirken, aber auch der hohe Gehalt an Eisen im Marsboden wäre für die irdische Industrie von Vorteil. Selbst für die Erde ungewöhnliche Pflanzen- und Gemüsearten könnten auf dem Mars gezüchtet werden.

Seit Jahren schon arbeiten amerikanische, russische, aber auch europäische Wissenschaftler an völlig autonomen Lebenserhaltungssystemen – speziell für den Weltraum. Astronauten, die jahrelang im All oder überhaupt auf anderen Planeten oder Monden verbringen sollen, brauchen in Zukunft ein eigenes völlig unabhängiges Versorgungssystem. Eine private amerikanische Forschergruppe bei Tucson in Arizona entwickelte bereits eine derartige Biosphäre

mit eigener Energie- und Nahrungsversorgung. Acht Personen haben sich in dieser »Biosphäre II« (Biosphäre I ist die Erde) von 1991 bis 1993 zwei Jahre lang aufgehalten. Es gab zwar einige Probleme (es mußte z. B. Sauerstoff nachgepumpt werden), doch die »Bionauten« stiegen wohlbehalten aus dem gigantischen Glashaus aus. Das Experiment soll fortgesetzt werden.
Die österreichische Raumfahrt- und Systemtechnik GmbH (ORS) entwickelte bereits für die ESA ein Weltraum-Glashaus unter der Bezeichnung »Solar Plant Growth Facility« (SPGF), in dem bereits erfolgreich Pflanzen gezüchtet werden konnten. In der ehemaligen Sowjetunion wurden schon in den sechziger und siebziger Jahren ausgedehnte Versuche unternommen, und es konnten erstaunliche Erfolge erzielt werden. Ein erster »Bionaut« startete bereits 1964 ins All. Dieses Weltraumtreibhaus hatte ein Volumen von zwölf Kubikmetern. Es war den Russen schon damals gelungen, eine vollständige Wasser- und Luftregeneration mit Hilfe der Chlorella-Grünalgen zu erreichen. Für Nahrungszwecke konnte man diese Kultur jedoch nicht verwenden, so daß sich die Wissenschaftler eher auf die Züchtung von Körnern und Früchten beschränkten.
Da machte das Institut für physikalische und organische Chemie der ehemaligen belorussischen SSR unter der Leitung von Dr. Vladimir Soldatow bemerkenswerte Fortschritte. Auf künstlichem Boden aus Bernsteingranulat, Sand oder Filz gediehen sogar herrliche Veilchen, Nelken, rote Tomaten und Gurken. In Weltraumglashäusern, in sogenannten Phytotronen, bauten die Russen bereits einen speziellen Weizen an, der wesentlich ertragreicher als herkömmlicher Weizen ist. Eine Anbaufläche von 60 Quadratmetern verschiedenster Pflanzenarten würde ausreichen, um fünf Menschen mit Sauerstoff zu versorgen. Das alles

ist für bessere Lebensbedingungen in Raumschiffen, aber auch für eine Marskolonie geplant. Russische Forscher glauben sogar, daß in Glashäusern auf dem Mars Apfelbäume wachsen könnten. Durch die geringere Gravitation könnten diese dort um das 2,5fache höher werden als auf der Erde. Der Marsapfel, die Marsgurke oder der Marskürbis könnten auf den irdischen Märkten zum Verkaufsschlager werden.
Vielleicht werden künftig seltsame Fahrzeuge die unter riesigen Glaskuppeln liegenden Marsstädte verbinden, Züge in Tunneln verkehren und mit leichten Motoren angetriebene Segelflugzeuge über den Mars fliegen. Der Mars wird erforscht, erkundet und auch erschlossen werden. Ein ständiger Flugverkehr, in Abständen von vielleicht zwei Jahren, wird zwischen Mars und Erde stattfinden. Personen wie auch Güter werden regelmäßig hin und her befördert. Der Mars wird im nächsten Jahrhundert zunehmend bewohnt werden, und einige Wissenschaftler haben sogar bereits weitere phantastisch anmutende Pläne ausgearbeitet.
Unter der Bezeichnung »Terraforming« oder »Planetary Engineering« soll der Mars sogar total bewohnbar gemacht werden. Diese Idee hatten bereits einige Science-fiction-Autoren wie Olaf Stapledon in seinem Roman »Die ersten und die letzten Menschen« von 1930 und Arthur C. Clarke in »The Sands of Mars« von 1952. Mittlerweile gibt es durchaus ernsthafte wissenschaftliche Projekte dazu. Mit riesigen Spiegeln in einer Marsumlaufbahn soll das Sonnenlicht gebündelt auf die Planetenoberfläche projiziert werden, um die Pole abzuschmelzen und dadurch Wasser zu gewinnen. Einer anderen Idee zufolge sollen die beiden Marsmonde zu dunklem Staub pulverisiert und dieser auf dem Mars verteilt werden. Das würde zu einem Klimaeffekt führen, wobei wiederum die Eiskappen schmelzen

würden. Die größeren Wassermassen auf dem Mars könnten dann auch Niederschläge hervorrufen. Auch Eis-Kometen oder Eis-Asteroiden wollen einige Forscher auf Kollisionskurs mit dem Mars bringen, um vielleicht dadurch die Wasservorkommen aufzubessern. Riesige Mikrowellensender könnten ebenfalls den Marsboden aufheizen und dadurch ein besseres Klima ermöglichen. Durch Atomexplosionen unter der Marsoberfläche könnte aus dem Boden Wasser und Sauerstoff gewonnen werden.
Im Januar 1989 ließ der amerikanische Astrophysiker und Leiter der Gesellschaft »Mars Underground«, Christopher McKay, verlautbaren, wie er sich die Umformung des Mars vorstellt. Alle Zutaten, die ein Rezept für das Leben braucht, sind nach McKay auf dem Mars vorhanden: Sonne, Wasser und Chemikalien. Der Mensch könnte hier nun gerade mit den auf der Erde problematisch gewordenen Fluorchlorkohlenwasserstoffen (FCKW) und irdischen Müllbakterien eingreifen und damit auf dem Mars für einen Treibhauseffekt sorgen. Zusätzlich könnten Atomexplosionen auf dem Mars die Staubschicht vergrößern und dadurch das Sonnenlicht besser speichern. Irdische Algen und Flechten sollen die Marsatmosphäre zusätzlich entgiften. »In 200 Jahren könnten schon die ersten Flüsse fließen, wenn das Eis auf den Polkappen schmilzt«, meint McKay. Vielleicht schon einige Jahrhunderte später könnte der Mars bis zu einem Viertel mit Wasser bedeckt sein.
Die ersten Marssiedler werden wahrscheinlich Wissenschaftler aus den verschiedensten Disziplinen sein, doch bald könnten auch Marstouristen folgen. Irdische Reisebüros werden Sight-seeing-Touren zum Marscanyon, den Marsvulkanen, aber auch zu den »Marsruinen«, den »Marspyramiden« und ganz besonders zum »Marsgesicht« in der Cydonia-Region veranstalten. Die Träume von

H. G. Wells, Kurd Lasswitz, Ray Bradbury, Edgar Rice Burroughs, Arthur C. Clarke u. a. werden Wirklichkeit sein. Dann ist es nicht mehr weit, bis der erste »Marsianer« geboren wird. Er wird zu einem kleinen Stern am Himmel blicken, und seine Eltern werden sagen: »Sieh nur, das ist die Erde, unser Heimatplanet, wo alles begann!« Dann wird sich ein wahrlich kosmisches Bewußtsein entwickeln und die Verbindung zwischen zwei Planeten wieder hergestellt sein, die vielleicht schon vor Jahrtausenden bestanden hat.

Schlußbetrachtung

Ich habe in diesem Buch versucht, die interessantesten Fakten, Ereignisse und Phänomene um den Planeten Mars zusammenzutragen. Einiges wird sich vielleicht bestätigen, einiges wird vielleicht nie verwirklicht werden. Eines dürfte jedoch klar sein: Dieser Planet wird die Menschen auch in Zukunft auf geheimnisvolle Weise im Banne halten. Es werden neue Beobachtungen folgen, es wird neue – vielleicht gänzlich andere – Erkenntnisse über diesen Planeten geben.

Die Grundidee aber, daß das Leben aus dem All kam, daß sich die Erde nicht eigenständig, nicht abgeschirmt entwickelt hat, daß sie von »außen« beeinflußt wurde, nimmt immer mehr Realität an.

Gehen wir noch ein Stück weiter! Es begann vielleicht vor 500 000 Jahren. Da landete eine Gruppe außerirdischer Wesen – von einem nahen Stern aus unserer Galaxis – auf der Erde. Es waren vielleicht Raumreisende, müde geworden von einer jahrhundertelangen Wanderung durch die endlos scheinenden Weiten des Weltalls. Es waren vielleicht Vertriebene, Verschlagene auf der Flucht oder Suchende im Aufbruch zu neuen Welten. Sie fanden uns, unsere Erde, den »blauen Planeten«. Wie eine strahlende Perle hing er in den dunklen Räumen zwischen den übrigen Planeten dieses Sonnensystems. Der Planet war wie geschaffen zur Niederlassung, zum Ausruhen. Es gab auf ihm alles, was die

Raumreisenden suchten, sogar einfache höhere Lebensformen. Selbst auf dem sechsten Planeten lebten verschiedene Gruppen dieser Lebewesen. Einst mußten sie mit dem siebenten Planeten direkten Kontakt gehabt haben, doch nun schien das Ende für sie nahe zu sein. Ein riesiger Himmelskörper näherte sich unaufhaltsam ihrem Planeten, und die Katastrophe schien unabwendbar. Dann, eines Tages, war es soweit. Mit fürchterlichen Erschütterungen, tobenden Stürmen und mächtigem Getöse stürzte der Himmelskörper in den sechsten Planeten. Die fremden Raumreisenden blieben dabei nicht verschont. Ihr Raumschiff geriet außer Kontrolle und treibt jetzt in einer langgezogenen elliptischen Bahn um den Zentralstern. Einige konnten sich noch retten und flüchteten zum siebenten Planeten. Dort gab es kein Zurück mehr, und sie mußten sich den Bedingungen der einheimischen Lebensformen anpassen. Vieles konnten sie zur Weiterentwicklung beitragen. Die Aufzeichnungen, die sie machten, geben den späteren Generationen Rätsel auf.
Eine fiktive Geschichte oder Wirklichkeit? Die Objekte in der Cydonia-Region auf dem Mars, scheinen auf ein Alter von 500 000 Jahren hinzuweisen, die sumerische Königsliste reicht anscheinend 456 000 Jahre zurück, und die Nefilim sollen vor 450 000 Jahren auf der Erde gelandet sein. Vor 500 000 Jahren erhob sich eine neue Form von Arten über die anderen Lebewesen auf der Erde – es waren die Vorläufer der heutigen Menschen.
Der inzwischen weltweit bekannte »Götterforscher« Erich von Däniken schrieb bereits 1968 in seinem Buch »Erinnerungen an die Zukunft«: »In etwa zwölf Jahren werden die ersten Menschen auf dem Mars landen. Findet sich dort ein einziges, uraltes, längst verlassenes Bauwerk, findet sich ein einziger, auf frühere Intelligenzen hindeutender Gegenstand, gibt es eine noch erkennbare Felszeichnung, dann

werden diese Funde unsere Religionen fragwürdig machen und unsere Vergangenheit durcheinanderwirbeln. Eine einzige solche Entdeckung wird die größte Revolution und Reformation in der Menschheitsgeschichte bewirken.«

Nun, wir sind noch immer nicht auf dem Mars gelandet, und wir werden auch noch einige Jahre darauf warten müssen, doch die Zeichen sind bereits gesetzt – es könnten auf dem Mars Hinweise existieren. Unsere Religionen müssen deswegen nicht in Frage gestellt werden. Im Gegenteil. Wir werden uns durch derartige Funde dem Schöpfer ein gutes Stück weiter nähern, und wir werden lernen, daß wir nicht nur Kinder der Erde, sondern Kinder des Weltalls sind.

So schrieb Erich von Däniken 1968 auch: »Kann aber eine kosmisch bedingte Katastrophe für die Vernichtung einer Zivilisation auf dem Planeten Mars in Betracht gezogen werden, dann bieten solche Indizien auch Material für unsere Theorie, daß die Erde in grauesten Vorzeiten Besuch aus dem All gehabt haben kann. Utopie oder spekulative Möglichkeit ist dann die These, daß sich eine Gruppe von Mars-Riesen vielleicht auf die Erde rettete, um mit den damals hier lebenden, halbintelligenten Wesen die neue Kultur des Homo sapiens zu gründen ...«

Sollte auf dem Mars einst eine alte Kultur existiert haben und sind diese Gebilde dort nun die Reste dieser Kultur, die sich vielleicht selbst vernichtete oder die durch eine kosmische Katastrophe vernichtet wurde, dann kann das für uns durchaus eine Warnung sein. Die Warnung, mit unserer Erde vorsichtiger umzugehen – nicht sie benötigt uns, sondern wir benötigen sie. Es könnte sonst sein, daß die Erde einmal so aussehen wird wie heute der Mars. Es würde wieder Jahrmillionen dauern, bis sich auf der Erde neues Leben entfalten kann – oder es wird sich hier nie wieder entwickeln können.

Das Marsjahr 1988 und die erneute nahe Marsopposition zu dieser Zeit brachten uns nicht nur weitere UFO-Aktivitäten, sondern auch einige andere »Umwälzungen«. Schon im Dezember 1987 trafen sich die Großmächte zu neuen Friedensverhandlungen, und es gab eine Aufbruchstimmung. Es gab aber auch neue Warnungen! Führende Wissenschaftler der Erde sagen, daß es mit der Belastung unserer Atmosphäre nicht mehr so weitergehen kann. Im Marsjahr 1995 gab es in Berlin wieder eine internationale Klimakonferenz, wobei aber nur wenig zur Reduzierung der CO_2-Werte erreicht werden konnte. Die schützende Ozonschicht, die die gefährliche UV-Strahlung der Sonne abhält, nimmt weiter in bedrohlichem Maße ab. Schon jetzt wird in vielen Ländern angeraten, während der Mittagszeit nicht ungeschützt in die Sonne zu gehen. Wenn die Schadstoffemission, speziell der Ausstoß von CO_2, so weitergeht, wird schon bis zum Jahre 2050 auf der Erde ein nicht mehr reparierbarer Treibhauseffekt entstehen, und das wird gewaltige Klimaveränderungen zur Folge haben. Die Erdatmosphäre hat derzeit einen Kohlendioxidgehalt von 0,03 %, die Marsatmosphäre von 95 %. Der Mars hat die lebensfreundliche Atmosphäre bereits verloren, die Erde hat noch eine Chance. Werden wir sie nützen?
Mir ging es in diesem Buch darum, Belege, Fakten, Zusammenhänge zu sammeln, die irgendwann in eine bestimmte Richtung gehen werden. Nicht das Ergebnis ist der wahre Sinn des Forschens, sondern der Weg dorthin. Die Suche nach außerirdischen Intelligenzen muß weitergehen! Das Thema ist viel zu wichtig für uns, als daß wir es beiseite schieben können. Dabei sollte nicht nur nach Signalen von außerirdischen Intelligenzen gesucht werden, sondern auch nach Artefakten. Es wird im Rahmen des SETI-Projekts der NASA oder anderer privater Institutionen auch ein

SAETI-Projekt (Search for Artifacts of Extraterrestrial Intelligence) geben müssen. Der Mars wartet!
Das Marsgesicht jedenfalls hat nun einen wesentlichen Stellenwert in meinem Leben eingenommen. Jahrelang hat es mich auf meinen Wegen begleitet, und es wird mich auch in Zukunft begleiten. Manchmal habe ich es ein wenig aus den Augen verloren, doch dann hat es mich wieder gefangengenommen. Wer weiß, was es noch zu sagen hat? Es hat aber schon jetzt den Stellenwert der »Marskanäle« eingenommen – ja es hat diesen schon den Rang abgelaufen. Kein anderes Gebilde in unserem Sonnensystem hat in den letzten Jahren derartige Spekulationen ausgelöst. Das Marsgesicht hat aber auch gezeigt, daß ein möglicher Beweis für außerirdische Intelligenzen jahrelang ignoriert werden kann. Die Zukunft wird zeigen, was sich bewahrheiten wird. Schiaparelli und Lowell haben bestimmt nicht geahnt, daß genau hundert Jahre nach ihren Spekulationen neue – und anscheinend noch stichhaltigere – Hypothesen auftauchen werden. Der kriegerische, temperamentvolle Mars hält uns gefangen und läßt uns nicht ruhen.

Begriffserklärungen

Acidalia Planitia: Verebnung, Tiefebene, Beiname der Venus.

Al-Qahira Vallis: windungsreiches Tal, Al-Qahir, Mars in der arabischen Sprache.

Amazonis Planitia: In der griechischen Sage Land der Amazonen, einem kriegerischen Frauenvolk am Tritonsee in Nordafrika, später Kleinasien.

Arsia Mons: Vulkan, Berg, Arsia Silva, Waldgebiet nordwestlich des antiken Rom.

Ares Vallis: windungsreiches Tal, Mars in der griechischen Sprache.

Ascraeus Mons: Vulkan, Berg, Askra, Geburtsort des altgriechischen Dichters Hesiod.

Auqakuh Vallis: windungsreiches Tal, Mars in der Sprache der Ketschua (Quechua), einer indianischen Völkergruppe im zentralen Andengebiet Südamerikas.

Chryse Planitia: Verebnung, Tiefebene, Insel in Südostasien mit reichen Goldvorkommen in historischer Zeit.

Cydonia Mensae: Plateau, Hochebene, alter poetischer Name für die Insel Kreta, z. B. bei Vergil, abgeleitet von einem alten Seehafen an der Nordküste Kretas, heute Khania, der von Kydon, dem Sohn von Minos, gegründet worden sein soll.

Deuteronilus Mensae: Hochebene, Plateau. Antiker Name für ein Teilstück des Flusses Nil in Afrika.

Elysium Fossae: Graben, Rille, in der griechischen Sage das am Westrand der Erde gedachte Land der Seligen.

Hellas Planitia: Verebnung, Tiefebene, griech. Griechenland.

Hesperia Planum: Hochebene, Plateau, griech. Abendland (Italien, Spanien, Westafrika).

Huo Hsing Vallis: windungsreiches Tal, Mars in der chinesischen Sprache.

Kasei Vallis: Tal, windungsreiches, Mars in der japanischen Sprache.

Ma'adim Vallis: windungsreiches Tal, Mars in der hebräischen Sprache.

Mangala Vallis: windungsreiches Tal, Mars in Sanskrit, der Hochsprache der klassischen altindischen Literatur und Wissenschaft.

Mare Australe: Meer, Australis, lat. südlich, südliches Meer.

Mare Erythraeum: Meer, alter Name für den indischen Ozean, auch das »rote Meer« der am Horizont untergehenden Sonne.

Mare Sirenum: Meer, Sirenen, in der griechischen Sage Meerwesen, oft als Mädchen mit Vogelleibern dargestellt, die mit ihrem betörenden Gesang die vorbeifahrenden Seeleute ins Verderben lockten.

Margaritifer Sinus: Bucht, lat. Perlenbucht, Perlenküste am Kap Comorin in Indien.

Marineris Valles: Grabenbruchsystem, benannt nach der Entdeckung durch die Mariner-Marssonden.

Nirgal Vallis: windungsreiches Tal, Nergal, Mars in der Sprache der Chaldäer (Babylonier).

Noachis Hellespontus: Überflutung, nach Noah, langer, schmaler Sund zwischen dem antiken Kleinasien und Thrakien, heute Dardanellen (Türkei); Helle und Phrixos, Königskinder in der griechischen Sage, flohen vor ihrer Stiefmutter Ino auf einem goldenen Widder. Helle stürzte über dem Hellespont ab und ertrank.

Pavonis Lacus: See, lat. Pfau, Sternbild Pfau.

Pavonis Mons: Vulkan, Berg, lat. Pfau, Sternbild Pfau.

Shalbatana Vallis: windungsreiches Tal, Salbatanu, Mars in der Sprache der Sumerer.

Simud Vallis: windungsreiches Tal, Mars in der akkadischen Sprache (babylonisch-assyrisch).

Solis Lacus: See, sol, lat. Sonne, Sonnensee.

Syrtis Major: Verebnung, Tiefebene, lat. Große Syrte, Meeresbucht in Nordafrika (Libyen).

Tharsis Montes: Berggruppe, Gebirge, griech. Tartessos, phönikisches Kolonisationsgebiet im Süden der Iberischen Halbinsel.

Tiu Vallis: windungsreiches Tal, Mars in der Sprache der Germanen.

Utopia Planitia: Verebnung, Tiefebene, lat. Nirgendland, Bezeichnung von dem englischen Staatsmann Thomas Morus für das Idealbild einer künftigen Gesellschaftsordnung.

Danksagung

Jenen, die dieses Buch möglich gemacht haben und die mir freundlicherweise Material zur Verfügung gestellt haben, möchte ich hiermit herzlichst danken.

So war es schon vor langer Zeit Don Bane vom Public Information Office des Jet Propulsion Laboratory der NASA, der sich schon 1978 die Mühe gemacht hat, die Bilder vom Marsgesicht für mich aus dem Archiv zu holen. Dafür danke ich ihm noch heute. Insgesamt wäre ohne die hervorragende Arbeit der NASA, der amerikanischen Weltraumbehörde, das vorliegende Buch wohl nicht zustandegekommen.

Dann möchte ich Vincent DiPietro danken, der mich 1989 in Washington, D.C., empfangen hat und mir den Zutritt zum NASA-Archiv ermöglicht hat. Ebenso stellte er freundlicherweise sein Computer-Bild vom Marsgesicht für dieses Buch zur Verfügung.

Wertvolle Hilfe und Anregungen erhielt ich von Brian Crowley und Michael Simon Krochmal aus Australien sowie von Bernhard Kroß aus Berlin, Dr. Jürgen Blunck aus Hamburg und Peter Krassa aus Wien.

Nicht zuletzt möchte ich meinem Agenten, Claus Silvester Dörner, danken, der den Herbig-Verlag für meine Forschungsergebnisse gewinnen konnte.

Ganz besonders geht mein Dank an meine Frau Renate, die mir stets unermüdlich bei der englischen Korrespondenz behilflich war und die all die Jahre mit dem »verrückten Marsianer« geduldig durchgestanden hat.

Walter Hain

Literatur

Allingham, Cedric: »Fliegende Untertasse vom Mars«, Wiesbaden: Ventla, 1969.

Adamski, George: »Im Innern der Raumschiffe«, Wiesbaden: Ventla, 1958.

Antoniadi, E. M.: »La planète Mars«, Paris 1930.

Anthony, Piers: »Die totale Erinnerung«, Bergisch Gladbach: Bastei-Lübbe, 1990.

Asimov, Isaac: »Außerirdische Zivilisationen«, Köln: Kiepenheuer & Witsch, 1981.

Avinsky, Vladimir: »Na Sushe i na More (On Land and at Sea)«, Moscow: Mysl 1983.

Barnett, Lincoln: »Die Welt in der wir leben«, München: Droemer, 1956.

Baxter, John; Atkins, Thomas: »Wie eine zweite Sonne«, Düsseldorf-Wien: Econ, 1977.

Berlitz, Charles: »Das Bermuda Dreieck«, Wien: Zsolnay, 1974.

–: »Spurlos«, Wien: Zsolnay, 1977.

Bibel, Die: Freiburg im Breisgau: Herder, 1965.

Bloch, Ernst: »Das Prinzip Hoffnung«, Frankfurt/Main: Suhrkamp, 1959.

Blunck, Jürgen: »Mars and its Satellites«, New York: Exposition Press, 1982.

Blumrich, Josef F.: »Da tat sich der Himmel auf«, Berlin: Verlag Ullstein, 1994.

Brown, Peter L.: »Astronomie«, Zürich: Orell-Füssli, 1972.

Bulst, Werner: »Betrug am Turiner Grabtuch«, Frankfurt/Main: Knecht, 1990.

Buttlar, Johannes v.: »Leben auf dem Mars«, München: Herbig, 1987.

Carlotto, Mark: »The Martian Enigmas«, Berkeley: North Atlantic Books, 1991.
Cathie, Bruce L.: »The Bridge to Infinity«, Boulder: America West Publishers, 1989.
Chandler, David L.: »Life on Mars«, New York: E. P. Dutton, 1979.
Charroux, Robert: »Phantastische Vergangenheit«, München: Herbig, 1969.
Clarke, Arthur C.: »2001 – Odyssee im Weltraum«, München: Heyne, 1990.
Crowley, Brian; Hurtak, James J.: »The Face on Mars«, South Melbourne: Sun Books Macmillan, 1986.
–: »The Face on Mars«, South Melbourne: Sun Books Macmillan, Revised Version, 1989.
Crowley, Brian; Hurtak, James J.; Pollock, Anthony: »Return to Mars«, South Melbourne: Matchbooks, 1989.
Däniken, Erich v.: »Erinnerungen an die Zukunft«, Düsseldorf-Wien: Econ, 1968.
–: »Zurück zu den Sternen«, Düsseldorf-Wien: Econ, 1969.
–: »Strategie der Götter«, Düsseldorf-Wien: Econ, 1982.
–: »Habe ich mich geirrt?«, München: C. Bertelsmann, 1985.
– (Hrsg.): »Neue kosmische Spuren«, München: Goldmann, 1992.
De Fontbrune, Jean Charles: »Nostradamus«, Wien-Hamburg: Paul Zsolnay, 1982.
DiPietro, Vincent; Molenaar, Gregory: »Unusual Martian Surface Features«, Maryland, Glenn Dale: Mars Research, 1980.
DiPietro, Vincent; Molenaar, Gregory; Brandenburg, John: »Unusual Mars Surface Features«, Maryland, Glenn Dale: Mars Research, 1988.
Dopatka, Ulrich: »Lexikon der Prä-Astronautik«, Düsseldorf-Wien: Econ, 1979.
Ekrutt, Joachim W.: »Sterne-Kompaß 1987–1989«, München: Gräfe und Unzer, 1987.
Fiebag, Johannes: »Rätsel der Menschheit«, Luxemburg: Verlag 2000, John Fisch, 1982.
–: »Die Anderen«, München: Herbig, 1993.
Flammarion, Camille: »La Planète Mars et ses Conditions d'Habitabilité«, Paris 1892.

Flammonde, Paris: »UFOs – Es gibt sie wirklich«, München: Wilhelm Heyne, 1978.
Gauquelin, Michel und Françoise: »The Mars Temperament and Sports Champions«, 1973.
Goodman, Linda: »Star Signs«, Zürich: Diana, 1988.
Graf, Otto: »Die Epoche des überfließenden Sehvermögens – der Mensch im Weltraum«, Wien: Österr. Buchverlag, 1970.
Grimal, Pierre: »Mythen der Völker«, Bände 1, 2 u. 3, Frankfurt/Main-Hamburg: Fischer, 1977.
Grossinger, Richard: »Planetary Mysteries«, Berkeley: North Atlantic Books, 1986.
Gruber, Elmar R.; Kersten, Holger: »Das Jesus-Komplott«, München: Langen Müller, 1992.
Haack, Hermann: »Mars-Handkarte«, Gotha: Geographisch-Kartographische Anstalt, 1985.
Hagen, Viktor W. von: »Sonnenkönigreiche«, München-Zürich: Droemer Knaur, 1962.
Hain, Walter: »Wir, vom Mars«, Köln: Ellenberg, 1979.
–: »Irrwege der Geschichte«, Wien: Selbstverlag, 1981.
–: »Ein Christus-Bild auf dem Mars?«, Dokumentation in vier Sprachen, Wien: Selbstverlag, Mars Findings, 1991.
–: »We, from Mars«, Wien: Selbstverlag, Mars Findings, 1992.
Hatcher Childress, David: »Extraterrestrial Archaeology«, Illinois: Adventures Unlimited Press, 1994.
Hausdorf, Hartwig: »Die weiße Pyramide«, München: Langen Müller, 1994.
Herbst, Karl: »Kriminalfall Golgatha«, Düsseldorf-Wien: Econ, 1992.
Hermann, Joachim: »Das falsche Weltbild«, Stuttgart: Franckh'sche Verlagsbuchhandlung, 1972.
Hoagland, Richard C.: »The Monuments of Mars«, Berkeley: North Atlantic Books, 1987.
–: »Die Mars-Connection«, Essen: Bettendorf, 1994.
Hoyle, Fred; Wickramasinghe, N. C.: »Evolution aus dem All«, Berlin-Frankfurt/M.-Wien: Ullstein, Wien 1981.
Hynek, J. Allen: »UFO – Begegnungen der ersten, zweiten und dritten Art«, München: Goldmann, 1978.
Jensen, P.: »Ursprung und Geschichte der Tierkreisbilder«, 1890.

Jung, C. G.: »Ein moderner Mythos«, Zürich-Stuttgart: Rascher, 1958.
Kaplan, Reinhard W.: »Ursprung des Lebens«, Stuttgart: Thieme, 1972.
Kant, Immanuel: »Allgemeine Naturgeschichte und Theorie des Himmels«, Hartenstein 1755.
Keller, Werner: »Und die Bibel hat doch recht«, Düsseldorf-Wien: Econ, 1978.
Kepler, Johannes: »Mysterium Cosmographicum«, 1596: Augsburg 1923.
–: Saxirupius: »Epigramme auf die Untersuchungen über die Bewegungen des Mars«, in: »Neue Astronomie«, S. 13, Prag 1609.
Khuon, Ernst v.: »Waren die Götter Astronauten?«, Düsseldorf-Wien: Econ, 1970.
Kippenhahn, Rudolf: »Unheimliche Welten«, Stuttgart: Deutsche Verlags-Anstalt, 1987.
Krassa, Peter: »Gott kam von den Sternen«, Freiburg i. Breisgau: Hermann Bauer, 1974.
–: »Die Palmblatt-Bibliothek«, München: Herbig, 1993.
Kross, Willy: »Cheopspyramide, irdischer Schlüssel zum Marsmond-Rätsel«, Luxemburg: Verlag 2000, John Fisch, 1983. Erweiterte Auflage der Broschüre »Versuch einer neuen Deutung der mathematisch-astronomischen Rätsel der Cheops-Pyramide«, Münden 1977.
Köhler, Horst W.: »Der Mars«, Braunschweig: Vieweg, 1978.
Langbein, Walter-Jörg: »Astronautengötter«, Frankfurt-Berlin: Verlag Ullstein, 1995.
–: »Das Sphinx-Syndrom«, München: Herbig, 1995.
Lasswitz, Kurd: »Auf zwei Planeten«, Frankfurt/Main: Scheffler, 1969.
Lowell, Percival: »Mars«, Boston 1895.
Meeus, Jean: »Astronomical Tables of the Sun, Moon, and Planets«, Willman-Bell, 1988.
Miles, Frank; Booth, Nicholas: »Race to Mars«, London: Macmillan, 1988.
Moore, Ruth: »Die Evolution«, Reinbek b. Hamburg: Rowohlt, 1976.

Navia, Luis E.: »Das Abenteuer Universum«, Düsseldorf-Wien: Econ, 1977.
Oberg, James E.: »Mission to Mars«, Harrisburg: Stackpole Books, 1982.
Owen, Tobias; Goldsmith, Donald: »Auf der Suche nach Leben im Weltall«, Stuttgart: Hirzel, 1985.
Paul, Günter: »Unsere Nachbarn im Weltall«, Düsseldorf-Wien: Econ, 1976.
Pozos, Randolfo R.: »The Face on Mars«, Chicago: Chicago Review Press, 1986.
Pörtner, Rudolf: »Alte Kulturen ans Licht gebracht«, Düsseldorf-Wien: Econ, 1975.
Prachan, Jean: »Ufos im Bermuda-Dreieck«, Wien-München-Zürich: Fritz Molden, 1979.
Reeken, Dieter v.: »Ufologie«, Luxemburg: Verlag 2000, John Fisch, 1981.
Rétyi, Andreas v.: »Wir sind nicht allein!«, München: Langen Müller, 1994.
Sagan, Carl: »Die Planeten«, Reinbek b. Hamburg: Rowohlt, Time-Life-Books, 1970.
Schklowsky, Josef; Sagan, Carl: »Intelligent Life in the Universe«, New York 1966.
Schmitz, Emil H.: »Unsterblichkeit im All«, Genf: Ariston, 1977.
Schneider, Adolf; Malthaner, Hubert: »Das Geheimnis der unbekannten Flugobjekte«, Freiburg i. Breisgau: Hermann Bauer, 1976.
Schwab, Gustav: »Die schönsten Sagen des klassischen Altertums«, Wien: Tosa, 1960.
Sitchin, Zecharia: »Der zwölfte Planet«, Unterägeri/Zug: Edition Sven Erik Bergh, 1979.
–: »Stufen zum Kosmos«, Unterägeri/Zug: Edition Sven Erik Bergh, 1982.
–: »Genesis Revisited«, New York: Avon Books, 1990.
–: »Am Anfang war der Fortschritt«, München: Droemersche Verlagsanstalt/Knaur, 1991.
Stanek, Bruno; Pesek, Ludek: »Neuland Mars«, Bern: Hallwag, 1976.

Steele, Allen: »Labyrinth der Nacht«, Bergisch Gladbach: Bastei-Lübbe, 1993.
Steinhäuser, Gerhard R.: »Die Zukunft, die gestern war«, München: Herbig, 1977.
–: »Jesus Christus – Erbe der Astronauten«, Wien: Kremayr & Scheriau, 1973.
Stuhlinger, Ernst: »Projekt Viking«, Köln: Kiepenheuer & Witsch, 1976.
Swift, Jonathan: »Die Reisen des Lemuel Gulliver«, Rütten & Loening, 1956.
Temple, Robert K. G.: »Das Sirius-Rätsel«, Frankfurt: Umschau, 1977.
Thiel, Rudolf: »Und es ward Licht«, Reinbek b. Hamburg: Rowohlt, 1956.
Tompkins, Peter: »Cheops«, Bern: Scherz, 1973.
–: »Die Wiege der Sonne«, Bern: Scherz, 1977.
Uhlig, Helmut: »Die Sumerer«, München: C. Bertelsmann, 1976.
Velikovsky, Immanuel: »Welten im Zusammenstoß«, Berlin: Verlag Ullstein, 1994.
Venzmer, Gerhard: »Das neue große Gesundheitsbuch«, München: C. Bertelsmann, 1956.
White, Brown: »Die ersten Menschen«, Reinbek b. Hamburg: Rowohlt, Time-Life-Books, 1977.
Wells, Herbert G.: »Der Krieg der Welten«, Zürich: Diogenes, 1974.
Wolf, Lothar: »Satellitentechnik«, Köln: Aulis, 1968.

Register